Band I

Mord im Land der Windriesen

Die Autorin

Eniella B. Marble ist ein echtes Meenzer Mädche, das seit dem neunten Lebensjahr in Rheinhessen lebt. Ihr Debüt feierte sie mit einem Buch über die Liebe: „Prinzen und Prinzessinnen gibt es nicht! Augen auf im Showgeschäft! Was Ihr unbedingt über Männer und Frauen wissen solltet!" Ihr zweites Werk beschäftigt sich mit dem stilvollen Kennenlernen via Annonce: „Dating für Anfänger!" ist ein Ratgeber für die Unverbesserlichen, die immer noch an die große Liebe glauben.

Nun aber findet Eniella B. Marble es an der Zeit, ihre große Leidenschaft – das Schreiben von Krimis – auszuleben. Im Rahmen ihrer Rheinhessen-Krimireihe „Die 4 W's" entstand ihr erstes von insgesamt zehn Werken: „Mord im Land der Windriesen". Sie führt die Lesenden durch das schöne Rheinhessen, erinnert an den Dialekt und die Lebensart – und lässt so manch einen Schauer den Rücken hinunterlaufen!

Mehr zu Eniella und ihren Werken unter:
https://www.eniella-betty-marble.de

Für die, die niemals aufgeben!

Inhalt

Nacht des Vollmonds... 9

SoKo auf Zeit... 14

Angie.. 50

Windradpark.. 85

Spurensuche im rheinhessischen Hügelland............. 109

Franz... 133

Das Geheimnis der Pfarrei........................... 164

Öl im Blut... 215

Babsi... 232

Binger Katakomben..................................... 265

Endstation Stahlross................................... 317

Rotling... 328

Rheinhessisch: **Kleines Wörterbuch von Eniella B.**

Marble.. 334

Nacht des Vollmonds

„Wo bin ich? Wie komme ich hierher? Es ist alles so düster hier. Mir ist so kalt und ey, wieso bin ich überhaupt nackt? Und was ist das Kaltes unter mir? Es sieht aus wie ein Spiegel, und der scheint von Kerzenständern umgeben zu sein! Ihhh, was riecht hier denn so extrem nach Rosen?"

Mühsam versuchte Angie sich zu erinnern, was zuvor geschehen war. „Ich bin mit Jo, ich glaube so heißt er, an die Bar gegangen. Dort haben wir uns eine Flasche rheinhessische Beerenauslese aus dem Jahr 2021 bestellt und diese gemeinsam getrunken. Irgendwann musste ich zur Toilette, da war mir schon so schwindelig, und vor dem Eingang bin ich dann plötzlich in Jos Arme gefallen. Und dann, was ist dann passiert? Ich kann mich ab diesem Zeitpunkt wirklich an nichts mehr erinnern! Wie abgefahren ist das denn!"

Bei diesem Gedanken versuchte Angie, den Kopf zu schütteln. „Oh, mein Schädel brummt und tut mir so weh." Reflexartig wollte sie sich mit der Hand an den Kopf fassen. „Ach du Schande, was soll das denn?", murmelte sie vor sich hin. „Warum bin ich an Händen und den Füßen gefesselt?"

Als ihr die Wahrheit wie Schuppen von den Augen fiel und sie realisierte, was mit ihr passiert war, durchbrach ihr schriller Schrei die Nacht.

Eine knarrende Tür öffnete sich langsam. „Ruhig, mein Mädchen, ruhig. Endlich bist du wach und bereit für mein Verlangen."

Die Stimme aus der Dunkelheit beängstigte Angie noch mehr und sie begann, am ganzen Körper zu zittern. Eine Person zündete mit Streichhölzern eine Kerze nach der anderen in den dafür vorgesehenen Ständern an.

„Die Dosierung der K.-o.-Tropfen war vielleicht doch ein wenig zu hoch für dich und deinen zarten Körper, aber Übung macht den Meister! Du hast leider zwanzig Minuten länger geschlafen, als ich es beabsichtigt hatte, und das bringt meinen Plan nun doch ein wenig durcheinander. Schade, denn jetzt haben wir kaum noch Zeit für uns beide." Ein tiefer Seufzer des Mannes folgte.

Angie versuchte mit großer Anstrengung, sich von den Fesseln zu befreien, jedoch vergeblich. Deshalb fing sie plötzlich an, laut zu fluchen: „Du Mistkerl, jetzt mach mich endlich los! Du bist ein perverses Schwein und ein Drecksack dazu!", schrie sie aus vollem Halse in den düsteren Raum hinein.

„Vergeude deine Kraft nicht damit, dich befreien zu wollen oder zu schreien, denn es kann dich hier unten sowieso niemand hören und die Fesseln habe ich extra mit doppelten Knoten versehen. Du wirst deine Energie noch brauchen, um mit mir den Ritt in das Land der Lust und des Leidens genießen zu können."

Nun versuchte Angie, so gut es ging den düsteren Raum mit ihren Augen abzutasten. „Wo sind wir, Jo?", fragte sie ängstlich.

„Wir sind in einer Mühle außerhalb einer Ortschaft, weitab von jeglicher Zivilisation. Nur du, ich und Gott!"

Angie registrierte, dass Jo ein Psychopath sein musste. Sie versuchte, ihre Angst nicht vor ihm zu zeigen, und setzte sich verbal zur Wehr: „Was soll der Quatsch, Jo?", sagte sie laut und energisch. Dabei versuchte sie, ihren Kopf zu drehen, um ihn direkt anzusehen. „Ich mag keine Sadomaso-Spiele. Binde mich sofort los, hörst du?!", sagte sie streng.

Plötzlich nahm sie einen Schatten an ihrer rechten Seite wahr. Aus den Augenwinkeln heraus sah sie einen längeren glänzenden Gegenstand. Was hatte Jo da in seiner Hand? „Hilfe!", schrie Angie, so laut sie nur konnte. Sie sah die riesige Klinge eines Messers an ihrer rechten Seite funkeln, angestrahlt vom Mondlicht, das durch das Fenster in den Raum fiel. In diesem Moment erstarrte ihr Blut zu Eis.

„Nein, Jo, nein, bitte tu das nicht. Ich bin zu allem bereit, aber bitte ohne Gewalt!" Sie flehte ihn an und winselte dabei leise.

„Ja, so seid ihr Frauen. Spielt mit uns Männern, zeigt euch offenherzig, positioniert euren herzförmigen Hintern so, dass ihr uns um unseren Verstand bringt, und wollt dann die Konsequenzen nicht tragen. Das aber ist nun mein Spiel! Und hier in diesen Räumen gibt es nur meine Regeln."

Mit diesen Worten durchtrennte er mit dem Messer die Fesseln an ihren Füßen, spreizte Angies Pobacken und drang dann anal bis zu seinem Schaft brutal, schnell, tief und ohne Vorwarnung in sie ein. Ihr jämmerlicher Schrei hallte durch die Finsternis. Einige Sekunden später wurde Angie von einer Ohnmacht erlöst.

„Jetzt bekommst du all die Liebe, die ich für dich empfinde, gar nicht mehr mit. Ach, wie schade, meine Liebe", flüsterte Jo und schlug mit seinen Händen fest auf Angies Hintern. Nun begann er, sie mit schnellen, lustvollen Bewegungen zu „lieben" – es kam ihn dabei gar nicht in den Sinn, dass er Angie vergewaltigte. Nach fünf Minuten durchzuckte Jos Körper ein leichtes Beben, auf dieses folgte sein lustvolles lautes Stöhnen und darauf ein tiefer Seufzer. „Heute hast du aber lange durchgehalten, mein großer Freund da unten", keuchte Jo außer Atem vor sich hin.

„Nun muss ich dich aber noch schön machen, meine Liebe." Er bemalte Angies Lippen im Farbton eines Lippenstifts, den seine verstorbene Mama früher so gerne benutzt hatte.

Dann setzte er die Klinge des scharfen Messers an Angies rechten Pobacke an. Mit lustvoller Hingabe entfernte er diese vorsichtig. Nahezu liebevoll schnitt er in Angies Fleisch, und legte die Pobacke in ein dafür vorgesehenes Behältnis. Sein erstes Kunstwerk war fast vollendet! Ebenso sorgsam entfernte er ihre Brüste. Nun war es an der Zeit, Angie von ihren Qualen mit seinem Jagdmesser und einem gekonnten Schnitt durch ihren zarten Hals zu erlösen.

SoKo auf Zeit

„Mein Gott, was ist das denn für ein Lärm? Es ist doch noch dämmrig!" Langsam hob Chris ihren Brummschädel. „Von den fünf Gläsern Sekt gestern Abend war wohl doch eines zu viel. Von wegen Betäubung meines Liebeskummers!"

Bei diesen Gedanken döste sie weiter vor sich hin, versuchte, die Augen zu öffnen, und überlegte: „Wo bin ich? In Hamburg, im Haus meines Freundes? Aber woher kommt das dumpfe Gedröhne und das schreckliche Gequake der Frösche? Eigentlich mag ich Frösche, aber nicht um diese Uhrzeit! Ach, natürlich aus *meinem* Teich, und das Dröhnen kommt von den Kirchenglocken aus der Nachbarschaft."

Christin Wiesbacher, kurz Chris genannt, war ein Original Meenzer Mädche und hin und wieder kam ihr Dialekt deutlich zum Vorschein. Sie lebte in einem typischen rheinhessischen Ort mit nur 700 Einwohnern, wo sich Fuchs und Hase Gute Nacht sagten. Der Ort hatte Charme, viele schöne Ecken – und er lag verkehrsgünstig in der Nähe der Kreisstadt Alzey an einer Autobahnauffahrt. Die Ortschaft war umgeben von Hügeln und Weinbergen inmitten der „rheinhessischen Schweiz", deren Laub im Herbst schöner sein konnte als der Indian Summer in Kanada. Das wusste Chris genau, denn sie war in jeder freien Minute im Ausland unterwegs. Saftige Wiesen, weite Felder und einen Tante-Emma-Laden hatte der Ort zu bieten, ja, sogar eine Bahnverbindung, die die Einheimischen liebevoll „Pampa-Express" nannten und die in den Morgenstunden sogar bis nach Frankfurt fuhr! Das malerische Elsass, die Pfalz, der Rheingau, die Naheregion, deren Weine für Chris' Geschmack aber nicht ganz so gut waren wie die aus Rheinhessen, lagen in unmittelbarer Nähe. Der eine oder andere Nachbar war Chris' Ansicht nach auch sehr nett – und das in der heutigen Zeit, wo doch oft jeder sich selbst der Nächste war.

Einen Moment wollte sie noch glauben, dass der Streit gestern Abend mit ihrem fast zwanzig Jahre älteren Freund ein schlechter Traum gewesen sein musste. Aber dem war nicht so, denn das Bett neben ihr war leer. Sie hatte Sven wieder mal aus ihrem Haus geworfen, weil er es ihrer Meinung nach auch verdiente. Sein ewiges Geglotze hinter anderen Weiberröcken her konnte sie einfach nicht ertragen. „Was fällt dem Kerl eigentlich ein? Und das macht er meistens auch dann noch, wenn ich an seiner Seite bin!", dachte sie wütend. „Wieso komme ich bloß nicht von ihm los? Ob das meine Liebe zu ihm ist?", sinnierte sie weiter.

Entschlossen nahm sie die Wasserflasche, die auf ihrem Nachtisch stand, trank einen großen Schluck und versank wieder in ihren Gedanken.

„Laut Rezina bin ich immer noch ein Eyecatcher, obwohl ich den Zenit der vierzig überschritten habe." Ihre Kollegin und gleichzeitig Freundin meinte, Chris könnte mit ihren langen Haaren und ihrer guten Figur bestimmt noch bei anderen Männern landen!

„Na ja, das eine oder andere könnte straffer sein", überlegte Chris weiter, „aber mit sexy Nylonstrümpfen und ein bisschen Hyaluron, verabreicht von einem Arzt aus dem führenden Schönheitsinstitut in Mainz, kann ich gewisse Problemzönchen super kaschieren. Warum bin ich eigentlich noch mit Sven zusammen? Immer nur Stress und Streit und keine Liebe mehr, ja, und vor allem fehlt mir auch guter Sex! Was heißt hier überhaupt *gut*? Ich wäre froh, wenn ich überhaupt noch ein Sexualleben hätte. Ob ich vielleicht einmal ein Wochenende in einem Swingerclub verbringen sollte?", überlegte sie schläfrig.

Bei diesem Gedanken streichelten ihre Hände automatisch zärtlich über ihre hervorstehenden Brustwarzen. „Ahh, wie gut … Welch ein schöner, vulgärer Gedanke, aber leider ist die Sache mit dem Swingerclub nicht praktikabel. Zum einen, weil ich treu und genant bin. Und zum anderen, weil ich hier bekannt bin wie eine bunte Hündin. Ich könnte diesen Narzissten erwürgen und in meinem schönen Garten eigenhändig vergraben, aber das kann ich den Regenwürmern nicht zumuten. Und selbst wenn er tot sein sollte, wäre er vermutlich noch zu geizig, etwas gratis von seinem Astralkörper an die Würmer abzugeben." Sven brachte sie tatsächlich immer wieder auf solche dummen Gedanken.

„Kein Wunder, dass die Mordraten in einer Partnerschaft relativ hoch liegen. Rund 4500 Opfer jährlich! Mehrere Dörfer in Rheinhessen würden damit von heute auf morgen einfach ausgelöscht ... Das muss man sich mal vorstellen!", murmelte Chris vor sich hin. „Aber nun erst mal Kopfkino wieder aus und Butter bei die Fische. Das tue ich mir nicht an, denn dann müsste ich ja weiterhin an ihn denken, wenn ich durch meinen prächtigen Garten laufen würde – und das ist er ganz gewiss nicht wert", dachte sie sarkastisch. „Und gestern habe ich es ja wohl tatsächlich geschafft, ihn endgültig zum Teufel zu schicken."

Das Klingeln ihres Weckers erlöste sie von ihren wilden Gedanken. „Oh, schon sieben Uhr!" Chris ging ins Bad und warf einen Blick in den Spiegel: „Oje, nun wundert es mich nicht mehr, dass ich so schlecht geschlafen habe." Irgendwie hatte sie sich vor dem Schlafengehen wohl noch Lockenwickler in die Haare gezwirbelt – und das in ihrer Volltrunkenheit. „Hihi, wäre heute Nacht bei mir eingebrochen worden, hätte der Einbrecher vor Schreck womöglich einen Herzinfarkt bekommen, denn ich könnte mit diesem Aussehen glatt die Zwillingsschwester der schrecklichen Medusa sein." Bei dieser Vorstellung musste sie lächeln. „Und das alles nur, damit ich heute Abend gut aussehe, denn meine roten langen Haare sollen mein Gesicht geschmeidig mit einer Lockenpracht umrahmen. Es bleibt nur zu hoffen, dass mein Hals noch in der Lage sein wird, meinen Kopf aufrecht zu halten, um den Verdienstorden des Landes annehmen zu können. Denn irgendwie habe ich mir heute Nacht wohl den Hals verdreht."

Sie putzte sich schnell die Zähne und dachte dabei an den Ball, der gegen Abend im Schloss in Mainz stattfinden sollte. Der Minister des Inneren und für Sport gab ihn – für ihre Kollegen und für sie. Chris' Team hatte den letzten Fall mit Bravour gelöst. Selbst der Chef des britischen MI6 hatte dem Bundespräsidenten seine Anerkennung für die gute Leistung ausgesprochen.

„Vielleicht kann ich bei dieser Gelegenheit meine längst fällige Hochstufung in die nächsthöhere Besoldungsstufe eintüten", überlegte Chris. Eine entsprechende Stelle war beim Polizeipräsidium in Mainz vakant. „Ich hoffe, dass der Minister für mich ein gutes Wort bei meinem Vorgesetzten einlegen wird, denn ich bin als Kriminalhauptkommissarin mit einer Auflösungsquote von fünfundneunzig Prozent zurzeit sein bestes Pferd im Stall!" Sogar das BKA in Wiesbaden umwarb sie schon seit einiger Zeit, doch für sie als echtes Meenzer Mädche war die Liebe zu ihren Mainzer Kollegen bislang stärker gewesen als die zum Mammon. „Aber ein bisschen mehr Bimbes wäre auch nicht zu verachten, denn auch ich kann nicht nur von Luft und Liebe leben."

Chris legte die Zahnbürste zur Seite und begann, die Lockenwickler zu entfernen. Danach schlüpfte sie in ihre Sportkleidung, denn sie wollte schnell noch eine Runde im Feld joggen gehen, um die drahtigen Muskelpakete an den Waden für das heutige Event optimal in Form zu bringen. Das Joggen würde ihr den Kopf frei blasen und außerdem konnte sie sich dabei eine Strategie für das Gespräch mit dem Minister überlegen. „Also, raus aus dem Haus und volle Kraft voraus!" Mit diesen Gedanken schloss sie die Haustür und begann zügig ihren Lauf.

„So ein Mist, schon wieder Stau auf der A61! Andauernd diese blöden Baustellen," stöhnte Rainer Bläser vor sich hin. „Wie ich diese Fahrerei hasse! Rainer trommelte ungeduldig mit seinen Fingern gegen das Lenkrad. „Warum wohne ich eigentlich noch bei meiner Mutter? Jetzt bin ich 35 und habe immer noch nicht den passenden Deckel gefunden. Und jeden Morgen das gleiche Drama, seit über fünfzehn Jahren die Fahrerei von Bingen nach Alzey. Was das an Benzin kostet beziehungsweise bisher gekostet hat!", dachte er kopfschüttelnd, als er im Verkehrsgedränge stand.

Eine passende Stelle in Mainz wäre für ihn wie ein Lottogewinn, und es war an der Zeit, dass er vom Oberkommissar zum Hauptkommissar befördert werden würde. Außerdem waren in Mainz die meisten Kollegen nett und in seinem Alter – sie waren keine Jungspunde mehr.

Vor allem aber die rattenscharfe Granate von Hauptkommissarin, Chris Wiesbacher, hatte es Rainer angetan. Sie war nicht nur nett und clever, sondern auch ganz besonders hübsch, und sie hatte sooo lange Beine und ein Lächeln, das einen Mann dahinschmelzen ließ. „Wenn sie mich doch nur einmal als potenziellen Liebhaber und nicht nur als netten Kollegen aus der Ferne wahrnehmen würde … Hmmm, das wird wohl immer ein unerreichbarer Traum für mich bleiben. Aber vielleicht nicht die ausgeschriebene Stelle dort. Ich muss versuchen, heute Abend zum Empfang beim Minister in Mainz meine Versetzung einzutüten oder zumindest vorzubereiten, denn so einen fähigen und kompetenten Mitarbeiter wie mich können die in Mainz bestimmt gut gebrauchen", dachte er zuversichtlich.

Nach einer Stunde war Rainer Bläser endlich in seiner Dienststelle in Alzey angekommen. Nachdem er sich über den Idioten geärgert hatte, der vor dem Haus zwei Parkplätze blockierte, war nun zu allem Übel auch noch der Kaffeeautomat defekt.

„Ei gude wie, Rainer, alles klar?", wurde er von seinem Kollegen Archibald Flick empfangen.

„Nix ist klar, Archi. Der Tag hat schon schlecht angefangen. Ich war heute Morgen in aller Frühe dabei, den Dienstsport mit dem Fahrrad zu absolvieren, und hatte, stell dir vor, nach einem Kilometer einen Platten. Ich weiß gar nicht, wie ich diesen Monat noch die notwendigen vier Stunden Sport zusammenbekommen soll. Ich muss die Stunden doch an den Sportbeauftragten melden, der hat gestern auch schon bei mir angerufen und gemeckert."

„Weißt du was, Rainer? Vier Stunden reichen sowieso nicht wirklich aus, um fit zu bleiben und endlich mal deinen Bauchumfang zu reduzieren", meinte Archi gnadenlos. „Ich finde, es müssten mindestens zwölf Stunden im Monat für uns alle sein, um tatsächlich einen leistungsfähigeren Zustand unserer Körper zu erreichen." Aus seiner Hosentasche holte er ein paar Bonbons, er fragte Rainer: „Magst du etwas zum Schnuckele?", und steckte sich dabei selbst ein Karamellbonbon in den Mund.

„Nein, danke, Archi, du hast doch gerade über meinen Bauch gemeckert, oder etwa nicht?", sagte Rainer leicht säuerlich.

Archi ließ dies unkommentiert und fuhr fort: „Vor allem hätten wir dann auch genügend Zeit, unser Eingriffs- und Zugriffstraining, sorry, ich meinte natürlich Ju-Jutsu, regelmäßig durchzuführen, damit wir uns auch gescheit verteidigen können. Aber das Beste daran wäre, dass wir dann zwölf anstatt vier Stunden von unserer regulären Arbeitszeit abziehen dürften, und das wäre doch ein willkommener Obolus bei der vergleichsweisen geringen Bezahlung, oder meinst du nicht, Rainer?" Archi schaute seinen Kollegen lächelnd an, rieb dabei seine Hände aneinander und fuhr fort: „Ist der Plattfuß wirklich der einzige Grund für deine schlechte Laune?"

„Nein, der scheiß Kaffeeautomat funktioniert auch schon wieder nicht und der Hausmeister ist nicht zu erreichen! Ich brauche unbedingt meine Dosis Koffein, sonst ist mein Tag gelaufen!"

„Host du schon mol druffgeklobbt?", fragte Archi grinsend und zuckte dabei mit den Schultern.

„Archi, lass das bitte mit dem Rheinhessisch. Das mag ich jetzt gar nicht hören." Rainer wusste, dass er Archi damit treffen würde, denn Archi war zu hundert Prozent ein echtes Rheinhessenkind.

Archi berührte das heute Morgen jedoch wenig, denn Rainer sah dermaßen traurig aus, dass er ihm nicht widersprechen wollte und ihm einen Kaffee anbot. „Kein Problem, Rainer, erschtemol komm mit runter in mein Büro, ich habe meine Kaffeemaschine schon angeschmissen und der Kaffee müsste fertig sein."

„Du bist meine Rettung, danke dir vielmals, Archi."

In der dunklen Kammer für sichergestellte Asservaten – in der Überzahl Autoschlüssel und Elektroschocker – im Kellergeschoss angekommen, war der Geruch von vermodernden Akten allgegenwärtig.

Rapido breitete sich ein Unbehagen in Rainers Magengegend aus. „Wie du in so einer Müllhalde arbeiten kannst, bei so einer schummrigen Beleuchtung, schlechter Luft und dann auch noch allein, das verstehe ich nicht!"

„Das ist besser, als mit Kollegen arbeiten zu müssen, die kein Verständnis für meine überragenden technischen Fähigkeiten haben und mich für einen Nerd halten. Hier unten aber bin ich der Herr – und sie wollen etwas von mir! Ich muss niemanden herumheben und keinem in den Bobbes krabbeln. Und seit Neuestem verwalte ich ersatzweise auch unsere kugelsicheren Westen und die Munition für die P99. Du weißt ja, wenn du was brauchst: Nicht verzagen, Archi fragen! Hihi und du glaubst gar nicht, wie schön es ist, nun endlich von den Kollegen ein Dankeschön zu hören!", fügte Archi noch hinzu.

„Auch eine Einstellung, mein Lieber, für mich wäre das nichts."

„So, meinst du? Wie kannst du es denn mit diesen Kollegen aushalten? Die lästern doch immer nur hinter deinem Rücken über dich, dein Auto und deine Klamotten! So was wie: ‚Schaut euch mal seine speckige Lederjacke und den zerzausten Wuschelkopf an. Und der Bart, den stutzt bestimmt seine Mama zu Hause in Bingen! Er sieht aus wie Halvar, der Vater von Vicky!'"

„Halvar? Wer zum Teufel ist Halvar?", fragte Rainer und fuhr dabei mit der rechten Hand durch seinen leicht rötlichen Lockenschopf.

„Eine ungepflegte Komikfigur mit Augenklappe", erwiderte Archi rasch.

„Was? Jetzt verstehe ich nur noch Bahnhof! Sollen die Kollegen doch sagen, was sie wollen, und mir den Buckel runterrutschen. Mit mir und meinem IQ können die sowieso alle nicht mithalten. Nach all dem Mist, den mir dieser Tag schon gebracht hat, sagst du mir auch noch, dass die Kollegen über mich lästern? Was kommt denn heute noch so alles auf mich zu?! Ich finde das gar nicht so prickelnd! Und überhaupt, findest du etwa, dass ich ungepflegt aussehe, Archi?"

Archi seufzte und erwiderte: „Kaaner vesteht misch, mei Gudder", dann fuhr er fort: „Das nicht direkt, aber hin und wieder könntest du wirklich mal genauer in den Spiegel schauen. Wie wäre es, wenn du deinen Lockenkopf mit einem neuen Haarschnitt versehen und danach noch deinen Bart stutzen lassen würdest? Ich kenne 'ne hübsche Blondine die Single ist, die Babsi vom Frisiersalon ‚Tausendschön' in Worms. Sie hat einen tollen Hintern, eine riesige Oberweite und sie kann tatsächlich nicht nur mit der Schere umgehen. Aber sie ist nichts für mich, denn sie hat mit Informatik so gar nichts am Hut!"

„Jetzt hör endlich auf, an mir rumzunörgeln, du klingst ja fast wie meine Mutter!", erwiderte Rainer mürrisch.

„Sorry, Rainer, ich dachte, wir wären Freunde. Und Freunde können sich alles sagen, oder net? Aber jetzt zum Wesentlichen. Bitte schön, dein Kaffee, heiß und schwarz wie die Nacht."

„Ach, Archi, ich kann dich nicht in Gold aufwiegen. Ich danke dir. Und sorry für meine schlechte Laune. Ich bin noch so gestresst von der langen Anfahrt!" Rainer nahm den dampfenden Kaffee entgegen und genoss sichtlich das schwarze Gebräu.

„Guten Morgen, Pascal. Eh, ich habe dich ja schon lange nicht mehr hier trainieren sehen und trotzdem siehst du immer noch unwiderstehlich aus!"

Ein gut aussehender, muskulöser, 1,89 Meter großer schwarzhaariger Mann Anfang vierzig mit dunklen Augen, in deren unendlichen Tiefen eine Frau versinken konnte, lächelte seinem frechen Gegenüber spitzbübisch zu.

Angie Müller war zwar ein klein wenig ordinär, aber wirklich ein sehr entzückendes Mädel, zierlich – bei einer Größe von 1,68 Meter hatte sie gerade mal 50 Kilo – mit top weiblichen Rundungen, kurzen blonden Haaren, ein paar Sommersprossen, zwei Handvoll straffen Brüsten, obwohl sie schon Anfang vierzig war, und sie hatte diesen wunderbar herzförmigen, knackigen Po. Alles in allem: Sie konnte stolz auf ihre Topfigur sein und war in der Lage, einem Mann in der Nacht alle erdenklichen Wünsche zu erfüllen. In der Fitnesstrainerin loderte ein rheinhessischer Vulkan, der jedes Mal aufs Neue entfacht werden wollte.

Jetzt kam Pascal schon seit drei Jahren ins Fitnessstudio nach Nieder-Olm und sie „turnte" ihn immer noch an. „Was heißt hier lang? Ich war nur vier Wochen in der Bretagne und habe mich dort mit Ausdauersport beschäftigt!"

26

„Und das wahrscheinlich auf allen Gebieten, wie ich dich kenne, du Schwerenöter, du", entgegnete Angie zynisch.

„Tja, ich sag nur so viel: Die Auswahl an tollen Mädels war dort groß, aber du weißt ja, französisch ist nicht alles, und ich bin ja so verschossen, nur in deine Sommersprossen!"

Angie lachte und erwiderte: „Ah, da hast du aber gerade mal wieder die Kurve gekriegt. Wie sieht es aus mit dir? Lust heute Abend auf ein Glas Wein? Ich habe ein Weinprobe-Set von dem neuen Jahrgang bekommen, du weißt schon, vom Weingut meines Bruders aus Biebelnheim. Sind zehn Fläschchen, die geöffnet und probiert werden wollen, und auch eine Wutz hat er schlachten lassen, frische Brötchen gibt es natürlich auch, frei nach dem Motto: ‚Weck, Worscht und Woi …' Und was das Dessert betrifft – lass dich einfach überraschen!"

Ihre Augen funkelten, ihr Mund lächelte verheißungsvoll und ihr Verlangen lag wie ein gewaltiges Knistern in der Luft.

„Angie, ich würde so gerne den Abend mit dir verbringen, vor allem der Nachtisch reizt mich ganz besonders. Aber ausgerechnet heute muss ich meinen Chef vom BKA zum Empfang beim Minister des Inneren in Mainz begleiten, weil mein Kollege erkrankt ist. Du weißt aber: Aufgeschoben ist nicht aufgehoben!", versprach Pascal Leckerer.

Angies Lächeln verschwand genauso schnell, wie es gekommen war, die Enttäuschung war ihrem Gesicht sofort anzusehen. „Okay, wenn dir das wichtiger ist als ich – kein Thema. Andere Mütter haben auch schöne Söhne. Dann werde ich heute Abend nach Alzey fahren. Dort spielt im Schloss eine Band, und mal sehen, wo ich heute Nacht noch landen kann!" Sie drehte sich um, streckte ihm ihren wunderschönen Hintern entgegen, verschwand im Büro und ließ dabei lautstark die Tür ins Schloss fallen.

„Mensch, was für eine attraktive, temperamentvolle Frau!", dachte Pascal. Er setzte sein Training fort und gab sich dabei den Gedanken über seine Zukunft hin.

„Schade eigentlich, dass meine Dienststelle nur in den Fällen Terrorismus und Extremismus Führungsverantwortung hat. Na ja, den Bereich der Identifizierungskommission bei Massenunfällen im In- und Ausland, Hochwasserkatastrophen etc. kann man ja fast vernachlässigen, denn Gott sei Dank gibt es nur wenige solcher Fälle für diese Spezialeinheit, wo sich die Kollegen damit beschäftigen müssen, die Identität der Leichen herauszufinden", dachte Pascal, als er mit dem Hanteltraining beschäftigt war.

Ihm hatte damals der Einsatz 2004 in Thailand, als er für einen Kollegen eingesprungen war, gereicht. Diesen Job hatte Pascal als sehr deprimierend empfunden, er war wirklich nichts für ihn. Und nur die Informationen zu verschiedenen Tatbeständen zu bündeln und an das Landeskriminalamt und die Polizeipräsidien weiterzuleiten, damit die dann die Action hatten, war auch nicht sein Ding.

„Vielleicht sollte ich doch lieber ins LKA wechseln? Da könnte ich schneller Karriere machen. Aber für die Kollegen vom LKA und den anderen Polizeidienststellen ist das BKA der Heilige Gral! Und das hat doch auch was!" Mit diesen Gedanken und schon etwas ausgepowert setzte er sein Training an der Beinpressmaschine fort.

„Was für ein Idiot! Was bildet sich Pascal Leckerer überhaupt ein! Lässt sich wochenlang nicht blicken, geschweige denn, dass er sich mal bei mir meldet, und dann hat er noch nicht einmal Zeit für ein Schäferstündchen! Meint er, weil er oral seinem Namen alle Ehre macht, könnte er so mit mir umgehen? Ich muss den Kerl einfach abhaken und mir einen anderen Prinzen suchen. Vielleicht ja heute Abend? Ob Irene wohl Zeit hat, mich zum Konzert zu begleiten? Vielleicht ist sie auch zu müde nach einem langen Arbeitstag in der Bibliothek? Aber sie ist flexibel und kontaktfreudig, mit ihr kann ich bestimmt einen heißen Feger für die Nacht aufreißen", dachte Angie Müller auf der Fahrt mit ihrem Auto nach Hause.

Gegen Mittag zu Hause angekommen, tippte sie schnell eine Textnachricht in ihr Handy und fünf Minuten später stand fest, dass Irene Zeit hatte und zusammen mit ihr am Abend das Konzert aus der Reihe „De Pablo" im Schloss in Alzey besuchen würde. Angie freute sich. In ihre Gedanken versunken, wurde sie etwas später durch das Klingeln des Telefons gestört.

„Hi, ich bin's noch mal. Ich habe eine gute und eine schlechte Nachricht für heute Abend", hörte sie die Stimme ihrer Freundin.

„Hi, Irene, raus damit. Was gibt's?"

„Zuerst die gute: Ich habe von meinem Kollegen zwei Karten für das Konzert geschenkt bekommen, denn du hast bestimmt nicht daran gedacht, dass wir welche brauchen, oder? Und das Konzert war bereits ausverkauft! Mein Kollege hat sich mit seinem Freund zerstritten und möchte nicht mehr hingehen."

„Super für uns und schlecht für ihn! Und die schlechte Nachricht, Irene?"

„Ich habe den Wetterbericht gecheckt. Ab drei Uhr soll es in Strömen gießen, und das bei Vollmond. Ich schlage vor, dass wir, bevor es zu regnen anfängt, noch einen Absacker im Schlosshotel zu uns nehmen und uns dann auf den Heimweg machen. Du kannst gerne bei mir übernachten. Und wir sollten uns auf jeden Fall *wärmer* anziehen."

„Ach, das war wirklich clever von dir, den Wetterbericht zu checken. Dann werde ich vorsorglich mein rotes Regencape mitnehmen, denn wir lassen uns doch auf gar keinen Fall den Spaß nehmen. Es gibt kein schlechtes Wetter, nur schlechte Kleidung! Ich danke dir für die Info und ich freue mich total auf heute Abend. Mach dich frisch im Schritt – und bis später, Schnecki", beendete Angie das Telefonat.

Angie wollte den restlichen Tag noch etwas vor sich hin gammeln und sich ausruhen. Sie bereitete sich gegen Nachmittag ein aphrodisierendes Bad. Die Mischung des Badeöls war ein Geheimrezept von Irene, das sie in einem uralten Buch in ihrer Bücherei gefunden hatte und jetzt selbst herstellte. Irene mischte Öl mit dem holzigen, tiefen Duft von Vetiver, Sandelholz, Rose und Lavendel. Es war quasi ihre Geheimwaffe für das „Abschleppen" von Männern. Und tatsächlich hatte auch Angie das Gefühl, dass dieser ganz besondere Duft die Männer heißmachte.

Sie ließ aus der Musikanlage anturnende Kuschelsongs erklingen und legte ihren Freudenspender auf den Rand der runden Badewanne, direkt neben das Glas mit dem Schlückchen Winzersekt. Nun stimulierte sie zuerst ihre Brüste vor dem Spiegel, streichelte zärtlich von unten nach oben über ihren Po und lies dann ihren perfekten Körper in das wundervoll duftende, warme Nass gleiten. Ihr rosafarbener batteriebetriebener wasserfester Freund passte sich ihren rhythmischen Beckenbewegungen in voller Ekstase perfekt an. „Prost, auf dich, mein Plastikgeselle, denn auf dich ist immer Verlass! Nimm es mir nicht übel, ich werde heute Abend wohl fremdgehen und hoffentlich bekommt meine Möse das Prachtexemplar eines gut aussehenden Mannsbilds aus Fleisch und Blut zu spüren."

Kurz vor dem Höhepunkt ließ sie ihren Kopf im Wasser versinken, um ihr lautes Stöhnen zu unterdrücken.

Im Polizeipräsidium in Mainz angekommen, lief Chris Wiesbacher Rezina Brüstchen über die Füße.

„Hi, Chris, denkst du an dein Schießtraining heute Nachmittag?"

Rezina war nicht nur eine Kollegin, sondern auch eine Freundin. Sie kannten sich beide schon seit ihrer Ausbildung und hatten ab diesem Zeitpunkt viele Höhen und Tiefen ihres Lebens gemeinsam gemeistert.

„Ach du lieber Gott! Danke, Rezi, das habe ich total vergessen. Ich habe heute schon einen 15-Kilometer-Lauf durch die Weinberge hinter mich gebracht, bin total ausgepowert und weiß auch nicht, ob ich das zeitlich schaffe. Ich glaube, ich muss das Schießen absagen. Du weißt ja, dass wir zwei heute Abend zum Empfang gehen, und ich muss noch nach Hause, um mich in Schale zu werfen."

„Empfang hin oder her, Chris, du bist schon lange überfällig. Bei unserem Chef ploppt wöchentlich eine Tabelle mit den Leuten hoch, die nicht mehr im zeitlichen Rahmen liegen, und ich kann mir dann wieder eine Moralpredigt von Böcker anhören: ‚Frau Brüstchen, warum nehmen Sie sich Frau Wiesbacher nicht endlich mal zur Brust?' Das ist doch sexistisch, oder etwa nicht? Chris du könntest dir doch deine Zeit ein bisschen besser einteilen, zumal das Schießtraining nur zweimal im Jahr stattfindet, was ich sowieso viel zu selten finde!"

Rezina baute sich breitbeinig, ihre Hände in den Hüften abgestützt, vor Chris auf. Dabei warf sie ihr einen fragenden Blick zu.

„Tja, du hast gut reden. Du musst heute nicht noch dreißig Minuten nach Hause und wieder zurück nach Mainz fahren, denn du wohnst ja um die Ecke. Und das auch noch an einem Freitag. Und überhaupt, wem habe ich das zu verdanken mit dem ‚Aufploppen der Tabelle'?", fragte Chris ihre Freundin Rezi schulterzuckend und fuhr dann gespielt vorwurfsvoll fort: „Daran bist doch du dank deiner genialen IT-Fähigkeiten schuld. Warum schreibst du so viele gute Apps in deiner Freizeit?! Da gibt es doch viel Schöneres zu tun, als Programme zu entwickeln oder eine Schießübung mit Maschinenpistole beziehungsweise Pistole durchzuführen, oder?" Mit einem Augenzwinkern fügte Chris hinzu: „Zum Beispiel mal wieder zusammen schöne Dessous in Kirchheimbolanden einkaufen und danach ein Weinchen mit mir trinken gehen – oder vielleicht auch zwei? Ich habe einen guten Winzer in Mommenheim aufgetan. Seine Weine sind spitzenmäßig, bezahlbar und sogar mit vielen Gold- und Silberprädikaten ausgezeichnet! Der weltbeste Wein kommt tatsächlich aus Rheinhessen. Und stell dir mal vor, ich würde die Schießprüfung nicht bestehen? Dann hätte ich noch weniger Zeit für meine Weinproben, geschweige denn zum Shoppen, weil ich ja so lange trainieren müsste, bis ich sie bestanden hätte. Was für eine Verschwendung meiner wertvollen Zeit!"

Beschwichtigend und mit einem Lächeln lenkte Rezina ein: „Jetzt hab dich mal nicht so. Ich mach dir einen Vorschlag: Ich verspreche dir, dass ich mit dir morgen nach Kirchheimbolanden fahre, denn ich brauche unbedingt neue Unterwäsche – vor allem weil es nur dort die gut sitzenden BHs gibt und die Beratung so galaktisch ist. Danach geht es zu deinem Mommenheimer Winzer! Du hingegen versprichst mir, bis nächsten Freitag die Schießübung durchgeführt zu haben! Deal?"

„Deal. Rezi, du bist wirklich die Beste! Kennst du übrigens die Steigerung von Frau? Frau, Superwoman, Rezina!"

Rezina brach in Gelächter aus und just in diesem Moment klingelte Chris' Handy.

„Willst du nicht drangehen?", fragte Rezina.

„Nein, das ist nur Sven, wir hatten mal wieder Streit!" Chris drehte sich um und murmelte im Weggehen, das sie sowieso keine Lust mehr auf eine Beziehung mit ihm habe und Schluss gemacht hätte.

Angie Müller stand ratlos vor ihrem Kleiderschrank. „Was soll ich denn nur anziehen? Den schwarzen figurbetonten Hosenanzug mit dem extrem tiefen Rückendekolleté aus reiner Seide oder lieber das eng anliegende, kurze lila Samtkleid? Nee, das Kleid geht auf keinen Fall. Ich brauche ja meine rote Regenjacke für den angekündigten Regenschauer – und: Lila und Rot sehen den Tod. Also Hosenanzug und rote Pumps, dazu die langen funkelnden Ohrringe und die Halskette. Die werde ich nach hinten über dem Rücken tragen, der ovale Anhänger kitzelt so schön am oberen Rand meines Hinterteils und das sieht bestimmt raffiniert und sexy aus", dachte Angie.

Als sie abends endlich am Treffpunkt vor dem Alzeyer Schloss unterhalb des Torbogens angekommen war, wurde sie bereits sehnsüchtig von Irene Makulski erwartet. „Hi, Schnecki, du bist aber spät dran", bemerkte Angies Freundin tadelnd.

„Was soll ich sagen, der 15-minütige Fußmarsch vom Bahnhof zum Schloss war kein Zuckerschlecken. Zuerst den steilen Bahnhofsberg mit den High Heels runterlaufen und dann auch noch durch dieses fürchterliche Gewühle der Menschenmassen in der Fußgängerzone. Und stell dir vor, ich wurde tatsächlich zweimal begrapscht. Leider konnte ich den Typen nicht mal eine Backpfeife verpassen, weil ich in der Menschenmenge nicht feststellen konnte, welche es waren. So eine Frechheit. Ich bin doch kein Freiwild!", sagte Angie empört und stampfte dabei mit ihrem Fuß auf den Boden.

„Meine Mutter hätte mal wieder gesagt: ‚Bei einem Hosenanzug, der so tief blicken lässt, Kind, musst du dich auch nicht wundern!' Aber tröste dich. Ich habe in den zehn Minuten, in denen ich hier auf dich gewartet habe, mehr oder weniger das gleiche Schicksal über mich ergehen lassen müssen. Du kennst das ja, wenn dich die Männer mit ihren Blicken ausziehen ... Aber scheiß drauf. Komm, ich erzähle dir lieber etwas Lustiges, das ich heute in der Bücherei erlebt habe."

Irene begann, ihre Geschichte zu erzählen. „Heute kam ein wirklich unattraktives Mannsbild herein. Er fragte mich, wo er das Buch ‚Die Überlegenheit des Mannes' finden könnte. Was glaubst du, was ich ihm gesagt habe?"

„Keine Ahnung", antwortete Angie gespannt.

„Fantasie und Utopie finden Sie im ersten Stock, mein Herr!"

„Haha, der Witz ist alt und hat sooo einen Bart ..." Aber jetzt musste Angie doch tatsächlich lachen. „Komm, Irene, lass uns reingehen, uns gute Plätze sichern und einen schönen Abend und viel Spaß haben!"

„Mann, bin ich spät dran", dachte Chris. „Jetzt brauche ich nur noch einen Parkplatz. Vielleicht sollte ich einen Wunsch an das Universum senden?"

In neunundneunzig von hundert Fällen funktionierte das tatsächlich bei Chris. „Ich wünsche mir … Ah, yes, da ist eine Parklücke! Nicht allzu weit weg vom Mainzer Schloss und der Weg ist sogar High-Heels-tauglich. Oje, der Personenschutz um das Schloss ist ja selbst von Blinden zu erkennen." Chris Wiesbacher drehte beim Aussteigen aus ihrem Fahrzeug den Kopf in alle Richtungen. „Ich muss darüber unbedingt mal mit diesem Schönling, wie heißt der noch mal, Pascal, Pascal Lecker oder Leckerer, wie auch immer, sprechen und ihm mitteilen, dass bei solchen Anlässen die Sicherheitsstufe rot auch schon mal unauffälliger durchgeführt wurde. Wo sonst fahren denn um kurz vor 20 Uhr noch mehrere Kinderwagen durch die Gegend spazieren?

Chris erblickte Rezina vor dem Eingang des kurfürstlichen Schlosses. „Huhu, Rezina."

„Mensch, Chris, ich habe dich fast nicht erkannt! Du siehst im kurzen Schwarzen hammerhart aus – und diese geilen roten High Heels, die bringen deine drahtigen Beine voll zur Geltung! Wow, wem willst du denn heute Abend den Kopf verdrehen?"

„Das Kompliment gebe ich gern zurück. Du mit deiner genialen Oberweite – das lange rote Kleid bringt sie und deinen knackigen herzförmigen Po wunderbar zur Geltung. Und eigentlich solltest du öfter deine Haare offen tragen!" Die ehrliche Bewunderung für ihre Kollegin und Freundin Rezi stand Chris im Gesicht geschrieben. Rezinas grüne Augen waren einzigartig und strahlten tiefgründig im Kontrast zu ihren langen blonden Haaren.

„Aber Chris, mir geht es wie dir. Du weißt doch, wie praktisch so ein Pferdeschwanz auf der Arbeit sein kann. Schnell gemacht und sieht immer gepflegt aus. Und wir verdrehen den Männern weniger schnell den Kopf und lenken sie nicht von ihrer Arbeit ab, oder etwa nicht? Komm, lass uns ins Getümmel stürzen und etwas gute Laune unter den Spießern verbreiten." Mit diesen Worten nahm Rezi Chris an der Hand und sie liefen in Richtung Haupteingang.

Beim Durchqueren mehrerer Sicherheitszonen und bei einigen Bodychecks nahmen die Frauen die bewundernden Blicke der Männerwelt wahr. Fünfzehn Minuten später hatten sie endlich den Eingang vor dem wunderschönen dekorierten Ballsaal erreicht, den sie nun durchqueten. Eine bunte Mischung von Beamten, Promis und solchen, die es wohl gerne wären, füllte den Raum. Das riesige Buffet, das mit den feinsten Delikatessen wie Kaviar, Hummer und sonstigen Köstlichkeiten von nah und fern bestückt war, bot aber noch mehr: kulinarische Spezialitäten aus dem Rheinhessischen. Meenzer

Fleischwurst, Meenzer Weck, Backesgrumbeere, Himmel und Erd durften da nicht fehlen. Die frisch gebackenen Brezeln passten vorzüglich zu dem Spundekäs, der eine geniale Erfindung der Rhoihesse war.

„Mmmh, Rezi, wie lecker, lass uns den Quetschekuche mit der Kartoffelsupp mal probieren. Ich liebe das, und ich habe das schon lange nicht mehr gegessen. Meine Oma machte den weltbesten Quetschekuche."

„Igitt, so etwas isst du?" Mit einem ungläubigen Gesichtsausdruck schaute Rezi in Chris' Richtung.

„Was heißt hier ‚igitt'? Du musst es erst einmal probieren, bevor du etwas Negatives sagst. Das ist wie bei den Gerichten der Amerikaner, die Rühreier mit Ahornsirup essen. Und es schmeckt tatsächlich vorzüglich!", fügte Chris auf dem Weg nach draußen in den Eingangsbereich hinzu.

In diesem Moment wurden die beiden Frauen von einer wohlklingenden Männerstimme unterbrochen: „Hallo, meine Schönheiten, es freut mich sehr euch hier zu sehen."

„Hallo, Archi, welch eine Überraschung. Ich wusste gar nicht, dass du auch eingeladen bist", gab Chris zurück.

„Tja, ich bis heute Morgen auch nicht. Da mein Boss aber mein zwanzigjähriges Dienstjubiläum vergessen hat, war das sein Trostpflaster für mich.

Und wie ich sehe, hat es sich beim Anblick von zwei so charmanten Damen für mich schon doppelt gelohnt!"

„Kennt ihr euch eigentlich?", fragte Chris in die Runde.

„Nein, noch nicht. Hallo, ich bin Archibald Flick, kurz Archi genannt, von der Dienststelle in Alzey und zuständig für Software, Asservaten und Akten."

„Hi, das ist ja interessant. Und ich bin Rezina Brüstchen, kurz Rezi genannt, zuständig für die IT-Entwicklung in Mainz." Rezina musterte ihr Gegenüber und musste feststellen, dass Archi zu hundert Prozent ihr Fall war: ungefähr 1,80 Meter groß, schlank, blaue Augen und etwa in ihrem Alter.

„Na, das ist ja klasse. Du, dann müssen wir uns unbedingt unterhalten. Ich habe da so eine Idee, wie man mit einer von mir entwickelten App mit entsprechenden Transpondern auf die kurzfristigen Asservaten schneller zugreifen kann. Die könnte dann flächendeckend in allen Präsidien installiert werden." Wie im Rausch sprudelten die Worte aus Archis Mund.

„Oh, das hört sich vielversprechend an. Ich habe diesbezüglich tatsächlich erst letzte Woche eine Anfrage vom ersten Kriminalhauptkommissar bekommen. Komm, lass uns etwas zum Essen und Trinken mitnehmen und in eine ruhige Ecke verschwinden, dann können wir Nerds ungestört darüber quatschen", erwiderte Rezina mit einem bezaubernden Lächeln.

„Gute Idee, Rezina, was magst du trinken? Du weißt doch, heute Abend ist alles umsunscht und vielleicht kannst du mir eventuell auch noch sagen, wo ich mei Regeschämmche und mei Mäntelche abgeben kann?" Mit diesen Worten lächelte Archi Rezina zaghaft an und schaute ihr in die tiefgrünen Augen.

„Einen Colaschoppen bitte, denn ich muss noch fahren. Die Garderobe ist da vorn rechts. In der Zwischenzeit hole ich uns ein paar Kleinigkeiten zum Essen. Wir treffen uns dann dort drüben in der Ecke, Archi." Rezina zeigte auf eine bequeme Couchgarnitur am Treppenaufgang abseits von jeglichem Getümmel.

„Wie, ihr lasst mich ganz allein?", fragte Chris amüsiert.

„Mensch, Chris, wann habe ich denn die Möglichkeit, mich mit einem Kollegen zu unterhalten, der außer mir ebenfalls schon eine App entwickelt hat? Und leise fügte Rezi hinzu: „Schnuckelig sieht der Archi auch aus. Und rheinhessisch spricht er auch noch, ach wie goldig!"

„Ich glaube, du leidest unter leichter Geschmacksverirrung. Pass auf dich auf, Schneckche!

Und komm bloß nicht zu spät zur Ordensverleihung!", rief Chris ihr hinterher. Aber Rezina war schon eilig in Richtung Buffet verschwunden.

Dreißig Minuten später erklang ein Tusch. Der Sekretär des Ministers bat um Ruhe und der Minister erschien auf der Bühne mit den Worten: „Guten Abend, sehr geehrte Damen und Herren, ich freue mich, Sie zum heutigen Event begrüßen zu dürfen. Ich möchte mich wie immer kurzfassen und mit Respekt und Dankbarkeit die Arbeit des Landeskriminalamtes, des Polizeipräsidiums Mainz, der Polizeiinspektion Alzey und des BKA aus unserem Nachbarland Hessen würdigen." Der Minister trank einen Schluck Wasser aus dem Glas, das auf dem Rednerpult stand, und setzte seine Rede fort: „Ganz besonders bedanke ich mich jedoch für die tägliche Arbeitsleistung der Polizistinnen und Polizisten, die für unsere Demokratie und demzufolge auch für unser Recht einstehen und diese und uns mit ihrem Leben schützen. Stellvertretend dafür möchte ich nun auch im Namen des Bundespräsidenten und des britischen MI6 die Kolleginnen Chris Wiesbacher und Rezina Brüstchen vom Kommissariat des Polizeipräsidiums Mainz sowie die Kollegen Rainer Bläser von der Polizeiinspektion Alzey und Pascal Leckerer stellvertretend für Harald Kubatschek vom BKA auf die Bühne bitten, um ihnen den Orden für ihre außerordentlich professionelle und kommunikative Zusammenarbeit zu verleihen."

Der stürmische Beifall des Publikums unterbrach kurz seine Rede. Der Minister räusperte sich und fuhr fort: „Aufgrund des unermüdlichen Einsatzes der Kolleginnen und Kollegen ist es ihnen, wie Sie wahrscheinlich alle schon wissen, nach anderthalb Jahren intensiver grenzüberschreitender Ermittlungsarbeit gelungen, einen international gesuchten Kindermörder dingfest zu machen. Ich bitte die genannten Personen nun, zu mir auf die Bühne zu kommen."

Unter großem Beifall stiegen die Polizisten über den roten Teppich die Treppen nach oben. Auf der Bühne bekamen die Beamten jeweils einen Orden, die Damen zusätzlich einen bunten Blumenstrauß, sowie einen Handschlag, gefolgt von einem Dankeschön des Ministers.

Zehn Minuten später war der offizielle Teil vorbei und die rauschende Party konnte beginnen.

Nach einer Weile gesellte sich Pascal Leckerer zu Chris Wiesbacher und fragte: „Was würden Sie zu einem Glas guten Wein sagen?"

„Nichts, denn ich würde ihn trinken", erwiderte Chris trocken. Ihre Augen suchten die ihres Gegenübers und ein spitzbübisches Lächeln erhellte ihr Gesicht.

„Angie, die Band ist einfach grandios. Ich fühle mich wie mit sechzehn Jahren. Die schönen alten Songs!"

„Ja, Irene, da gebe ich dir recht. Mir geht es genauso. Endlich können wir mal wieder so richtig abzappeln. Das Wetter spielt mit und das Publikum ist auch nicht zu verachten." Die Besucher des Konzerts waren im Durchschnitt um die vierzig Jahre alt, und es schien, als ob reichlich Singles unterwegs waren.

„Yes, und wir zwei stechen mal wieder aus der breiten Masse hervor! Angie, hast du gesehen, wie die zwei tollen Jungs da drüben immer wieder zu uns rüberschauen? Ich glaub, da geht heute Nacht noch was!"

Angies Blick ging in Richtung Weinbar, und was sie erblickte, war wirklich ein Augenschmaus. Beide Männer waren groß und athletisch, Mitte bis Ende dreißig und sehr begehrenswert. Just in diesem Augenblick warfen sie den beiden Frauen ein Lächeln zu. Das Lied „Wind of Change" von den Scorpions erklang und die beiden Jungs kamen mit zwei großen Humpen Colaschoppen in ihre Richtung.

„Na, ihr Mäuse, so allein unterwegs? Habt ihr Lust, heute Abend mit uns zu poppen?" Wie Worte in nicht einmal einer Sekunde Illusionen zerstören konnten! Aus den scheinbar passablen Jungs wurden mit einem Schlag dämliche Trampel!

Angie nahm Irene an der Hand, zog sie hinter sich her und die beiden suchten das Weite, gefolgt von dem Kommentar: „Ihr eingebildeten Gänse. Habt ihr was gegen Männer?"

„Leider nichts Wirksames", konterte Irene sofort, umfasste Angies Hand fester und die Mädels verschwanden schnell in Richtung Weinbar.

„Mein Gott, das ist sie! Meine Gebete wurden erhört", dachte Jo und bewegte sich unruhig auf seinem Barhocker hin und her. „Sie werde ich auserwählen. Dieser Hintern, so ein wunderbarer herzförmiger Hintern. Und was für eine geile Figur! Besser hätte Gott sie nicht für mich erschaffen können. Meine fleischige Waffe steht auch schon stramm in der Hose. Ahhh, ich muss aufpassen, dass ich nicht schon hier komme. Mmmh." Schnell platzierte Jo sein Jackett über seinem erregten Penis. „Mein Lustbringer steht heute Nacht parat für dich, meine Auserwählte. Ich werde dich von *hinten* nehmen!" Seine Augen fixierten seine nächste potenzielle Gespielin und seine Blicke schweiften über ihre Figur. „Welch eine sinnliche Frau. Ich werde ihren Körper zentimeterweise mit meiner Klinge erforschen und ihren Po mit voller Lust durchvögeln." Bei diesem Gedanken lief ihm das Wasser im Mund zusammen, ein Schauern durchzog seinen athletischen Körper und er stöhnte leise. „Das muss über meinem großen Spiegel, wenn ich sie von hinten vögle geschehen, damit ich die Lust in ihren Augen sehen kann", dachte er.

Jos Augen fixierten sie weiterhin. „Ich werde ihre Beine weit spreizen und mit meinem langen, kräftigen Freudenspender richtig tief in sie eindringen. Ahhh, das Anale wird ihr gefallen und ihr Körper wird beben. Sie wird vor Lust stöhnen – oder vielleicht vor Schmerz und Angst schreien?!"

Er stand auf und bewegte sich langsam in Richtung Bühne. „Egal, beides gut. Gott und ich werden über die einzelnen Schritte des Ablaufs entscheiden und sie wird sehr bald die Lust und das Leiden spüren. Es ist alles für sie vorbereitet. Aber zuerst muss ich sie allein erwischen", dachte der extrem gut aussehende, blonde Typ, Anfang 40, der mittlerweile die Bühne erreicht hatte.

Nach drei Stunden, ein paar Häppchen und einem Gläschen Secco fühlte Irene sich gar nicht mehr wohl. „Du, Angie, ich gehe jetzt heim. Ich habe plötzlich solche Magenkrämpfe. Ich glaube, ich muss ins Bett! Ich lege den Haustürschlüssel unter den Blumentopf hinter dem Zaun, und das Gästezimmer ist für dich vorbereitet."

Angie schaute Irene bedauernd an. „Oh, du Arme, ich geh mit dir nach Hause, ich kann dich doch jetzt nicht alleinlassen."

„Aber nein, das tust du nicht! Hab einen schönen Abend, wir sehen uns morgen früh – und ich will jetzt kein Wort mehr von dir hören! Also, bis später, Angie!"

„Okay, bis morgen früh, schlaf dich gesund, meine liebe Freundin." Nach einer kurzen Umarmung verließ Irene die Veranstaltung und machte sich an diesem Freitagabend gegen 23 Uhr mit einem Taxi auf den Weg nach Hause.

Wenig später betrat Angie die Tanzfläche. Nun war eine Runde Soul angesagt. Sie tanzte wie von Sinnen und erblickte dabei tatsächlich ein faszinierendes Mannsbild, tanzend in der Nähe der Bühne. „Was für ein gut aussehender Mensch – und sein Hüftschwung ist auch nicht zu verachten." Ein Lächeln huschte ihr über das Gesicht, das prompt von ihm erwidert wurde.

In diesem Moment wurde die Soulrunde von einer Runde Foxtrott abgelöst. Angie ging in Richtung Bar, als sie plötzlich einen Atemhauch an ihrem Hals – von hinten kommend – verspürte und eine angenehme, wohlklingende Stimme sie mit den Worten aufforderte: „Nicht so eilig, meine Dame, darf ich um diesen Tanz bitten?"

Sie drehte sich um und tatsächlich, es war der attraktive Blonde. Angie dachte: „Wow, klasse, dass er sich getraut hat, mich anzusprechen. Dann wird es wohl doch noch eine tolle Nacht."

Sie konnte nicht ahnen, wie unrecht sie damit haben sollte!

Angie

„Was war das für ein toller Abend", dachte Rainer Bläser auf dem Weg nach Hause. „Es war ein gelungener Empfang und der Absacker zum Schluss mit Frau Wiesbacher, Archi und Rezina war wirklich schön. Auf die Anwesenheit von diesem BKA-Futzi Leckerer hätte ich zwar verzichten können, aber das haben die Damen wieder wettgemacht. Rezi ist 'ne tolle Frau und sie scheint mordsmäßig was auf dem Kasten zu haben. Eigentlich würde sie außerordentlich gut zu Archi passen. Wohingegen Frau Wiesbacher doch relativ reserviert ist, zumindest mir gegenüber. Für meinen Geschmack ist sie noch interessanter als Rezina Brüstchen. Mit meinem persönlichen Anliegen bezüglich der neuen Stelle in Mainz bin ich bei ihr aber leider auch nicht weitergekommen."

In diesem Moment hörte er ein Donnern und Regenmassen folgten. „Mensch, muss es denn jetzt anfangen zu regnen, es schüttet ja, als ob die Welt untergehen würde. Dann wird die Heimfahrt wohl länger dauern", murmelte er vor sich hin.

„Wie spät ist es eigentlich? Rainer blickte auf die Anzeige neben seinem Tacho. „Ach du Schande, 3.30 Uhr, schnell heim und ab ins Bett, denn der frühe Vogel frisst den Wurm – oder die Kollegen fressen mich! Mein Chef erwartet morgen die fertig

gestellte Statistik und er kennt leider kein Wochenende!"

„Na ja, toll ist meine Mission gestern nicht gerade
gelaufen, aber das Event mit dem guten Essen und
das Zusammensein mit den netten Kollegen Rezi
und Archi war perfekt!", dachte Chris.

„Und dann noch der Kollege aus Alzey, wie hieß
der noch mal? Rainer Bläser! Der meint wohl, weil
er zwei Wochen bei der Ermittlungsarbeit im Fall
des Kindermörders ausgeholfen hat, könnte er irgendwelche Ansprüche an mich stellen?" Sie nahm
einen Schluck ihres lauwarmen Getränks zu sich.
„Der ist mir den ganzen Abend nicht von der Pelle
gerückt und ich verstehe überhaupt nicht, was er
von mir wegen der vakanten Stelle in meiner Abteilung will. Ich als kleines Licht habe doch überhaupt
nicht die Befugnis, ihn in meiner Abteilung einzu-
stellen!"

Sie biss in das knusprige Croissant, das sie sich
zuvor im Backofen warm gemacht hatte, trank einen
großen Schluck Latte macchiato mit Sojamilch und
ließ die Gedanken weiter schweifen. „Und der absolute Höhepunkt des Abends war dann noch Mister
Superlover Leckerer vom BKA. Er, mit seinen an-
züglichen Bemerkungen. Wobei, wenn ich es mir

recht überlege, würde ich diesen Schönling wahrscheinlich nicht von meiner Bettkante schubsen."

Sie lief in Richtung Ankleidezimmer, um ihre farbenfrohen Jogginghosen anzuziehen. „Und dass dann zu allem Überfluss der Minister direkt nach der Rede verschwunden ist … Von wegen Hochstufung in die A12 eintüten! Ich glaube, ich gehe erst einmal eine Runde joggen, um den Kopf frei zu kriegen, zumal es erst kurz vor sechs Uhr ist. Das Wetter dafür ist perfekt und die Luft ist bestimmt frisch nach der verregneten Nacht. Es hat ja wie aus Kübeln gegossen und meine Scheibenwischer waren auf der Heimfahrt fast überfordert. Ich kann gar nicht verstehen, dass ich schon so fit bin, nach gerade Mal knapp drei Stunden Schlaf!"

Chris streifte die Joggingjacke über, trank noch einen Schluck Wasser mit einer aufgelösten Aspirin und entschied sich, heute einmal den Betonweg in Richtung Hochborn zu laufen, und zwar auf dem Windkraft-Lehrpfad. Von dem aus sollte man laut einem Tipp von Rezina auf über vierzig Windräder unterschiedlichster Bauweisen sehen können und das sei wohl einzigartig in Deutschland. Weiterhin würde dort derzeit die neuste Generation von Windrädern errichtet. „Und ich glaube, dass ich heute Morgen einen wunderschönen rheinhessischen Sonnenaufgang zu sehen bekommen werde", dachte Chris, nun etwas besser gelaunt.

Nach Verlassen des Hauses bog sie oberhalb ihres Gartens direkt in einen Feldweg ein. Von hier aus hatte sie eine gute Sicht in Richtung Bergstraße, leider befand sich davor das Atomkraftwerk Biblis. Auch die Skyline von Frankfurt konnte sie heute ganz gut sehen. Chris lief in Richtung Dautenheim, dort den Berg hinauf in Richtung Hochborn. „Welch ein wunderbarer Blick über die Felder, Wiesen und Weinberge! Ach, Rheinhessen, ich liebe dich!" Chris ließ ihren Blick schweifen und genoss die Aussicht.

Nach rund dreißig Minuten sah sie von Weitem auf einer Anhöhe die ersten Hochborner Windräder. „Irgendwie haben meine Augen gestern den Campari-Orange wohl nicht so gut vertragen. Das eine Windrad sieht merkwürdig aus. Warum hängt am unteren Flügel so eine Puppe mit einem komischen roten Punkt?", keuchte sie und lief weiter.

Zehn Minuten später glaubte sie ihren Augen nicht zu trauen. Hatte sich da jemand einen Spaß erlaubt und eine Strohpuppe aufgehängt? Aber was war das? Sie startete den Endspurt in Richtung Windrad, was aber sehr beschwerlich war, da sie nun auf einem Feldweg lief. Die aufgeweichte Erde an ihren Laufschuhen machten den Spurt fast unmöglich.

Kurz darauf, etwa fünfzig Meter vom Windrad entfernt, wurde sie urplötzlich aus der Euphorie des Laufens herausgerissen und auf den nackten Boden

53

der Tatsachen zurückkatapultiert. Wie in Trance wählte sie die ihr bekannte Rufnummer. „Polizeiinspektion Alzey, Kaiser, Apparat Bläser", antwortete ein Beamter am anderen Ende. „Chris Wiesbacher, K11, Kripo Mainz", keuchte sie ins Telefon. Das Sprechen wurde durch ihr schweres Atmen mehrfach unterbrochen, denn sie war völlig aus der Puste. „Ist Herr Bläser nicht da?"

„Nein, er kommt etwas später", erwiderte Kaiser.

„Kollege, ich brauche eure Unterstützung. Organisiert bitte sofort ein Feuerwehrteam mit mehreren hohen Leitern und findet heraus, wer mit dem Aufbau der Windräder beauftragt ist. In ca. 500 Meter Entfernung von meinem Standort steht ein Kran. Diesen und den Kranfahrer könnten wir gebrauchen. Ich kümmere mich um die SpuSi und schicke euch meine genauen Koordinaten, denn ich habe ein Tötungsdelikt! Vermutlich weiblich, mit blonden Haaren. Ach, und noch was: Denkt bitte an Gummistiefel!" Mit diesen Worten verabschiedete sie sich und widmete sich dem vermeintlichen Tatort.

Fünf Minuten später traf Rainer in der Dienststelle in Alzey ein.

„Mosche, Rainer. Was machst du denn heute hier und du bist aber früh. Es kam ein Notruf von unserer Meenzer Freundin Wiesbacher. Ich stand an deinem Schreibtisch neben Kaiser, als der Anruf rein-kam." Archi sprudelte wie ein Wasserfall, die Worte prasselten nur so auf Rainer ein. „Die hat wohl einen Leichenfund in der Nähe von Hochborn bei den Windrädern gemacht! Wir sollen einen Feuerwehr-trupp mit hohen Leitern und einen Kranfahrer, wo auch immer ich den hernehmen soll, organisieren. Sie gibt der SpuSi in Mainz Bescheid. Und Rainer, ja ich weiß, dass wir eigentlich zuständig sind. Aber unser Chef hat mal wieder wegen dem Personaleng-pass das Zepter an die Mainzer übergeben!"

Rainer schaute seinen Kollegen ungläubig an. „Ach du Schande, Archi schon wieder! Und bitte lass das mit der *Freundin.* Außerdem muss ich noch etwas für den Chef fertig machen!" Rainer hasste solche Anspielungen. Er hatte jedoch auch nicht so schnell damit gerechnet, die Kollegin wiederzuse-hen. „Hochborn, was macht das Meedche denn in Hochborn?", fragte Rainer neugierig.

„Die wohnt doch dort in der Nähe. Na allee dann, babbel nicht so viel und fahr endlich los", erwiderte Archi leicht säuerlich. „Da nimm dir noch ein paar Gutzjer mit." Er reichte seinem Kollegen eine Hand-voll Gummibärchen und Rainer verließ mit einem tiefen Unbehagen, weil er die Statistik für seinen Chef noch nicht fertiggestellt hatte, das Revier, stopfte sich ein paar Bärchen in den Mund, stieg in seinen Kugelporsche und fuhr mit Blaulicht in Richtung Hochborn. Auf dem Weg dorthin kam ihm die Idee, dass vielleicht Archi die Statistik fertigstellen könnte. Er rief ihn an und sein Freund und Kollege erklärte sich bereit, dies zeitnah für ihn zu erledigen.

Als Irene aufgewacht war, bewegte sie sich schwankend in Richtung Toilette. Ihr ging es immer noch nicht gut und sie hatte fürchterliche Schmerzen in der Magengegend. Leise schlich sie in Richtung Bad und warf einen Blick ins Gästezimmer. Das Bett war unbenutzt und Angie nicht zu sehen. „Komisch, aber womöglich hat sie doch noch eine bessere Übernachtungsmöglichkeit gefunden? Mal sehen, ob sie mir eine Nachricht geschickt hat", überlegte Irene und lief zurück ins Schlafzimmer.

Dort überprüfte sie ihre Textnachrichten, konnte aber keinen Nachrichten-Eingang von Angie feststellen. Irene dachte, dass dies ziemlich ungewöhnlich für Angie sei, denn sie gab ihr immer ein Lebenszeichen, wenn sie sich nicht an eine Verabredung halten konnte. Schnell wählte sie Angies Nummer, aber nach längerem Klingeln sprang die Mailbox an. „Hi, Angie, ich bin es, Irene, und ich mache mir Sorgen! Wo bist du? Bitte melde dich!"

Chris kam nun endlich am mittleren der fünf neu gebauten Windräder an und blieb vor diesem stehen. Die letzten Meter waren für sie eine körperliche Herausforderung gewesen, denn der Weg war durch das Gewitter letzte Nacht dermaßen aufgeweicht, dass sich nun pfundschwere Grundschwollen an ihren Schuhen gebildet hatten. Das Windrad war mindestens 160 Meter hoch und die einzelnen Rotorblätter um die siebenundsechzig Meter lang.

Was Chris zu sehen bekam, war nur schwer zu ertragen. Sie rannte in Richtung Büsche und musste sich dort mehrmals übergeben. „Da gehen sie nun hin, die Krabbenschwänze, der Hummer und die Leckereien aus Rheinhessen. Gott sei Dank, dass meine Kollegen mich so nicht sehen können. Ich müsste mir bestimmt wieder blöde Kommentare von ihnen anhören. Wenn die SpuSi kommt, muss ich Arzu direkt abfangen und ihr mitteilen, dass das Erbrochene von mir stammt. Dann kann sie sich den DNA-Abgleich sparen", dachte Chris und wischte sich mit dem Handrücken über den Mund. Sie nahm einen Schluck Wasser aus ihrer Getränkeflasche und spülte damit ihren Mund sorgfältig aus. „Buahhh, welch ein widerlicher Geschmack", murmelte Chris und schüttelte ihre Schultern.

Bis zum heutigen Tag hatte sie geglaubt, dass sie in ihrer langen Berufserfahrung schon alles gesehen hätte. Aber weit gefehlt. Vor ihr hing in geschätzten neunzig Meter Höhe der leblose, halb nackte Körper einer Person mit kurzen blonden Haaren. Der Körper war am Flügel des Windrades mit einem roten Seil und, wie es schien, einer roten Regenjacke befestigt worden. Chris konnte eine nackte Rückenpartie, anscheinend versehen mit einer auffällig langen Halskette am Leichnam, erkennen. Das Opfer trug lange glitzernde Ohrringe, die im Licht reflektierten.

„Eih, das ist jo der Hammer! Was ist das denn?" Sie kniff ihre Augen zusammen, um besser sehen zu können, und erkannte mit ihren Adleraugen, dass auf der rechten Seite, wo sich normalerweise die Pobacke befand, ein Hohlraum klaffte, in dem anscheinend zwei rote Blumen zu einem Kreuz gebunden und drapiert waren. „Wie krank ist das denn?!", dachte sie und schüttelte ihren Kopf. Unterhalb dieses Kreuzes waren schmale Streifen von getrocknetem Blut zu sehen, welche bis zur Wade der Leiche reichten. Und als ob dies nicht schon schrecklich genug wäre, musste der Täter, die Täterin oder mehrere Täter noch mehr brutale Perversitäten an dem Körper ausgelebt haben. Es sah tatsächlich so aus, als ob auf den beiden anderen Rotorblättern jeweils eine Brust befestigt war. Augenscheinlich war das Opfer eine Frau.

Das Blinken des Blaulichts war schon von Weitem zu sehen. „Welcher Kollege ist das denn? Wofür braucht er hier im Feld das Blaulicht – vielleicht, um das Wild zu vertreiben?", dachte Chris und schüttelte verständnislos den Kopf.

Drei Minuten später parkte ein alter grüner VW Käfer am Ende der Windradkolonne. Die Tür öffnete sich und sofort war ein lautstarkes Fluchen zu hören. „So ein Mist, was ist das denn für ein Dreck! Meine schönen neuen Schuhe!", schimpfte Rainer Bläser.

Chris verkniff sich ein Schmunzeln. „Moin, Kollege, wusste gar nicht, dass Sie einen Kugelporsche fahren – und von Gummistiefeln haben Sie wohl auch noch nichts gehört?!"

„Guten Morgen, Frau Wiesbacher, doch schon, die sind aber im Dienstwagen. Wenn ich gewusst hätte, dass es hier so aussieht, wäre ich natürlich mit Gummistiefeln gekommen." Mit diesen Worten sah er Chris vorwurfsvoll an.

„Na, vielleicht haben Sie Ihrem Kollegen nicht richtig zugehört. Ich sagte, dass Gummistiefel erforderlich sind." Chris genoss den perplexen Ausdruck in Rainers Gesicht: „Er schaut wie eine Kuh, wenn's blitzt", grinste sie in sich hinein.

„Dieser verdammte Depp von Archi hat darüber kein Wort verloren", erwiderte Rainer verärgert. In diesem Moment wurde ihr Gespräch durch das Heranfahren weiterer Polizeifahrzeuge und der Feuerwehr unterbrochen.

Es war zehn Uhr am Samstagvormittag und Irene machte sich nun richtig Sorgen. „Das ist nicht Angies Art. Selbst wenn ihr Akku leer wäre, würde sie irgendwie versuchen, mich anzurufen", grübelte sie vor sich hin. „Vielleicht sollte ich die Polizei benachrichtigen?"

Kurze Zeit später rief sie auf dem Alzeyer Polizeirevier an und teilte dem Beamten mit, dass sie sich Sorgen um ihre Freundin mache. Der Polizist beruhigte sie und sagte ihr, dass Angie sich bestimmt noch bei ihr melden würde, denn es sei ja noch recht früh. Irene ließ jedoch nicht locker und er nahm letztendlich Angies und Irenes Kontaktdaten sowie eine Personenbeschreibung von Irenes Freundin auf. Sie beendete das Telefonat und ihr blieb nichts anderes übrig als abzuwarten.

„Ah, was war das für eine erfolgreiche Nacht! Die Zeit war zwar ziemlich knapp und ich muss für das nächste Mal unbedingt einen zeitlichen Puffer einbauen und auch noch den Prozess des Sterbens anpassen. Aber wegen dieser ungeplanten Situation war der Nervenkitzel auch umso größer!"

Jo ließ die letzte Nacht Revue passieren. Allein die Gedanken an die Geschehnisse ließen seinen kleinen Freund in der Hose sofort auferstehen. Und bevor er sich besann, hatte er auch schon ejakuliert. „Na, mein großer Mann, was hast du denn jetzt schon wieder angestellt? Jetzt muss ich mich wohl oder übel noch einmal waschen", sagte Jo und blickte dabei auf seinen Unterleib.

Nach ausgiebiger Körperpflege setzte er sich in einen bequemen Ohrensessel. Diesen Ledersessel hatte ihm sein Vater vermacht. Jo schaute sich in seinem elegant eingerichteten Wohnzimmer um. Seine Blicke streiften die Wildgeweihe, die an den Wänden hingen. Auch ein Vermächtnis seines Vaters. „Euch alle werde ich sukzessive durch meine eigenen Trophäen ersetzen." Bei diesen Gedanken zündete er sich eine Montecristo No. 2, eine edle Zigarre aus Kuba, an.

Weiter in seine Gedanken versunken, tauchte eine Erinnerung an ein Geschehnis aus seiner Kindheit vor seinen Augen auf. Seine reizvolle blonde

Mama wurde, obwohl sie geschieden war, von einem katholischen Pfarrer als Haushälterin eingestellt. Sie war liebevoll, fürsorglich und versuchte, es jedermann recht zu machen – besonders ihrem einzigen Sohn Jo. Sie kochte, sooft es möglich war, seine Lieblingsgerichte, versuchte, die meisten seiner Wünsche zu erfüllen, und erklärte ihm gerne seine Hausaufgaben, wenn er sie mal wieder nicht verstanden hatte. Weiterhin war sie das perfekte Bildnis einer Frau. Eine gute Figur, weder zu dick noch zu dünn, ein großer straffer Busen, von dem die meisten Mädchen nur träumen konnten, und ein fester Hintern, auf den die Pfarrer, die zu Besuch kamen, gern lüstern schauten, den sie betätschelten und kommentierten, um danach schnell ein „Ave Maria" zu beten, bevor sie die Binger Pfarrei betraten. Und diese Herren mussten selbstverständlich wissen, wovon sie redeten.

Jos Mama liebte alles, was kirschrot war, denn diese Farbe war, so sagte sie, das Rot der perfekten Liebe! „Hihi, wenn Mama wüsste, was ich für sie gestern getan habe", dachte Jo stolz wie ein Pfau. Er trank einen Schluck heißen Kaffee und sinnierte weiter.

Vor ihm tauchte das Bild des prächtigen Pfarrgartens in Bingen auf, wo er fast seine komplette Kindheit verbracht hatte. Der Duft der Rosen und vielen Blumen lag in der Luft und war allgegenwärtig. Die wunderschöne alte Jugendstilvilla hatte einen Zugang zu den Katakomben, der jedoch für Jo streng verboten war. Die unterirdisch gelegene Kelleranlage war unter dem gesamten Grundstück verzweigt.

Ein Mysterium gab es schon damals. Nur Jo wusste, dass man diese Kellerräume auch von außen erreichen konnte, das hatte er, als er gerade mal sechs Jahre alt war, eines Tages beim Spielen entdeckt. Zwischen zwei Bäumen lag ein Deckel aus Stahl, der den Zugang verschloss. Der Deckel war durch sechs größere Steine verdeckt. Jo erinnerte sich daran, dass es ihn richtig viel Kraft gekostet hatte, diese Steine zu entfernen und auch später wieder, wenn er die Katakomben verließ, diese zurück auf den Deckel zu legen. Noch schwieriger war jedoch das Öffnen des schweren Deckels selbst. Hier kam ihm schon sein damals ausgereiftes technisches Verständnis zugute und er benutzte, schlau wie er war, den Wagenheber des Pfarrers. Die damit geschaffene Öffnung war dann ausreichend groß, dass er durch den schmalen Spalt die Sprossen einer Leiter erreichen konnte.

In diesen muffig riechenden Gewölbekellern wurden aber nicht nur Kartoffeln, Zwiebeln, Gemüse und edle Weine gelagert, sondern es gab dort auch Seltsames zu entdecken, wie Jo feststellte.

Außer den kleinen Kellern gab es einen großen Saal, der wunderschön und festlich eingerichtet war. Jo liebte vor allem die riesigen Kerzenständer, die darinstanden und die größer waren als er selbst. Er konnte sich erst einmal keinen Reim darauf machen, warum auf dem großen Tisch ein riesiger Spiegel befestigt war. Doch dies fand er schon bald heraus, denn dieser Raum war nicht nur schön, sondern er barg auch ein schreckliches Geheimnis!

Die Erinnerungsfunktion seines Handys riss Jo plötzlich aus seinen Gedanken. Es war nun an der Zeit, sich zu seinem Arbeitsplatz zu begeben.

Arzu Kayar, Chefin der SpuSi Mainz, und Rechtsmediziner Professor Dr. Viktor Rauschelbart fuhren
mit dem Bus der K7 am Fundort vor.

„Gott sei Dank hatte ich das Auto bei mir zu
Hause in Ingelheim, sonst hätte ich noch ins Präsidium fahren müssen, und das wäre ein großer Umweg gewesen. Es war schon schlimm genug, dass ich
den Kollegen Rauschelbart zu Hause abholen
musste", sinnierte Arzu beim Einparken vor sich
hin.

Der Bus war mit allen benötigten Utensilien ausgestattet, die man am Tatort benötigte, etwa dem
Equipment, um Fingerprints zu sichern, den Tatort
zu vermessen und um mit den entsprechenden Chemikalien arbeiten zu können. Die Mitarbeiter der
Spurensicherung konnten mit einer großen Kamera
digitale Fotos aufnehmen, um später mit einer speziellen Software eine 3-D-Animation des Tatorts
oder Fundorts zu erstellen. Dies war Arzus Meinung nach eine geniale Errungenschaft und sehr
hilfreich für den weiteren Verlauf der Ermittlungen,
da man sich den Fundort in aller Ruhe in 3- D im
Präsidium noch einmal ansehen konnte.

Arzu und ihre Kollegen zogen die mitgebrachten
Gummistiefel an. „Ach du meine Güte, was ist das
denn für eine Sauerei. Das ist ja richtig gruselig! Wie
soll ich denn mit meinen Leuten da hochkommen,
um die Spuren zu sichern?", rief Arzu barsch Chris

Wiesbacher zu. Arzu eilte zu ihr, ihr Team und der Rechtsmediziner folgten und begrüßten Chris mit einem Nicken.

„Guten Morgen, Arzu, bist wohl mit dem linken Fuß aufgestanden", sagte Chris süffisant. Sie mochte die adrette schwarzhaarige, etwas mollige fünfzigjährige Kollegin sehr, mit der sie oft schöne Wortwechsel ausfechten konnte.

„Ich würde vorschlagen, dass du den Fundort erst einmal absichern lässt", fuhr Chris fort. „Vielleicht solltest du die Gegend weitläufig von den Drohnen abfliegen lassen und einige Bilder erstellen. Bis dahin ist sicherlich eine Hebebühne oder ein Kran mit entsprechendem Arbeitskorb eingetroffen, denn die Leiter des Feuerwehr-Fahrzeugs ist leider zu kurz. Vielleicht geht es mit dem blauen Kran, der dort hinten steht." Chris zeigte mit ihrer rechten Hand in Richtung Alzey, wo in einer Entfernung von etwa einem halben Kilometer ein Kran stand. „Dein Team sollte aber vorher noch ein paar Fotos bzw. Teilgipsabdrücke von den kaum noch sichtbaren Fahrzeugspuren unter den Rotorblättern des Windrads anfertigen, weil die bestimmt später durch das andere Gefährt zerstört werden, oder was meinst du dazu, Arzu?" Chris setzte sich auf einen größeren Stein, entfernte die Grundschwollen an ihren Schuhen und sah sie fragend an.

„Ja, Chris, sorry für meinen Auftritt. Wir wurden heute Nacht zu einem Suizid gerufen, ich habe kaum ein Auge zugemacht und leider auch noch keine Zeit zum Essen gehabt. Und jetzt ist es zu spät. Du weißt doch, wir haben Ramadan." Sie legte die Hände auf ihren Bauch, der in diesem Moment zu knurren anfing. „Frank ist noch im Urlaub und so bleibt wieder einmal alles an mir hängen." Mit diesen Worten schaute Arzu Chris um Verzeihung bittend an.

„Ich verzeihe dir deine unfreundliche Begrüßung, aber nur unter einer Bedingung." Chris lief auf Arzu zu und flüsterte ihr ins Ohr, dass das Erbrochene in den Büschen von ihr stammte.

„Alles klar, Chris." Arzu drehte sich um und rief ihrem Team und dem Rechtsmediziner zu: „Und auf geht's!"

Nachdem der Fundort weitläufig abgeriegelt und gesichert war, alle erkennbaren Spuren am Boden fotografiert und aufgenommen wurden, fuhr der blaue Kran vor. Arzu konnte mit einem Blick feststellen, dass die fotografierten und gegipsten Abdrücke von diesem Kran stammten.

Der Arbeitskorb war an einer Aufhängekonstruktion am Kran befestigt, die nicht gerade vertrauenswürdig aussah. Nach der Abfahrt mit dem Außenaufzug des Krans am Boden angekommen,

67

bestätigte der Kranführer jedoch, dass der Arbeits-korb den Sicherheitsanforderungen entsprach und mit bis zu vier Personen à 100 Kilo bestiegen werden konnte.

„Was? In diesen Hasenkasten sollen wir zu viert reinsteigen?", fragte Arzu ungläubig.

„Du kannst auch hochfliegen", lästerte Chris et-was spöttisch.

„Gott sei Dank habe ich letzte Woche meine Le-bensversicherung angepasst, für den Fall der Fälle, aber eigentlich wollte ich mit vollem Magen ster-ben", konterte Arzu mit einem Augenzwinkern.

Ihr Team warf ihr einen amüsierten Blick zu. Arzu, Viktor und zwei weitere Kollegen bestiegen mit ihrem Equipment den Arbeitskorb. Der Kran-führer hatte seinen Standort gewechselt und stand nun direkt neben Chris. Vor seinem Bauch hing eine Art Joystick, mit dem er den Korb langsam nach oben in Richtung des Opfers bewegte. Als die Auf-hängevorrichtung in Höhe des Opfers angekommen war, rief Arzu laut: „Stopp!"

Nun wurden diverse Aufnahmen vom Opfer von allen Seiten angefertigt und das Team versuchte, Spuren zu sichern. Arzu gab dem Kranführer telefo-nisch immer wieder Befehle, den Korb nach rechts, links, oben oder unten zu bewegen. In Höhe des Kopfs des Opfers angekommen, stellte der Rechts-

mediziner fest, dass die Kehle vermutlich durchgeschnitten wurde. Dann ging die Suche nach weiteren Spuren in luftiger Höhe weiter.

„Chris, der Ausblick von hier oben ist wirklich
atemberaubend. Ach, wie toll die Weinberge aussehen. Man sieht von hier sogar die Skyline von Frankfurt und Mainz, die Bergstraße, das Binger Loch und
natürlich den Donnersberg! Diese Aussicht ist einfach nur schön – schade, dass es diesen traurigen
Anlass dazu gibt", rief Arzu laut nach unten und
beugte sich noch etwas weiter über den Arbeitskorb
hinaus.

Arzu hielt sich mit der einen Hand an der seitli-
chen Stange und mit der anderen an der Querstange
des Korbes fest. Sie beugte ihren Kopf in Chris' Richtung und schrie ihr zehn Minuten später zu: „Du,
wir werden hier oben am Rotorblatt bestimmt nichts
mehr finden. Du weißt ja, es hat heute Nacht in Strömen gegossen. Wir machen die Tote nun ab und
bringen sie nach unten ins Zelt, um uns dann um ihren ‚Rest' zu kümmern."

„Mein Gott, wie die sich ausdrückt", monierte
Rainer empört gegenüber Chris. „Das Opfer ist doch
kein Stück Vieh!", fügte er hinzu und verdrehte dabei die Augen.

„Herr Bläser, was halten Sie davon, wenn Sie ein
Foto vom Gesicht der Toten machen, wenn die Lei-

che hier unten eingetroffen ist, dann nach Alzey fahren und die Gesichtserkennung über das Foto laufen lassen? Ich werde mich hier um den weiteren Ablauf kümmern. Wir treffen uns in etwa zwei Stunden in Ihrem Büro", gab Chris sachlich zurück.

„Geht in Ordnung, Frau Wiesbacher, mache ich. Bis später!"

„Ach, könnten Sie bitte noch den Kranfahrer fragen, wo er gestern bzw. heute Nacht gewesen ist, und seine persönlichen Daten aufnehmen?", ergänzte Chris noch schnell.

„Warum macht die das nicht selbst? Oh Mann, wie ich das hasse", dachte Rainer, erwiderte jedoch mit einem Lächeln: „Kein Problem, meine Liebe", denn er wollte sich sein Pferdchen für den eventuell neuen Job in Mainz warm halten.

Währenddessen erreichte der Leichnam mit dem Team der SpuSi die sichere Erde und das Opfer wurde auf einer Bahre im Schutzzelt platziert. Arzu schickte noch einen ihrer Mitarbeiter nach oben in das Kranführerhaus, um dort Spuren zu sichern.

Rainer ging indessen zum Kranführer und befragte ihn. Der polnische Arbeiter war freiberuflich als einer von vielen Subunternehmer im Windpark beschäftigt und er wusste nicht, welcher Firma tatsächlich das Windrad gehörte. Anschließend machte Rainer ein Foto vom Gesicht der Toten, verabschiedete sich von den Kollegen vor Ort und fuhr zurück über Framersheim zu seiner Dienststelle nach Alzey.

Nachdem die Leiche unter dem Zelt auf weitere Spuren untersucht worden war, legten die Mitarbeiter von Viktor Rauschelbart den Körper in einen Zinksarg, um ihn in die Rechtsmedizin nach Mainz zu bringen. Nun begab sich das Team der K7 erneut in schwindelnde Höhen, um von den zwei weiteren Rotorblättern die weiteren sterblichen Überreste zu bergen und um auch diese auf Spuren abzusuchen. Dies gestaltete sich jedoch schwierig.

„Chris, die Brust ist wahrscheinlich mit einem akkubetriebenen Stahl-Hammertacker am Rotorblatt befestigt worden", rief Arzu aus luftiger Höhe.

„Was für ein perverser Mensch tut so etwas?", antwortete Chris, schüttelte den Kopf und schaute nach oben.

„Wir werden versuchen, die Klammern mit einer Zange aus dem Stahl zu ziehen, aber das könnte vermutlich etwas dauern", schrie Arzu lautstark und fuhr mit ihrer Arbeit fort.

Nach eineinhalb Stunden war das Werk endlich vollbracht und das Team K7 konnte wieder den Boden betreten. Auch die Brüste wurden auf Spuren überprüft – erfolglos.

Arzu nahm die Brüste, ging zum Sarg, legte sie hinein und sagte leise: „Na, mein Mädchen, jetzt bist du fast wieder vollständig, deine rechte Pobacke werden wir sicherlich auch noch finden."

Als Rainer die Dienststelle in Alzey erreicht hatte, führte ihn sein erster Weg direkt zur Toilette. Dort polierte er seine teuren neuen Schuhe wieder auf Hochglanz und dachte dabei, dass ihm so etwas sicherlich kein zweites Mal passieren würde, denn natürlich war er ab sofort so schlau, ein paar alte Schuhe ins Auto zu legen.

An seinem Arbeitsplatz angekommen, scannte er das Foto der Toten ein und aktivierte das Erkennungsprogramm. Und tatsächlich, es ergab eine Übereinstimmung. „Treffer", sagte er laut vor sich hin. „Angela Müller, geboren am 1. Januar 1978 in Wörrstadt, wohnhaft in Nieder-Olm. Sie wurde vor zehn Jahren mit Kokain erwischt. So ein armes Ding!"

Sein Kollege Fritz, der mit ihm das Zimmer teilte, blickte erstaunt zu ihm auf. „Wieso ‚armes Ding', Rainer?"

„Ei, die haben wir doch baumelnd am Windrad gefunden!", klärte Rainer ihn auf.

„Angela Müller? Das gibt es doch nicht! Heute Morgen hat ihre Freundin Irene Makulski aus Alzey sie telefonisch als vermisst gemeldet – und ich habe ihr noch gesagt, dass sie sich bestimmt bald bei ihr melden würde!", antwortete Polizeianwärter Fritz Krollmann.

„Dann gib mir mal bitte Frau Makulskis Adresse. Ich werde zu ihr fahren, um ihr die traurige Nachricht zu überbringen. Mal sehen, was ich noch in Erfahrung bringen kann", erwiderte Rainer.

Fritz übergab Rainer die Adresse, die sich am Alzeyer Doktorberg befand.

„Nobel geht die Welt zugrunde", kommentierte Rainer diese. Er drehte sich beim Verlassen des Raumes um und teilte dem Kollegen mit, dass Chris Wiesbacher in ungefähr einer Stunde auf dem Revier aufschlagen würde. Der Kollege sollte doch bitte so nett sein und ihr den aktuellen Sachstand mitteilen. Beim Verlassen der Inspektion begegnete ihm Archi.

„Ich habe die Statistik auf den Schreibtisch unseres Chefs gelegt, Rainer. Die hat er wohl gerade in der Mangel", berichtete Archi und verdrehte dabei seine Augen.

„Tausend Dank, ich wüsste gar nicht, was ich ohne dich tun würde, Archi!"

„Dann würdest du bestimmt einen anderen Dollen finden Rainer!", erwiderte Archibald Flick lachend und ging dann die Treppe hinunter in Richtung Asservatenkammer.

Rainer fuhr wie immer in solch einer Situation mit schwerem Herzen los, um Angies Freundin Irene die traurige Nachricht zu überbringen. Trotz der vielen Dienstjahre und der in dieser Zeit gemachten Erfahrungen konnte er mit diesen Gefühlen immer noch nicht so recht umgehen. Er klingelte an der Wohnungstür, die nach wenigen Sekunden von einer ängstlich dreinblickenden Frau geöffnet wurde und zeigte seinen Dienstausweis. Rainer Bläser, Oberkommissar aus Alzey", stellte er sich vor und fragte: Irene Makulski?"

Irene zuckte zusammen und nickte.

„Darf ich reinkommen?"

„Bitte." Sie zeigte mit ihrer Hand in Richtung Wohnzimmer und Rainer betrat ein geschmackvoll eingerichtetes Appartement. Die Fenster im Wohnzimmer gingen bis zum Boden und ermöglichten einen wunderbaren Blick über Alzey in Richtung Wartberg. Frau Makulski bot ihm einen Platz an und beide setzten sich auf das L-förmige Sofa aus Leder. Der Raum war mit frischen Blumen und Pflanzen geschmückt. Auf der rechten Seite befand sich ein riesiges weißes Bücherregal.

Irene fragte leise mit zitternder Stimme: „Ist etwas mit Angie?"

Rainer überbrachte ihr nun die traurige Nachricht, die Irene weinend und tief erschüttert entgegennahm.

„Was ist denn passiert? Hatte sie einen Unfall?"

„Frau Makulski, ich kann Ihnen leider noch keine Einzelheiten mitteilen. Wir brauchen aber alle Informationen, die Ihnen so einfallen, damit wir uns ein Bild machen können", antwortete Rainer leise und Irene fing wieder an, heftig zu weinen.

Als sie sich einigermaßen beruhigt hatte, versuchte sie, die Geschehnisse der vergangenen Nacht im Schloss möglichst genau zu Protokoll zu geben. Sie beschrieb dem Kommissar die unschöne Szene mit den zwei jungen Männern und teilte Rainer Bläser die Adresse von Angies Bruder mit, dem wohl letzten nahen Angehörigen ihrer verstorbenen Freundin. Schließlich fiel ihr noch ein Detail bezüglich eines Mannes ein, das selbst Rainer zum Staunen brachte, denn dieses hieß Pascal Leckerer!

Nach dem Gespräch mit Irene ging Rainer zu seinem Fahrzeug und fuhr sofort in Richtung Biebelnheim zu Angies Bruder Peter Müller. „Auch das noch, gleich zwei Besuche dieser Art an einem Tag!", dachte er traurig.

Das Weingut lag inmitten des Ortes Biebelnheim, umgeben von einer weißen verputzten Mauer mit einem großen braunen Tor. Rechts und links von diesem rankten alte Weinstöcke am Mauerwerk nach oben. Es war einer der wenigen noch verbliebenen Vier-Seiten-Höfe in Rheinhessen. Rainer klingelte am Tor, aber keiner der Hausbewohner schien dies wahrzunehmen. Dann drückte er die Klinke und bemerkte, dass das Tor nicht verschlossen war, was für rheinhessische Verhältnisse auf dem Land durchaus normal war.

Rainer betrat den Hof und erblickte einen phänomenal renovierten Bauernhof. Das Wohnhaus, welches den Innenhof zur Straße hin begrenzte, war aus alten Bruchsteinen, das obere Geschoss im Fachwerk gestaltet. Der Hof wurde von drei weiteren Gebäuden umschlossen, einer Scheune, dem Schweinestall und dem Weinkeller, und just in diesem Moment rannte ein kleines rosa Ferkel quer durch den Hof. Rainer beschäftigte sich schon seit Jahren mit dieser Art von Immobilien, da es sein großer Traum war, eines Tages einen solchen Hof zu erwerben und aus dem stressigen Berufsleben auszusteigen.

„Kann ich Ihnen helfen?", fragte eine Stimme reserviert.

Rainer sah einen Mann an einem Traktor hantieren. „Peter Müller?"

„Ja, warum?"

„Rainer Bläser, Oberkommissar Alzey", antwortete Rainer und zeigte ihm seinen Dienstausweis. „Können wir vielleicht ins Haus gehen?"

Peter Müller verneinte. Er müsse unbedingt den Traktor reparieren, um die Ernte einbringen zu können, denn gegen Abend sollte es wieder regnen.

„Herr Müller, ich muss Ihnen leider mitteilen, dass Ihre Schwester Angela heute Morgen tot aufgefunden wurde."

„Tot?", wiederholte Peter Müller und stützte sich mit einer Hand am riesigen Rad seines Traktors ab. „Was ist passiert?"

„Sie fiel einem Gewaltverbrechen zum Opfer. Herr Müller, es tut mir leid."

Angies Bruder drehte sich in Richtung Wohnhaus und wischte sich mit dem Handrücken die Tränen aus den Augen. Er konnte das Unglück nicht fassen. Lautstark rief er nach seiner Frau Hilde, die wenige Sekunden später aus dem Haus zu ihnen gelaufen kam. Rainer stellte sich vor und berichtete Frau Müller, was mit ihrer Schwägerin passiert war. In diesem Moment stürzte sich ihr Mann in ihre Arme und fing lautstark an zu weinen. Frau Müller presste ihren Kopf an den seinen und streichelte dabei zärtlich seinen Rücken, um ihn zu beruhigen.

„Ich muss Sie leider fragen, wo Sie gestern Abend waren", sagte Rainer leise.

„Das verstehe ich. Ich war mit meiner Frau und einem Freund auf dem Weinfest in Partenheim bis heute Nacht um ein Uhr. Dann sind wir direkt nach Hause gefahren", sagte Peter und Hilde nickte zustimmend.

Rainer setzte die Befragung fort.

Von Unregelmäßigkeiten in Angies Leben wussten Peter Müller und seine Ehefrau nichts. „Jetzt gibt es sonst niemanden mehr aus meiner Familie", sagte Angies Bruder leise.

Rainer klopfte ihm fürsorglich auf die Schulter und fragte: „Herr Müller, haben Sie vielleicht noch einen Schlüssel von der Wohnung Ihrer Schwester?"

„Ja, natürlich, ich gehe schnell rein und hole ihn." Hilde folgte ihrem Mann ins Haus. Nach drei Minuten kam er mit verweinten Augen zurück und übergab Rainer den Ersatzwohnungsschlüssel von Angies Appartement mit den Worten: „In den Wingerten 1313 in Nieder-Olm. Bitte finden Sie dieses Schwein!" Dann verabschiedete er sich und eilte schluchzend zum Weinkeller.

Rainer nickte ihm betroffen hinterher, verließ den Hof und fuhr danach direkt nach Nieder-Olm zu Angies Wohnung. Das kleine 1,5-Zimmer-Appartement war spärlich, aber zweckmäßig und liebevoll eingerichtet. Er durchsuchte den Schrank, in dem sich außer der normalen Kleidung auch sehr teure Dessous, Taschen und Schuhe befanden. Eine Kommode war gefüllt mit Büchern und Fotos und die kleine Küche war mit allen erdenklichen Elektrogeräten ausgestattet. Das relativ große rosafarbene Bad verfügte tatsächlich über eine runde Wanne und ein Bidet. Auf einem kleinen antiken Schreibtisch im Wohnraum lagen ein Tablet und ein Laptop, welche Rainer an sich nahm. „Rezina wird sich bestimmt über eine Nachtschicht freuen", dachte er dabei grinsend.

Als er nach draußen ging, fiel ihm noch ein Foto auf, das Angie mit einem bekannten „Gesicht" zeigte. Das Foto musste er unbedingt mitnehmen!

Dann stieg er die Treppe hinab in den Kellerraum. Dort stand ein Mountainbike, daneben eine Kraftstation und ein Rudergerät, auf welchem ein blaues Handtuch lag. „Sie muss wirklich sehr sportlich gewesen sein", murmelte Rainer.

Zehn Minuten später verließ er die Wohnanlage. Auf dem Weg zur Dienststelle dachte Rainer über die von Irene Makulski gemachte Aussage nach.

Angie Müller sei gestern Abend mit ihr auf dem Konzert mit anschließender Tanzveranstaltung im Alzeyer Schloss gewesen. Rainer wusste, dass es dort und in der Umgebung leider keinerlei Überwachungskameras gab. Auch auf den Parkplätzen Ostdeutsche Straße und am Obermarkt sowie am Bahnhof waren keine installiert.

„Vielleicht sollten wir einen Zeugenaufruf starten, damit die Handy-Videos und Fotos vom gestrigen Event dem SoKo-Team zur Verfügung gestellt werden können", überlegte er.

Er wollte später beim Veranstalter anrufen und fragen, ob dieser vielleicht eine Gästeliste oder sogar die Adressen der Käufer der Eintrittskarten hätte, damit die Kollegen diese auswerten und eventuelle Zeugen befragen konnten. Dann stieg er in seinen VW Käfer und fuhr auf die Autobahn in Richtung Alzey, wo er zwanzig Minuten später eintraf.

Auf dem Weg vom Fundort zum Polizeirevier nach Alzey fuhr Chris Wiesbacher an ihrer Lieblingsbäckerei in der Spießgasse vorbei und dachte: „Mmmh, ich bin immer wieder über mich selbst erstaunt, dass ich nach so einem schrecklichen Fund etwas zu mir nehmen kann. Aber mein leerer Magen braucht dringend etwas Gutes zu essen." Sie ging in die Bäckerei und kam mit einer Tüte voll leckerer Kaffeestückchen und einem Riwwelkuchen heraus, die für sie und die Kollegen in Alzey gedacht und ganz bestimmt für alle eine willkommene Abwechslung waren.

„Mensch, ich muss ja noch Rezi anrufen und ihr sagen, dass es heute mit unserer Shoppingtour nach Kibo nichts wird", dachte sie, nahm sofort ihr Telefon zur Hand und wählte Rezina Brüstchens Nummer.

Rezi nahm es ganz gelassen, meinte, dass schließlich die Arbeit vorgehe und sie aus IT-Sicht für diesen neuen Fall schon einmal alles Notwendige vorbereiten würde.

Als Chris aufgelegt hatte, traute sie ihren Augen nicht. Sie hatte mittlerweile gut dreißig Anrufe von Sven verpasst. „Er hat wohl immer noch nicht verstanden, dass ich keine Beziehung mehr zu ihm möchte. Das habe ich ihm doch klar und deutlich gesagt! Wenn er doch nicht immer wieder fremdgehen und so oft nach blutjungen Mädels sehen würde", dachte sie. Bei diesem Gedanken zog sich ihr Herz zusammen und eine Träne rollte der sonst so taffen Hauptkommissarin die Wangen hinunter, denn ihr wurde klar, dass sie ihn tatsächlich noch immer liebte! Traurig fuhr sie in Richtung Polizeirevier los.

In der Dienststelle in Alzey angekommen, wurde Chris sofort über die aktuelle Lage und die Identität der Leiche informiert und ebenso, dass Rainer Bläser die Freundin der Toten befrage. Die wenigen Alzeyer Kollegen, die am Samstag arbeiteten, freuten sich über die Kaffeestückchen. Archi fand die „Krimmele" um Chris' Mund, nachdem sie in ein Plunderteilchen gebissen hatte, richtig „goldisch". Just in diesem Augenblick kam Rainer zurück.

„Leute, ihr könnt es euch nicht vorstellen! Seht euch mal das Foto an, das ich aus der Wohnung des Opfers mitgebracht habe. Unser Opfer ist die Freundin von Pascal!"

„Pascal wer?", fragte Chris.

„Ei, schauen Sie doch auf das Foto. Unser Kollege Pascal Leckerer, der Lackaffe vom BKA!", rief Rainer ein wenig schadenfroh.

Ein Raunen durchdrang die Luft und Archi griff nach dem Foto. „Tatsächlich!", stammelte er vor sich hin.

„Herr Bläser, beherrschen Sie sich und ziehen Sie keine voreiligen Schlüsse, das ist unprofessionell!", wies Chris ihn in seine Schranken.

Rainer schaute nun doch etwas verdutzt drein.

Chris fuhr fort: „Okay, wir werden die *SoKo Windrad* bilden. Herr Bläser, ich hätte Sie gerne mit dabei. Ich werde eine Anforderung an Ihre Dienststelle senden. Die weiteren Kollegen werde ich noch benennen. Ich schlage vor, wir zwei treffen uns gegen 15 Uhr im Präsidium in Mainz in meinem Büro. Vielleicht könnten Sie davor bitte noch herausfinden, welchem Unternehmen die Windräder gehören. Sind Sie damit einverstanden?", fragte Chris.

„Aber natürlich, Frau Wiesbacher", erwiderte Rainer mit einem allwissenden Lächeln, denn er freute sich darauf, mit ihr zusammenarbeiten und sein Know-how erneut unter Beweis stellen zu können. Vielleicht erhöhte sich dadurch auch seine Chance, die offene Stelle in Chris Wiesbachers Abteilung zu bekommen.

Schnell erklärte er Frau Wiesbacher, dass er den Bruder der Toten besucht, von diesem einen Wohnungsschlüssel bekommen und danach die Wohnung von Frau Müller durchsucht hätte. Bei der Durchsuchung der Wohnung hatte er auch das Tablet und den Laptop von Angie Müller sicherstellen können.

Diese Gegenstände nahm Chris dankend mit dem Kommentar entgegen, dass Rezi sich über die von ihr nun zu leistende Detektivarbeit gewiss freue, denn ihre große Leidenschaft seien diese elektronischen Geräte. Chris biss in den Rest ihres Marzipanplunders und verabschiedete sich mit vollem Mund und einem „Adschee".

Rainers Gedanken wanderten zur neu zu gründenden Sonderkommission auf Zeit. Wen würde Frau Wiesbacher noch auswählen? Und hatte er nach einer erfolgreichen Zusammenarbeit diesmal wirklich eine Chance, dass die vakante Stelle in Mainz mit seiner Wenigkeit besetzt würde?

Windradpark

Der auffällige rote Sportwagen von Marius von der Elz, ein Bentley Continental GT Speed, fuhr am Samstagmorgen am Nebeneingang seines Unternehmens, der Wind Solar & More AG in Wörrstadt, im Gewerbepark vor und parkte direkt neben einem künstlich geschaffenen See. Der gut aussehende fünfzigjährige Manager besaß sechzig Prozent des Aktienunternehmens sowie hundert Prozent aller Liegenschaften und gehörte somit zu den reichsten Personen Europas. Sein Office lag im obersten Stockwerk – mit einem galaktischen Ausblick auf das Imperium seiner Windräder und Solaranlagen inmitten des schönen Rheinhessens. Das Büro war durch einen separaten gläsernen Aufzug zu erreichen, den selbstverständlich nur er und sein Partner benutzten.

„Guten Morgen, Herr von der Elz. Hatten Sie einen schönen Abend?"

„Danke der Nachfrage, Fiona." Sind die Herren Meister und Schmitz schon im Hause? Falls ja: Sie sollen bitte in dreißig Minuten in meinem Büro erscheinen und die Projektunterlagen des Standortes Hochborn, Bauabschnitt B, mitbringen."

Von der Elz durchquerte mit schnellen, dynamischen Schritten das Sekretariat und betrat sein Büro.

Dort hängte er sein Jackett sorgfältig über einen Bügel und setzte sich in seinen bequemen Sessel an den Schreibtisch, der ein überdimensional großes italienisches Designerstück war. Die aktuelle Tageszeitung und ein Espresso waren schon für ihn bereit.

„Fiona, wieso stehen hier noch keine frischen Rosen?", rief er verärgert durch die Sprechanlage.

„Herr von der Elz, Frau Windröschen steht im Stau, sie müsste allerdings in vierzig Minuten hier sein."

„Okay", murrte er schlecht gelaunt. „Sie wissen doch, wie sehr ich es hasse, wenn keine frischen kirschroten Rosen in meinem Büro stehen, auch wenn heute Samstag ist. Ich hoffe, das passiert nicht wieder!" Mit diesen Worten stellte er die Sprechanlage auf stumm und versuchte, seinen italienischen Espresso trotz seiner schlechten Laune zu genießen. Aber die Gedanken irrten um die fehlenden roten Rosen, er benötigte sie für seine tägliche Inspiration und als Motivation zum Arbeiten!

Zwanzig Minuten später erschienen seine Mitarbeiter Schmitz und Meister zum Krisengespräch in dem neben dem Büro gelegenen Konferenzraum. Dieser war mit den feinsten Materialien ausgestattet. Der große weiße Konferenztisch ragte quer durch den Raum und war umgeben von zwanzig dunkelroten Lederstühlen, auf denen sich die Herren mittlerweile niedergelassen hatten.

Im Bauabschnitt B in der Region Hochborn gab es eine Verzögerung von mittlerweile fast drei Wochen. „So kann das nicht weitergehen, meine Herren! Erst haben wir von unserem Subunternehmer aus Polen keine Leute zum Aufbauen bekommen, dann hapert es auch noch an den benötigten Kränen und momentan steht uns nur ein einziger Kran zur Verfügung", wetterte von der Elz lautstark und mutierte dabei zum Choleriker. „Meine Herren, wieso habe ich Sie als Disponenten eingestellt und mit der Projektleitung beauftragt, wenn Sie noch nicht einmal in der Lage sind, die Milestones einzuhalten! Können Sie irgendwo in Europa mehr Geld verdienen als in meinem Unternehmen?", schrie er sie sarkastisch an. „Waren Sie heute Morgen überhaupt schon an der Baustelle und können Sie mir demzufolge den aktuellen Baufortschritt mitteilen, auch wenn es Samstag ist?" Seine Stimme zitterte bei diesen Worten vor Wut.

„Nein, Herr von der Elz", stotterte Oskar Schmitz und schaute verlegen und um Hilfe bittend zu seinem Kollegen Simon Meister, von dem er jedoch in diesem Augenblick keinen Beistand erhielt.

„Dann nehmen Sie Ihre Beine in die Hand und tun Sie das, Sofort! Ich möchte innerhalb der nächsten Stunde wissen, ob das Letzte der drei Windräder im B-Bereich endlich fertiggestellt wurde und nun betriebsbereit ist. Sie haben vermutlich immer noch keine Ahnung, was mich der Stillstand eines Windrads pro Stunde kostet. Eigentlich sollte ich es Ihnen von Ihrem Gehalt abziehen!" Bei diesen Worten verzog von der Elz sein Gesicht zu einem hämischen Grinsen. „Aber dafür verdienen Sie nicht genug!"

Er schlug mit der Faust auf den Tisch, dass die Tassen klapperten. „Machen Sie, dass Sie mein Büro verlassen, und erledigen Sie sofort Ihre Arbeit!" Mit diesen Worten verwies Marius von der Elz wütend die Herren seines Büros.

„Fiona", rief er etwas später durch die Sprechanlage, „lassen Sie umgehend Klaus Lüning in mein Büro kommen, er müsste schon im Haus sein!"

„Ja, mache ich. Herr von der Elz, die Rosen sind auch geliefert worden, ich verteile sie gleich im Gebäude und Ihrem Büro."

„Gut, zumindest etwas", murmelte von der Elz in die Anlage.

Fünf Minuten später erschien ein attraktiver, gut gekleideter Mann, Anfang vierzig, mittelblond, im Büro von Marius von der Elz. „Guten Morgen, Marius", begrüßte ihn der Neuankömmling.

„Ha, wenn das nur ein guter Morgen wäre! Klaus, setz dich bitte."

Klaus Lüning, Geschäftsführer der Bereiche Öffentlichkeitsarbeit und Elektronik sowie stiller Teilhaber, nahm auf einem bequemen Stuhl Platz und

Marius reichte ihm eine Zigarre. Nach dem Inhalieren des ersten Zuges ließ von der Elz seinem Unmut freien Lauf.

„Meister und Schmitz bekommen so gar nichts auf die Reihe! Sie sind nicht organisiert, sie haben keine Führungsqualitäten – und Hasenfüße sind sie zu allem Übel auch noch!" Mit diesen Worten beugte von der Elz seinen Oberkörper in Richtung seines Freundes und sprach leise weiter: „Für das Aufbauen der Windräder brauchen wir unbedingt mehr Kräne. Kannst du eventuell deine Beziehungen zur Firma Hebmichhoch AG spielen lassen? Du kennst doch den Vorstand noch aus deiner Kindheit und es würde unserer Firma sehr helfen."

Klaus sah ihn spitzbübisch an und sagte, dass er zufälligerweise heute Nachmittag mit seinem Freund und Vorstand der Firma am Wißberg ein Golfturnier spielen würde. Und danach gäbe es an Loch 19 bestimmt eine gute Gelegenheit, um dieses Thema anzusprechen.

„Ich danke dir für deine Mühe. Du bist ein wahrer Freund." Von der Elz schlug Klaus Lüning freundschaftlich auf die Schulter. Die Freunde saßen noch eine Weile zusammen und tauschten sich über die neu geplanten Projekte aus, als sie durch Marius' Sekretärin Fiona gestört wurden.

„Herr von der Elz, ich glaube, wir haben ein großes Problem. Ich habe Herrn Meister in der Telefon-
leitung und der spricht nur noch wirres Zeug."

„Mein Gott, wie blöd sind Sie eigentlich? Ich habe
doch gesagt, Sie sollen mich nicht stören!", schrie
Marius sie unbeherrscht an. Widerwillig begab er
sich an seinen Schreibtisch und nahm das Telefonat
entgegen. Als er ein wenig später auflegte, war er
leichenblass.

„Was ist los, Marius?", fragte Klaus besorgt.

„Du wirst es nicht glauben! Von wegen der Tag
kann nur noch besser werden! In unserer Windkraftanlage Hochborn, Abschnitt B, wurde eine Leiche,
an einem Windrad festgebunden, gefunden!"

Klaus verschlug es augenscheinlich die Sprache,
das Glas, das er in seiner Hand hielt, fiel auf den
Granitboden aus Azul Macaubas. Er bückte sich,
hob die Scherben auf, legte diese auf den Tisch und
ging zum Schreibtisch hinüber, wo er Blickkontakt
zu Marius suchte, und flüsterte: „Halte mich bitte
auf dem Laufenden und informiere mich über alle
Aktionen und Ergebnisse, damit unsere Pressestelle
angemessen reagieren kann. Ach, und noch etwas.
Sei etwas netter zu den Frauen."

Klaus ging in Richtung Lift und verabschiedete
sich mit einem angedeuteten Lächeln in Marius'
Richtung, der ihm leicht verdutzt nachsah.

Rainer Bläser durchforstete das Internet nach Firmen für Windkraftanlagen. Plötzlich kam ihm der Gedanke, ob er nicht einfach in Wörrstadt bei der Firma Wind Solar & More AG anrufen und dort nachfragen sollte, ob sie wüssten, wem die Windräder in der Gemarkung Hochborn gehörten. Schließlich war die Wind Solar & More AG Marktführer für erneuerbare Energien und dort gab es bestimmt eine Hotline, die vermutlich auch am Wochenende zu erreichen war. Er war gerade dabei, den Telefonhörer in die Hand zu nehmen, als sein Apparat klingelte. „Rainer Bläser, Polizeiinspektion Alzey."

„Hi, Rainer, ich bin's, Archi. Du, ich sollte den Kollegen noch Absperrband an den Fundort bringen. Was hier für en Haufe Pothämmel, sorry, ich meinte Stechmücken, sind – ich brauche unbedingt eine Mickeklatsch!"

Rainer hörte ein klatschendes Geräusch, als Archi sich wohl auf die Haut schlug.

„Aber das ist nicht der Grund meines Anrufs. Stell dir vor: Mir liefen vor einigen Minuten die Projektleiter der Windräder über die Füße! Die Herren Schmitz und Meister von der Wind Solar & More AG. Sie sind gerade dabei, hier nach dem Rechten zu sehen. Soll ich sie gleich zu dir auf die Dienststelle schicken?", fuhr er fort.

„Das ist ja ein Zufall, Archi. Ich wollte eben im Moment bei dieser Firma anrufen. Du, die beiden sollen bitte um 16.30 Uhr in Mainz im Präsidium erscheinen und sich bei Frau Wiesbacher melden. Und Archi – ich danke dir vielmals, hast mir mal wieder eine Menge Arbeit erspart!"

„Gern geschehen, mein Lieber, ich werde es den beiden ausrichten." Mit diesen Worten beendete Archi das Telefonat und versuchte mit einer schnellen Handbewegung, die hungrigen Vampire von seinem Hals zu vertreiben.

Nachdem Rainer die ihm aufgetragenen Arbeiten verrichtet hatte, fuhr er schnell noch bei der Unterkunft des Kranführers vorbei, um seine Kollegen zu befragen. Gegen 14.15 Uhr setzt er sich dann in Richtung Mainz in Bewegung. Normalerweise würden fünfunddreißig Minuten über die Autobahn bis nach Mainz reichen, aber auch dort gab es, wie in jeder Großstadt, ein Parkplatzproblem und schon gar am Samstag, was er zeitlich jedes Mal einkalkulieren musste, denn die Parkplätze an der Dienststelle waren meist belegt. Im Präsidium angekommen, traf er auf dem Flur Rezina.

„Hi, Rainer! Na, wie geht es dir – und was macht dein netter Kollege Archi?"

„Tja, ich kann mich nicht beschweren, mir geht's gut. Ich darf mal wieder bei euch mitwirken. Du weißt ja, in der Sache mit dem Mord am Windrad. Dort wird Archi wohl gerade von den Stechmücken

aufgefressen", gab er grinsend wie ein Honigkuchenpferd zurück und tippte Rezina freundschaftlich auf die Schulter.

„Ach, der Arme. Sag ihm bitte einen lieben Gruß
von mir. Und danke für das Tablet und den Laptop,
die du Chris mitgegeben hast, mit denen werde ich
mich jetzt beschäftigen." Mit diesen Worten verschwand sie eilig in ihrem Büro, öffnete den Laptop
und versuchte unter Zuhilfenahme ihrer Technik,
das Kennwort zu entschlüsseln.

Rainer marschierte in Richtung Treppenaufgang
und ging in den ersten Stock, wo er bereits von Chris
Wiesbacher in ihrem großen, jedoch spärlich eingerichteten Büro erwartet wurde.

Chris telefonierte gerade mit Pascal Leckerer vom
BKA und teilte ihm die traurige Nachricht vom Tod
Angela Müllers mit.

Pascal war zutiefst schockiert und fassungslos. Er
berichtete Chris, dass er Angie schon seit ein paar
Jahren kannte, sich am Tat-Tag noch morgens mit
ihr im Fitnessstudio in Nieder-Olm unterhalten
hatte und eine lose Beziehung mit ihr führte, die sich
mehr oder weniger auf die Bettgeschichte kon-
zentriert hatte. Weiterhin erinnere er sich daran,
dass er vor zwei Jahren an einem ähnlichen Fall in
Frankreich mitgearbeitet hätte.

„Frau Wiesbacher, würden Sie mich bitte bei der Bildung des SoKo-Teams berücksichtigen? Ich würde Sie gerne bei der Aufklärung unterstützen, denn Angie war ein feiner Mensch und meine Kenntnisse vom letzten Fall könnten durchaus hilfreich sein", bat Pascal Leckerer.

„Ich weiß nicht, ob das eine gute Idee ist. Sie sind doch befangen, oder?", fragte Chris.

„Nein, mir liegt nur sehr daran, den Täter dingfest zu machen", erwiderte Pascal.

„In Ordnung, ich schicke gleich den Anforderungsbogen an Ihren Chef. Mal sehen, was er dazu zu sagen hat. Aber nur, wenn Sie uns spezielle Informationen, an die wir nicht so leicht herankommen, ohne Widerworte besorgen", erwiderte Chris lachend und fuhr fort: „Okay, ich gehe einfach mal davon aus, dass Ihr Chef nichts dagegen hat. Willkommen in meinem Team! Ich habe das erste Meeting heute für 15 Uhr anberaumt. Seien Sie bitte pünktlich!" Mit diesen Worten legte Chris den Hörer auf und widmete sich Rainer Bläser.

Gibt's was Neues?", fragte sie, ohne aufzublicken, denn sie hatte ihn schon am Gang erkannt.

„Ihnen auch ein fröhliches Hallo, Frau Wiesbacher. Ja, das gibt es tatsächlich. Ich habe mit dem Kranführer gesprochen und bin danach zu seiner Unterkunft gefahren und habe sein Alibi geprüft. Der wohnt mit fünf Kollegen in einem Container.

Archi würde den Vermieter der Container für die Mitarbeiter bestimmt als Zores bezeichnen. Sie können sich gar nicht vorstellen, unter welch unmenschlichen Bedingungen die alle zusammen in dem Container hausen. Die polnischen Kollegen des Kranfahrers haben bestätigt, dass dieser die ganze Nacht anwesend gewesen ist."

„Okay", meinte Chris knapp.

„Davor habe ich beim Veranstalter des Events auf Schloss in Alzey eine Gästeliste und eine Liste der Personen, die eine Eintrittskarte mit Kreditkarte gekauft haben, angefordert. Diese können wir dann abarbeiten, um die Fotos und Videos, die eventuell von den Besuchern gemacht wurden, auswerten zu können. Weiterhin hat Archi herausgefunden, dass die Wind Solar & More AG aus Wörrstadt die Eigentümer des größten Teils der Windräder in Hochborn sind. Die Projektleiter Schmitz und Meister werden wohl gegen 16.30 Uhr hier erscheinen."

„Gute Arbeit, Herr Bläser", sagte Chris anerkennend und dachte, dass Rainer doch eigentlich ganz in Ordnung wäre. Spontan, wie sie war, fragte sie: „Sollten wir uns jetzt nicht endlich mal duzen?"

Rainer fiel aus allen Wolken, denn damit hatte er wahrlich nicht gerechnet. „Natürlich, gerne Frau Wiesbacher, sorry, ich meinte Chris." Chris schenkte ihm einen Kaffee ein, sie hoben ihre Kaffeetassen und prosteten sich zu.

Zwanzig Minuten später traf Pascal Leckerer in Chris' Büro ein und Chris begrüßte ihn mit den Worten: „Sind Sie geflogen? Na, nun ist unser Team fast vollständig!"

„Ich danke Ihnen sehr, Frau Wiesbacher", antwortete Leckerer galant.

Der Blick, den Rainer ihm in diesem Moment zuwarf, sprach jedoch Bände. „Was für ein Sießholzrassbeler, dieser Kerl vom BKA", dachte Rainer Bläser und verdrehte dabei die Augen.

Jo zog sich am Abend nach der Arbeit zurück in seine Mühle und ging in einen seiner Kellerräume. „So, nun kann ich endlich meine erste Trophäe weiter präparieren", dachte er auf dem Weg nach unten.

Dort nahm er das große Behältnis, das er vorbereitet hatte, und lief damit in den nächsten Raum. Er zog einen Ganzkörper-Overall an, setzte sich eine Maske mit Brille auf und bearbeitete zärtlich das Stück Fleisch vor sich.

„Nun dürfen aber meine Gedanken nicht mit mir durchgehen, nicht dass ich wieder eine Erektion bekomme und mich umziehen muss", ermahnte er sich selbst. „Ich möchte dieses schöne Exemplar

heute noch fertigstellen, damit es bald seinen Ehren-
platz in meiner Galerie bekommen kann. Also, mein
Zauberstab da unten, verhalte dich bitte brav." Mit
diesen Worten begann er, seine Arbeit fortzusetzen.

Früh am Morgen hatte er schon entsprechende
Vorbereitungen getroffen und das „Stück" fixiert.
Das bedeutete, dass er unter die Oberfläche der Pobacke eine Formalin-Lösung gespritzt hatte, damit
der Verwesungsprozess des Körperteils gestoppt
werden konnte. Danach begann er mit dem eigentli-
chen Plastinationsprozess. Jo musste zuerst das Körperwasser entziehen und diese Menge durch das
Lösungsmittel Azeton ersetzen. Dazu legte er das
„Stück" in ein eiskaltes Azeton-Bad, welches das
Körperwasser nach und nach herauslöste. Anschließend verschloss er den Behälter luftdicht und ließ
ihn im warmen Raum stehen, denn dieses Bad
musste sich zuerst auf Raumtemperatur erwärmen,
damit auch die löslichen Fette aus dem Gewebe entfernt werden konnten.

Normalerweise dauerte der Prozess der Entfet-
tung und Entwässerung fast vier Monate. Aber sein
genialer Vater hatte Jo schon früh in seine „geheime
Rezeptur", die diesen Arbeitsschritt auf nur einen
Tag reduzierte, eingeweiht. Jo stellte einen großen
Topf mit destilliertem Wasser auf die Herdplatte,
rührte seine Spezialmixtur ein und legte vorsichtig

die zuvor nochmals mit einem scharfen Messer bearbeitete Pobacke hinein. Nun erhitzte er das Wasser auf genau vierzig Grad und hielt diese Tempera-
tur unter Zuhilfenahme eines Thermometers über
eine Stunde konstant.

„Du wirst toll in meinem Saal aussehen, meine
Liebe", dachte er dabei. Just in diesem Augenblick
meldete sich wieder sein kleiner Freund bei ihm,
den er jedoch mit einem harten Klaps beruhigte.
Nach sechzig Minuten schüttete er das Wasser vorsichtig weg und tupfte zärtlich mit einem roten Seidentuch die Pobacke ab.

„Ehre, wem Ehre gebührt", dachte er stolz. Danach holte Jo einen extra für diese Arbeit vorgesehenen Lack und bepinselte das „Stück" sanft und lust-
voll. Bei seinem letzten Pinselstrich konnte er seine
Lust schon wieder nicht mehr im Zaum halten und
gab sich dieser dann ohne Gegenwehr hin.

Der Blick Rainers irritierte Chris ein wenig. Sie nahm ihn zur Seite und flüsterte leise: „Ich kann mir gut vorstellen, Rainer, dass dir meine Entscheidung nicht passt. Aber wir profitieren alle von Herrn Leckerer. Er hat schneller als wir die Möglichkeit, auf verschiedene Ressourcen zuzugreifen – und außerdem muss ich auch die Quotenregelung einhalten."

Ein feines Lächeln huschte über ihr Gesicht, als Rezina und deren Mitarbeiter Kevin wie herbeigerufen den Raum betraten. „Hi, Rezi, nur noch einmal der Form halber: Hast du Lust, uns offiziell mit deinem IT-Know-how im neuen Fall zu unterstützen? Mir wäre es wichtig, dass du das machst – und nicht jemand anders aus deinem Team. Es gibt viel zu tun und ohne deine Fachkenntnis sind wir vermutlich verloren!" Chris lächelte spitzbübisch.

„Das sehe ich genauso", fügte Pascal hinzu. „Zumal Sie meine Kollegen aus dem BKA-IT-Bereich ja auch schon kennen."

Rezina willigte ein, denn so hatte sie sich ja zuvor schon mit Chris abgesprochen. Danach fing das Team gemeinsam an, die Beweise zu sichten.

Chris moderierte die Sitzung. Die Tatbestände und Hinweise wurden auf einem Whiteboard festgehalten. Etwas später gesellte sich Arzu Kayar, Chefin der SpuSi, dazu.

„Na, Frau Kayar, welche neuen Erkenntnisse können Sie beisteuern?", fragte Rainer neugierig.

„Im Moment noch keine. Aber der Tod des Opfers muss laut Rechtsmediziner Rauschelbart zwischen zwei und drei Uhr nachts eingetreten sein, und wie es scheint, wurde dem Opfer bei lebendigem Leibe die rechte Pobacke herausgeschnitten. Die Entfernung der Brüste erfolgte aber wohl post mortem. Sie wurde anal vergewaltigt, mit einem Kondom. Der Bluttest ergab, dass sich K.-o.-Tropfen in ihrem Blut befanden!"

Die Kollegen blickten sich ernst an.

„Außerdem", fuhr Arzu fort, „wisst ihr ja, dass wir die Pobacke nicht am Fundort sicherstellen konnten. Die Schnittstelle riecht stark nach Rosenwasser – Näheres dazu nach der vollständigen Obduktion, soll ich euch von Rauschelbart ausrichten."

Arzu blickte in die erwartungsvoll gespannten Gesichter und erklärte dann: „Die Untersuchung weiterer Spuren war wegen des Regens leider mehr oder weniger erfolglos. Außer den Fingerprints im Führerhaus des Krans, welche zum Kranfahrer gehören, konnten wir keine weiteren Fingerabdrücke sicherstellen. Am Fundort gab es nur die Fahrspuren von ein und demselben Kran. Es scheint, als ob der Fundort nicht zugleich der Tatort wäre. Aber jetzt haltet euch fest!", sagte Arzu aufgeregt.

„Hinten, wo der Kran ursprünglich geparkt hatte, habe ich noch halbwegs deutliche Reifenspuren gefunden. Die gehören wahrscheinlich einem SUV. Die Abstände der Reifen und das Profil lassen darauf schließen. Die Fotos und die Aufnahmen für die 3-D-Animation sind mittlerweile bei Rezi auf dem PC gelandet, damit sie die Animation des Fundortes erstellen kann – und das war's." Mit diesen Worten ließ Arzu sich schwungvoll auf einen Stuhl neben Pascal fallen.

Rezi stand zügig auf und teilte dem Team mit, dass sie gleich mit dieser Animation zurückkommen werde, Rainer sollte bitte schon einmal den Projektor hochfahren. Chris ergänzte in der Zwischenzeit das Whiteboard mit den von Arzu erhaltenen Informationen.

„Ich habe auch noch eine Kleinigkeit. Und zwar war unser Opfer auf diversen Datingplattformen unterwegs, am häufigsten aber auf der Seite *datingfueralledieeinsamsind.com*. Ich werde versuchen, beim Betreiber mehr über den Chatverlauf herauszufinden", bemerkte Kevin, der Mitarbeiter von Rezi.

„Danke Ihnen", erwiderte Chris. Sie konnte nun anhand der Zeugenaussage von Irene Makulski die letzten Stunden von Angie Müller bis um 23 Uhr rekonstruieren und Chris ging davon aus, dass das Verbrechen zwischen 23 Uhr und 3 Uhr nachts stattgefunden haben musste. Dieser Zeitraum stellte für das Team nun ein großes schwarzes Loch dar. Informationen über das Opfer, Tatbestände und Fragen wurden jetzt am Whiteboard geclustert. Die offenen Punkte schnürte Chris zu entsprechenden Arbeitspaketen zusammen, die später an die Teammitglieder verteilt werden sollten.

Es gab viele Fragen zu klären: „In welchem Umfeld lebte das Opfer? Gab es Videoaufnahmen, die Angie vielleicht mit ihrem Mörder zeigten? Könnte das Personal an der Bar oder am Ausgang etwas über Angie berichten? Wurde unter Umständen in der Gegend um Alzey im Zeitraum von 20 Uhr bis 5 Uhr morgens ein SUV geblitzt? Oder hatte ein SUV an den umliegenden Tankstellen getankt? Welche Personen könnten einen solchen Kran bedienen? Wieso wusste der Mörder, dass das Windrad noch nicht in Betrieb war, obwohl es augenscheinlich betriebsbereit war? Was können die Projektleiter der Firma Wind Solar & More AG über den Betrieb des Windrades mitteilen? Gab es in der Umgebung vielleicht einen Aussiedlerhof, dessen Bewohner ungewöhnliche Aktivitäten in der Nacht wahrgenommen hatten? Was hatten die zu einem Kreuz gebundenen roten Rosen zu bedeuten? War es vielleicht ein Ritualmord?"

Mittlerweile war Rezi mit der 3-D-Animation zurückgekommen. Das Team schaute sich diese Rekonstruktion des Fundorts genau an, konnte aber keine neuen Hinweise finden.

Kurz nach der Verteilung der Arbeitspakete im Team trafen pünktlich wie vereinbart die Projektleiter der Wind Solar & More AG ein. „Dann werde ich mich mal an die Arbeit machen", sagte Rainer und verschwand mit den Herren Schmitz und Meister in einem Befragungsraum.

„Okay, ihr wisst, was ihr zu tun habt. Wir sehen uns morgen Mittag, so um zwölf Uhr, damit jeder von uns noch etwas von seinem Sonntag hat und ausschlafen kann!", sagte Chris zum Rest des Teams. „Und ich gehe jetzt noch mal eine Runde spazieren, denn ich muss mal wieder meinen Kopf frei kriegen."

Mit diesen Worten verabschiedete sie sich und verließ das Büro. Rezi rannte ihr hinterher. „Du, Chris, was ich dir die ganze Zeit noch sagen wollte: Ich habe mir tatsächlich letzte Woche im Internet das Buch ‚*Dating für Anfänger! Für die Unverbesserlichen, die nicht wissen, wie sie auf eine Kontaktanzeige antworten können*' gekauft. Das ist richtig klasse. Wenn du willst, leihe ich es dir gerne aus. Vielleicht kannst du diesbezüglich ja noch etwas dazulernen", sagte Rezina begeistert.

„Gute Idee, Rezi, bring es bei Gelegenheit einfach mal mit", antwortete Chris grinsend.

„Ach, was waren das für zwei erfolgreiche Tage!", dachte Jo und zündete sich genussvoll eine Zigarre an. Er saß in einem gemütlichen Ohrensessel, lehnte seinen Kopf zurück und schloss die Augen. Seine Gedanken schweiften zurück in seine Kindheit, in die alte Pfarrei in Bingen.

„Jo, in zwei Stunden bekommen wir wieder einmal Besuch von den Kollegen des Pfarrers", hörte er seine Mama niedergeschlagen sagen. „Du weißt ja, dass du dann dein Zimmer auf keinen Fall verlassen darfst! Wenn du brav bist und auf mich hörst, koche ich dir morgen dein Leibgericht, einen Grießbrei mit frischem Apfelkompott."

„Oh ja, Mama, und ich weiß schon: Wenn ich mein Zimmer verlasse, wird Pfarrer Münster wild wie der Teufel!", sagte Jo mit gerade mal acht Jahren, sah seine Mama mit großen Augen an und lachte dabei herzlich.

„Pssst, Jo, so etwas darfst du auf keinen Fall sagen. Du weißt, dass er uns aufgenommen hat und sich um uns kümmert. Wir müssen ihm dafür dankbar sein." Sie ging ins Badezimmer, streute dunkelrote Rosen in das Badewasser, ließ warmes Wasser ein und nahm ein Bad. Danach suchte seine Mutter die Ankleide auf. Eine rote Bluse rundete den eng anliegenden schwarzen Rock, der ihren Po zur Geltung brachte, und die halterlosen Netzstrümpfe ab. Sie trug schnell noch ein leichtes Make-up auf und wählte dazu einen reizvollen kirschroten Lippenstift. Es wurde langsam dunkel und sie war bereit, die Gäste des Pfarrers zu empfangen.

Als Jo das Klingeln an der Pfarreitür hörte, warf er heimlich einen Blick durch das Fenster hinunter in den Hof. Dort standen zehn Fahrzeuge und vor der Haustüre die dazugehörigen Pfarrer, die inzwischen vom Vollmond angestrahlt wurden. Jeder von ihnen trug eine Maske, die zu einer schrecklichen Grimasse geschnitten war.

„Wie gruselig", dachte Jo, „wir haben noch nicht einmal Fastnacht." Er beobachtete durch einen kleinen Spalt zwischen Wand und Vorhang, wie die Tür geöffnet wurde und seine Mama die Herren begrüßte. Dabei berührte der eine oder andere Pfarrer seine Mutter an ihrem attraktiven Hinterteil, bevor er das Haus betrat und dann in den Kellerräumen verschwand.

„Warum tun die so etwas und fassen meine Mama an?", dachte Jo und wurde nachdenklich. Ob er sein Versprechen vielleicht doch brechen und im Garten durch den Geheimgang steigen sollte?

Jo wartete etwa eine Stunde lang und zog sich dann etwas Dunkles an. Aus den fantasievollen Erzählungen seiner Mama wusste er, dass Einbrecher immer dunkle Kleidung trugen, damit sie in der Nacht nicht gesehen werden konnten.

Als er am Badezimmer vorbeikam, ging er hinein und steckte sich den Lippenstift seiner Mama in die Hosentasche. Er liebte diese Farbe und wollte den Lippenstift später in sein Geheimversteck legen.

Kurz darauf schlich er leise die hölzerne Treppe hinunter, öffnete die Terrassentüre und lehnte sie vorsichtig an, um später durch diese wieder das Haus betreten zu können. Zum Glück hatte er von seinem Vater eine Taschenlampe geschenkt bekommen. Die konnte er heute gut gebrauchen. Das Mondlicht zeigte ihm den Weg zur Garage, in der er den Wagenheber besorgte. Dann räumte er den Geheimeingang frei und öffnete mit dem Heber die Luke. Er knipste die Taschenlampe an, steckte diese in den Mund und stieg vorsichtig die Stufen der Leiter in die Katakomben hinunter.

Auf dem Weg nach unten vernahm er sakrale Musik und ein merkwürdiges Geräusch. Was war das denn? Er versuchte, den Lichtstrahl mit seiner Hand ein wenig zu dämpfen, und schlich in Richtung der Stimmen. Ein paar Meter weiter konnte er seine Taschenlampe ausschalten, denn ab hier waren die Flure und Räume mit an der Wand hängenden Kerzen und Petroleumlampen beleuchtet.

Die Stimmen kamen aus dem großen Saal. „Gott sei Dank sind alle da drin", dachte Jo, „dann kann ich unbemerkt in den Kellerraum gehen, wo die Kartoffeln und das Gemüse lagern." In diesem Raum hatte er bei seinem ersten Besuch ein faustgroßes Loch in der Wand entdeckt, von dem aus man in den großen Saal blicken konnte. „Es ist doch manchmal gut, wenn man nicht auf die Erwachsenen hört", dachte Jo und schlich hinein.

Was dort seine Augen zu sehen uns seine Ohren zu hören bekamen, ließen ihn jedoch beinahe zu Tode erstarren! Jo sah, wie seine Mama mit dem nackten Oberkörper über den mit dem Spiegel bedeckten Tisch gebeugt war. Auch ihr Rock war verschwunden, nur die schwarzen Netzstrümpfe und die hohen roten Lackschuhe trug sie noch.

Rechts und links von ihr stand jeweils ein Pfarrer mit Maske, diese spreizten ihre Pobacken weit auseinander. Das laute Gestöhne der Männer hallte durch den Raum. Plötzlich erschien ein weiterer Geistlicher direkt hinter seiner Mama, der mit seinem riesigen Penis schnell und urplötzlich in sie eindrang. Ihr lauter qualvoller Schrei kaschierte Jos Aufschrei.

Wie von Sinnen rannte er zur Treppe, ging leise nach oben und versteckte in einem Loch in der Wand den Lippenstift. Gerade in diesem Moment, als er oben im Garten angekommen war, begann es plötzlich fürchterlich zu regnen. Schnell verwischte Jo seine Spuren und war nach einer Weile froh, wieder heil und unbemerkt in seinem Zimmer angekommen zu sein. Dort versteckte er seine nasse Kleidung im Schrank. Danach ging er schnell zu Bett, zog die Bettdecke über den Kopf und weinte sich in einen tiefen, unruhigen Schlaf.

Spurensuche im rheinhessischen Hügelland

Chris' Team arbeitete seit mehr als drei Wochen auf Hochtouren an dem neuen Fall, aber die SoKo kam kaum einen Schritt weiter. Neben der erfolglosen Sichtung der zahlreichen Videoaufnahmen der Gäste vom Schlossfest in Alzey und der Befragung aller möglichen Zeugen wurde auch Angies Umfeld näher analysiert.

Sowohl ihr Arbeitgeber als auch ihre Freunde beschrieben sie als äußerst zuverlässig, pflichtbewusst und sehr freundlich. Offiziell lebte sie in keiner Partnerschaft. Sie war jedoch bekannt für die eine oder andere Affäre. Vor allem fiel der Name Pascal Leckerer des Öfteren.

Chris war hin- und hergerissen, ob sie ihren Kollegen von diesem Fall abziehen sollte oder nicht. Ihr Bauchgefühl sagte ihr jedoch, dass Pascal mit diesem Mord nichts zu tun hatte – und auf dieses Gefühl hatte sie sich schon ihr ganzes Leben lang verlassen. „Wenn mein Chef wüsste, dass ich bei den Ermittlungen auf meinen Bauch höre, würde er womöglich überschnappen", dachte sie amüsiert und rollte mit den Augen.

In diesem Moment klingelte ihr Handy, Sven Westerhagen meldete sich: „Endlich! Ich versuche seit Wochen, dich zu erreichen! Ich habe mir schon

Sorgen um dich gemacht. Du kannst das mit der Trennung doch nicht so gemeint haben. Komm endlich zur Vernunft und werde wieder normal!" Seine Worte prasselten wie Paukenschläge auf sie nieder.

„Allein, seine Stimme zu hören, tut mir irgendwie gut", stellte Chris, über sich selbst irritiert, fest denn sie wusste, dass er sie eigentlich bedrängte. Ihre Gedanken wirbelten in ihrem klugen Kopf wild umher. Sie hatte Sven schon so oft gebeten, die Finger von anderen Frauen zu lassen – und schon gar von denen, die zu bezahlen waren.

„Ich habe dir gesagt, dass es keinen Sinn mehr macht. Du versprichst mir immer wieder das Blaue vom Himmel und lügst mich auch noch ständig an, ohne mit der Wimper zu zucken. Und nur du bestimmst, was richtig ist und was gemacht werden muss – ohne Rücksicht auf deine Partnerin zu nehmen! Das ist ein No-Go in einer Partnerschaft. Sven, ich muss jetzt weiterarbeiten." Mit diesen Worten brach Chris das Telefonat abrupt ab.

Kurze Zeit später fragte Chris ihren Kollegen: „Rainer, was hältst du davon, mit mir zu der Wind Solar & More AG zu fahren. Wir haben bisher mit dem Inhaber noch nicht sprechen können. Der ist nun aus seinem Kurzurlaub zurück und ich hätte außerdem Lust, mir ein klein wenig die Beine zu vertreten."

„Gute Idee, Chris, ich habe auch Bedarf an frischer Luft. Die könnte ich im Moment ganz gut gebrauchen." Bei diesen Worten warf er Pascal Leckerer einen bösen Blick zu, denn vor zwanzig Minuten hatten sie eine handfeste Auseinandersetzung bezüglich der Zuständigkeiten ausgetragen.

In Wörrstadt angekommen, meldeten sich Chris und Rainer am Empfang an. Das Gebäude war beeindruckend. Es lag etwas erhöht inmitten eines künstlichen Sees. Die mächtige hohe Empfangshalle bot Platz für drei Stockwerke. Über in der Kuppel liegende Flure konnte man die einzelnen Büros betreten, die alle einen Blick nach draußen auf den See, die Windräder und das schöne Rheinhessen boten. Inmitten der Kuppel schien ein riesiges gläsernes Büro zu hängen. Zu diesem führte eine freischwingende Brücke. So etwas hatte Chris bisher noch nicht gesehen. Die freundliche Empfangsdame bot den Besuchern einen Platz in der Sitzecke und einen Kaffee an, den Rainer und Chris dankend annahmen.

„So lässt es sich leben und arbeiten", murmelte Chris leise vor sich hin.

Die Empfangsdame brachte Espresso und Latte macchiato mit Mandelmilch. „Espresso für den Herrn und Latte für die Dame."

Die freundliche Mitarbeiterin wollte die Latte gerade hinstellen, als sie über die Handtasche von Chris stolperte und dabei einen Teil des Getränks über deren Bluse schüttete. „Ach du liebe Zeit, das tut mir wirklich furchtbar leid", sagte sie peinlich berührt.

„Kein Problem, das kann jedem passieren. Wo sind denn die Toiletten?", erwiderte Chris gelassen.

„Gehen Sie bitte den Flur bis ans Ende, auf der rechten Seite sind die Damentoiletten. Und sorry nochmals."

Chris eilte zu den sanitären Anlagen. Sie nahm sich ein Papierhandtuch, befeuchtete es mit Wasser und wollte die Flecken entfernen, was ihr leider nicht gelang. Auf dem Weg nach draußen versuchte sie weiterhin, den Blick auf sich gerichtet, mit einem Papierhandtuch das Malheur zu beheben, als sie unverhofft mit einer Person zusammenstieß.

„Nicht so eilig, meine Dame. Wenn eine Frau es zu eilig hat, verpasst sie die schönsten Aussichten", hörte Chris eine angenehme männliche Stimme sagen.

Sie hob ihren Kopf und schaute in die schönsten Augen, die sie jemals zu Gesicht bekommen hatte. „Wow, was für ein Mann", dachte sie und lächelte zaghaft.

Ihr Gegenüber erwiderte ihren Blick mit den Worten: „Es ist ja nichts passiert, und über Ihren Rempler habe ich mich wirklich sehr gefreut. Klaus Lüning, einer der Geschäftsführer und Teilhaber dieses Unternehmens."

„Chris Wiesbacher, Kripo Polizeipräsidium Mainz."

Was führt Sie in unsere heiligen Hallen?", fragte Klaus neugierig.

„Leider nichts Gutes. Ich ermittle in der Mordsache Angie Müller."

„Angie Müller? Helfen Sie mir bitte auf die Sprünge", antwortete Klaus mit einem schelmischen Blick in ihre Richtung.

„Der Mord in Hochborn."

„Ach ja, stimmt. Dann viel Spaß mit meinem Partner Marius von der Elz – und vielleicht sehen wir uns ja bald mal wieder." Mit diesen Worten verabschiedete sich Klaus Lüning.

Chris war total geflasht. Sie konnte förmlich das Knistern und die Aura spüren, die von diesem Mann ausgingen. „So ein gut gewachsenes attraktives Mannsbild!" In Gedanken versunken ging sie zurück zu Rainer.

„Hast du dich etwa verbrannt?", fragte er fürsorglich.

„Nein, nur meine teure Bluse hat Flecken abbekommen, ist aber nicht so schlimm", sagte Chris und trank einen Schluck ihres neu bereitgestellten Heißgetränks.

Einige Minuten später wurden beide zum Privatlift des Herrn von der Elz begleitet, der zu dessen Büro führte. Von unten konnte man den direkten Zugang des Lifts oberhalb der Kuppel nicht erkennen, da das Büro an dieser Seite mit der Außenwand verbunden war. Von der Elz' Sekretärin Fiona Schreiber führte beide in das Büro, das sehr beeindruckend aussah. Es war geschmackvoll mit Designer-Möbeln ausgestattet und auf dem Beistelltisch in der Sitzecke stand ein riesiger Strauß dunkelroter Rosen. Über dem Chefsessel hing ein großer Dalí. „Der muss echt sein", dachte Chris, denn Kunst war eines ihrer Hobbys.

„Guten Tag, meine Herrschaften. Was kann ich für Sie tun?"

„Hier muss es wohl eine Klonfabrik geben", dachte Chris, „die Männer, die hier arbeiten – da ist ja einer schöner als der andere." Die Beamten zeigten ihre Dienstausweise und stellten sich vor.

Rainer und Chris befragten Marius von der Elz zu seinen Windkraftanlagen. Er informierte sie ausführlich über die derzeitigen Standorte und geplante neue Projekte. Es klopfte an der Tür und Klaus Lüning trat leise ein. Von der Elz fuhr fort: „Das nächste Projekt wird ab nächster Woche in der Gemarkung Freimersheim errichtet."

„Wie bitte?", fragte Chris irritiert, denn sie wusste nichts davon, dass auch in der Nähe ihres Wohnorts eine solche Anlage errichtet werden sollte. Ein großes Problem war ihres Erachtens der

„Wildwuchs" von Windrädern in Rheinhessen. Das Land Rheinland-Pfalz hatte es leider versäumt, einen kompletten Bebauungsplan für Rheinhessen zu erstellen bzw. der Gesetzgeber ließ nach wie vor zu viele Standorte für die Bebauung mit Windrädern zu. Die idyllische Landschaft wurde dadurch seit Jahren sukzessive zerstört, weil jede Gemeinde glaubte, sie müsse ihre Windräder aufbauen, egal wohin und ohne jeglichen Plan, nur um des Geldes willen. Dadurch sah ihre Heimat inzwischen wie ein großer Flickenteppich aus.

„Warum wirken Sie so betroffen?", fragte Klaus Lüning erstaunt.

„Ach, wissen Sie, ich wohne in Freimersheim. Was wollen wir Menschen eigentlich? Überdimensionale Windräder können wir wieder abbauen, Brennstäbe aus Atomkraftwerken jedoch nicht! Irgendeinen Tod muss jeder sterben", erwiderte Chris nostalgisch.

„Das möchte ich nicht so bald für Sie hoffen", meinte Klaus Lüning amüsiert.

Von der Elz wollte die Herrschaften miteinander bekannt machen, aber Klaus erklärte ihm mit einem feinen Lächeln, dass er die Bekanntschaft der reizenden Dame bereits vor einigen Minuten gemacht hatte.

Dann fragte Klaus seinen Partner Marius, ob er ihm bitte eines seiner Fahrzeuge ausleihen könne, da sein Auto nicht anspringe. Klaus nahm die Schlüssel und verabschiedete sich. Im Vorbeigehen schaute er Chris mit einem unwiderstehlichen Lächeln tief in die Augen.

„Klaus, warte bitte einen Moment! Würden Sie gerne noch unsere Kommandozentrale sehen?", fragte von der Elz mit Blick auf Chris. „Dann können Sie vielleicht die internen Abläufe besser verstehen."

Die Polizisten nahmen das Angebot dankend an und Marius von der Elz bat Klaus, sich noch etwas Zeit für diesen kleinen Rundgang zu nehmen.

„Kein Thema, Marius, das mache ich sehr gerne", antwortete dieser und zwinkerte Chris lächelnd zu, was von Rainer nicht unbemerkt blieb.

Sie fuhren mit dem Fahrstuhl in das vierte Untergeschoss. Ein spürbares Knistern lag zwischen Klaus Lüning und Chris Wiesbacher in der Luft.

Lüning erklärte, dass diese Tiefe notwendig sei, damit bei jeglicher Art von Katastrophen die IT-Anlage weiterhin funktionsfähig bliebe. „So, meine Herrschaften, das hier ist die Schaltzentrale und das Herz des Unternehmens", erklärte er kurz darauf.

Mit diesen Worten betraten sie einen riesigen Raum, in dem mindestens zwanzig Mitarbeiter tätig waren. Sie saßen alle vor ihrem Computer. Der Geräuschpegel war sehr hoch, da die meisten Mitarbeiter telefonierten. Vor ihnen war ein großes Board mit diversen blinkenden Lichtern in verschiedenen

Farben an der Wand befestigt. „Anhand der Lichter kann man erkennen, in welchem Zustand sich ein Windrad befindet: Rot bedeutet, es liegt eine Störung vor. Grün bedeutet, es liefert optimale Energie. Blau bedeutet, die Windräder sind bis auf das Maximum ausgelastet. Und Gelb bedeutet, dass das Windrad noch jungfräulich ist, sorry, ich meine natürlich, noch nicht in Betrieb. Abgesehen von den Farben werden zu jedem Windrad bei Veränderungen Reports angelegt und gespeichert", erklärte Lüning ausführlich.

„Das würde bedeuten, wir könnten laut Ihrem Bericht den Zustand des Windrads am Mord-Tag feststellen?", fragte Rainer neugierig.

„Ja, schauen Sie." Lüning ging zu einem PC und öffnete ein Tool, danach eine Datei. „Das Windrad mit der Nummer zwölf war am Tat-Tag noch nicht abgenommen, also nicht in Betrieb."

Nach weiteren zehn Minuten begleitete er die beiden Besucher zum Ausgang. Er blickte Chris wieder tief in die Augen und sagte: „Auf ein hoffentlich baldiges Wiedersehen."

Beim Verlassen des Komplexes fragte Rainer, ob Chris aufgefallen sei, dass im Büro und Empfang ein riesiger Strauß dunkelroter Rosen stand.

„Ja, das habe ich auch bemerkt, und ich finde es merkwürdig für einen Mann, einen solchen in seinem Büro zu haben. Aber vielleicht hatte er Geburtstag oder die im Büro sind für jemand anders gedacht", erwiderte Chris nachdenklich. Mit diesen Worten begaben sie sich zum Parkplatz, wo das Auto von Chris stand.

Klaus Lüning überlegte, wie er es anstellen könnte, die attraktive Kommissarin näher kennenzulernen, zumal dies den positiven Nebeneffekt hätte, dass er im Interesse der Firma über die polizeilichen Ermittlungen immer aktuell in Kenntnis gesetzt würde. Er durchforstete das Internet und wurde auf das für morgen geplante Dorffest in Chris' Wohnort aufmerksam. „Welch ein Zufall, da haben wir ja eine Gelegenheit!", dachte er und lächelte.

Am Freitagabend fuhr er nach Freimersheim. Der Ort war ab dem Ortseingangsschild gesperrt, Parkmöglichkeiten waren im Feld am Friedhof ausgewiesen. Klaus lief die Hauptstraße entlang, bis vor ihm auf der rechten Seite der Festplatz erschien. Buntes Treiben und gute Stimmung luden zum Verweilen ein. Nachdem er sich eine Currywurst mit

Pommes genehmigt hatte, schlenderte er in Richtung Cocktailbar – und da saß sie tatsächlich. Er schlich sich von hinten an Chris heran und legte ihr seine Hände auf die Augen.

Chris' Hand fuhr nach oben und berührte seine. „Sven, bist du das?", fragte sie.

Eine tiefe Stimme, die es fertigbrachte, dass ihr ein angenehmer Schauer über den Rücken lief, flüsterte ihr ins Ohr: „Nicht, dass ich wüsste, ich heiße nämlich Klaus."

Chris war erfreut und überrascht zu gleich. „Herr Lüning, was machen Sie denn hier?", rief sie erstaunt.

„Soll ich ehrlich sein?", fragte er.

„Ich bitte darum!", erwiderte Chris mit einem bezaubernden Lächeln.

„Also, ich habe einen Grund gesucht, wie ich Sie näher kennenlernen könnte, und da kam mir das Dorffest sehr gelegen."

Chris war von dieser Ehrlichkeit überwältigt und zwinkerte ihm zu. Von der Cocktailbar wechselten sie nun ins Festzelt, in dem eine Musikkapelle spielte. Nach einigen Tänzchen – Klaus war tatsächlich ein göttlicher Tänzer – sowie einigen Gläsern Wein und dem anschließenden Bekenntnis zum „Du" verabschiedete sich Klaus mit einem zärtlichen Kuss auf Chris' Wange.

„Sehen wir uns am Sonntag wieder?", rief Chris ihm nach.

„Gern, meine Schöne, meine Rufnummer hast du ja." Damit drehte er sich um und ging in Richtung Ortsausgang. „Welch ein Glück ich habe, diese Frau zufälligerweise kennengelernt zu haben", dachte er.

Chris lief nach Hause und versank eine Stunde später, nach langer Zeit endlich wieder einmal, in einem tiefen und erholsamen Schlaf.

Am Samstagmorgen erwachte Chris mit einem Lächeln auf dem Gesicht. Sollte der Zufall ihr wirklich so ein charmantes und gut aussehendes Prachtexemplar von Mann auf dem Tablett serviert haben, fragte sie sich auf dem Weg ins Bad. „Und ehrlich scheint er auch noch zu sein. Das könnte das Fundament für eine gute Beziehung werden." Sie schlüpfte in ihre Joggingkleidung und rannte eine Runde um die Ortschaft. Dabei überlegte sie, wann sie Klaus anrufen sollte. Sie entschied sich, ihn noch ein wenig zappeln zu lassen und sich erst am Sonntagmorgen bei ihm zu melden.

Zu Hause angekommen, duschte sie schnell und rief dann Rezi an, um zu fragen, ob sie abends schon etwas vorhätte.

„Oh, das tut mir leid, Chris. Du, stell dir vor, ich treffe mich heute Abend mit Archi. Wir gehen etwas essen und danach möchte er mir die von ihm entwickelte App vorführen."

„Kein Problem, Rezi, dann gehe ich heute nach Heidesheim zum Saunieren und danach mache ich mir einen gemütlichen Abend mit einem Trauben-Secco. Und Rezi, lass dir bloß nicht noch mehr vorführen!"

„Aber das hätte doch auch etwas, Chris, oder nicht? Viel Spaß wünsche ich dir – und natürlich werde ich mir nicht mehr vorführen lassen, denn wie du weißt, bin ich nicht so leicht zu haben", antwortete Rezi lachend und verabschiedete sich von ihrer Freundin.

Am nächsten Morgen gegen neun Uhr rief Chris Klaus an. Mit seiner angenehmen Stimme meldete er sich noch etwas verschlafen. Als er realisierte, wer am anderen Ende der Leitung war, sagte er hocherfreut: „Guten Morgen, mein Sonnenschein, ich hatte eigentlich schon gestern deinen Anruf erwartet. Umso mehr freut es mich, dich nun zu hören. Hast du Lust, bei diesem wunderbaren Wetter einen Ausflug mit mir zu machen?"

„Oh, welch wunderbare Idee! Das wäre prima", erwiderte Chris. „Holst du mich bitte ab?"

„Wenn du mir deine Adresse per SMS schickst, bin ich in einer Stunde bei dir", verabschiedete Klaus sich und beendete das Telefonat.

Chris tippte ihre Adresse ins Handy und knapp eine Stunde später hörte sie von einem Feld kommend, das oberhalb ihres Gartens lag, ein lautes, rotierendes Geräusch. „Was macht denn ein Hubschrauber hier? Ob wohl ein Unfall passiert ist?", fragte sich Chris, als ihr Telefon klingelte.

„Bist du bereit, Prinzessin? Ich erwarte dich in fünf Minuten an meinem fliegenden Stahlross."

„Was, das mit dem Hubschrauber bist du? Du bist wohl immer für eine Überraschung gut?! Ja, ich komme gleich!"

Chris blickte schnell noch einmal in den Spiegel, zog ihren Lippenstift nach, nahm ihre Jacke, schlüpfte in ihre Schuhe und eilte quer durch den Garten zum angrenzenden Feld. „Mensch, Klaus, bist du ein klein wenig verrückt geworden? Was soll das denn?", fragte Chris staunend.

„Hallo, mein Sonnenschein, ich möchte dich heute zum Essen ausführen. Komm, setz dich neben mich, damit wir losdüsen können."

Chris stieg in den Hubschrauber, alsdann gab Klaus Lüning seinem Piloten den Befehl zum Start. Sie flogen quer über Rheinhessen von Alzey über Wendelsheim in Richtung Pfalz und ab Kaiserslautern in Richtung Elsass. Das Wetter war traumhaft und die Aussicht von hier oben unbezahlbar. Nach rund vierzig Minuten im Elsass angekommen, landeten sie auf dem Hubschrauberlandeplatz eines schlossähnlichen Anwesens.

„Wow, ist das zauberhaft hier", rief Chris begeistert beim Aussteigen und wusste schon gar nicht mehr, wie ihr geschah, als Klaus sie in seine Arme nahm und zärtlich küsste. „Wie himmlisch und wunderbar", dachte Chris glücklich.

Nach einem fantastischen Mittagessen in seinem Lieblingsrestaurant „Cheval Blanc" und einem Besuch des reizenden Städtchen Weißenburg traten sie gegen Abend die Heimreise an. Der Pilot landete sanft auf dem Feld oberhalb ihres Grundstücks und Klaus wollte sich von Chris verabschieden.

In Chris' Magen drehten die Schmetterlinge eine wilde Runde und sie flüsterte Klaus leise ins Ohr: „Möchtest du noch ein Glas Wein mit mir auf meiner Terrasse trinken?" Klaus nutzte die Gelegenheit und stieg aus. Er bat seinen Piloten zu warten und nahm Chris huckepack auf seinen Rücken. Dabei verrutsche ihr Rock weit nach oben und er lief lachend mit ihr den Hügel hinab.

In ihrem Haus angekommen, ging es direkt in die obere Etage und sie fielen im Schlafzimmer wie die Tiere übereinander her. Klaus riss Chris die Bluse und den Rock vom Leib, während Chris damit beschäftigt war, seine Hosen zu öffnen. Was sie zu fühlen bekam, ließ ihren Atem stocken.

„Welch ein Prachtkerl, wie lange vermisse ich schon Sex und Zärtlichkeiten!", dachte sie und streichelte seinen Körper.

Nun aber legte Klaus einen niedrigeren Gang ein. Er fing an, Chris' Körper vom Kopf bis zu den Zehenspitzen zärtlich zu küssen. Dann drehte er ihren zarten Körper herum und liebkoste auch ihre Rückseite. Chris fing wie wild an zu stöhnen. Er packte sie an der Hüfte, hob ihr Gesäß an und drang dabei langsam tief in sie ein.

Chris' Körper bebte und von seinen rhythmischen Bewegungen ließ sie sich bereitwillig mitreißen. „Ah, wie schön", stöhnte sie laut. Dann kamen sie fast zeitgleich zum Höhepunkt.

Klaus zog jedoch vorher sein Glied heraus und ejakulierte auf ihren kleinen, zarten Hintern. „Es war sehr schön mit dir, mein Herzblatt", hörte sie ihn flüstern.

Eine Stunde später verließ Klaus Lüning das Haus und einige Minuten darauf dröhnten die Rotorblätter erneut vom oberen Grundstück und durchbrachen die Stille.

„Hi, Rezi, schön dass es heute geklappt hat. Wie toll du aussiehst, da werden selbst die allerschönsten Töchter Rheinhessens neidisch!"

„Hi, Archi, du kleiner Charmeur, ja, das finde ich auch. Und vor allem welch eine tolle Location du ausgesucht hast", sagte sie hocherfreut.

„Tja, als en echte Roihesse-Bub wees ich ebe, was schee is!" Beide fingen an zu lachen.

„Spaß am Rande", sagte Archi und zeigte mit seiner Hand in Richtung eines schönen alten Gebäudes. „Dies ist eine der ältesten rheinhessischen Straußwirtschaften in Spiesheim. Du weißt sicherlich, dass Straußwirtschaften nur sechzehn Wochen im Jahr geöffnet haben dürfen. Das liegt daran, dass man dann keine Konzession braucht. Und hier gibt's viele gute rheinhessische Tapas – und vor allem sind die Weine spitzenmäßig."

Stolz wie Oskar betrat er mit Rezi die Wirtschaft. Sie setzten sich in die Nähe eines Klaviers. Auf dem Tisch lag bereits die Speisekarte, die die Form eines Weinfasses hatte. „Lass uns mal einen Blick in die Speisekarte werfen."

„Das sieht gut aus." Rezi wählte eine Vielzahl an rheinhessischen Köstlichkeiten und mit Archis Einverständnis eine Flasche Scheurebe und Mineralwasser aus.

Nach dem wunderbaren Essen entschieden sie sich, zu Archibalds Wohnung in Stadecken-Elsheim zu fahren. Dort hatte er nämlich schon eine Testinstallation der selbst entwickelten App in Verbindung mit dem Transponder für Rezina vorbereitet.

„Stell dir vor: Der von mir verwendete Transponder hat eine Größe von nur 9 Millimeter mal 1,6 Millimeter – und das Beste: Er hat sogar eine eigene Energieversorgung! Die Batterie kann mit einem von mir entwickelten Gerät geladen werden und hält sich fast ein Jahr. Ich kann den Transponder überall mit den Satelliten und Telefonmasten orten, denn er sendet ein codiertes Signal an meine Applikation, und diese beantwortet das Signal auf der von mir vorgegebenen Frequenz. Bei Regen ist die Ortung etwas schwieriger und auch, wenn sich der Transponder in einem Betonkeller befindet. Die von mir entwickelte dazugehörige Applikation erkennt sofort, wenn der Transponder in Bewegung ist oder wenn es Temperaturschwankungen gibt", erklärte Archi ausführlich und mit Begeisterung. „Mit anderen Worten, es wäre das richtige Instrument, um unsere Asservaten zu archivieren – und danach können wir sie jederzeit in den Räumen und den riesigen Regalen orten. Eine richtig preiswerte Variante im Vergleich zu der sonstigen Manpower, die wir dafür benötigen!"

„Wow! Archi, welch geniale Idee! Was hat denn dein Chef dazu gesagt?"

„Ach der! Der kann mer doch de Buggel enuff steir", sagte er und grinste dabei. „Der interessiert sich nicht für die neumodische Ferz."

„Hast du das System schon ausführlich testen können?"

„Nein, meine Liebe, darum wollte ich dich heute eigentlich bitten. Meinst du, dass du den Prototypen vielleicht in deinem Lippenstift platzieren könntest? Ich verspreche dir, dass ich dich nicht überwachen werde. Aber wenn wir uns vielleicht so in acht Wochen treffen könnten, würden wir zusammen deine Daten auswerten."

„Würde das nicht gegen den Datenschutz verstoßen, mein Lieber?", sagte Rezi und lachte dabei herzhaft. Als sie Archis entsetzten Blick sah, beschwichtigte sie ihn schnell und antwortete: „Klar, Archi, ich unterstütze gerne deinen Test. Gib mir mal eine lange Pinzette und den Sekundenkleber. Ich werde den Transponder im Deckel meines Lippenstiftes platzieren, aber ich muss dir sagen, dass acht Wochen viel zu lange sind bis zu unserem nächsten Wiedersehen."

Urplötzlich küsste sie seine Wange und Archi wurde rot wie eine Tomate. Nach getaner Arbeit und zehn Minuten später verabschiedete sich Rezina Brüstchen und fuhr mit einem glücklichen Lächeln um die Mundwinkel nach Hause. „Was für ein goldiger Kerl", dachte sie auf dem Weg dorthin.

„Hallo, Chris, wow, du siehst heute aber klasse aus! Bist du in einen Jungbrunnen gefallen?", fragte Rezi neugierig am Montagmorgen.

„So etwas Ähnliches", antwortete Chris und lächelte dabei verschmitzt. „Lass uns beim Mittagessen darüber quatschen. Rezi, ich muss schnell ehh Rappelche mache und ins Büro. Ich soll unseren Chef heute auf den aktuellen Stand der Ermittlungen bringen und muss auch noch das Teammeeting vorbereiten. Wir sehen uns später." Mit diesen Worten eilte Chris rasch zur Toilette.

Das Gespräch mit ihrem Chef Peter Böcker war sehr anstrengend, weil Chris und ihr Team trotz wochenlanger harter Arbeit noch keine konkreten Ergebnisse liefern konnten und sie ihre Arbeitsweise verteidigen musste. Böcker war ein feiner Mensch. Er war ungefähr 1,70 Meter groß, leicht übergewichtig, mit einem Bäuchlein, und er hatte kurzes, noch volles grau meliertes Haar. Heute hatte er seinen langen Schnurrbart nach oben gezwirbelt, die meiste Zeit jedoch trug er ihn nach unten hängend.

„Frau Wiesbacher, Sie wissen, dass uns die Presse so langsam zerreißt und kein gutes Haar an uns lässt!"

128

„Ja, Herr Böcker, das ist mir bekannt. Wir tun unser Bestes, aber die Spurenlage ist miserabel. Haben Sie eigentlich schon von der Staatsanwaltschaft die richterliche Anordnung für das Unternehmen, welches die Webseite *datingfueralledieeinsamsind.com* betreibt, bekommen, damit wir die Personendaten auswerten dürfen?", fragte Chris ihren Chef.

„Ja, ich habe Frau Brüstchen schon per Mail informiert. Frau Wiesbacher, ich möchte wirklich nicht rumnörgeln, aber der Minister des Inneren geht mir langsam auf die Nerven. Machen Sie weiter und halten Sie mich bitte auf dem Laufenden."

„Natürlich", antwortete Chris, „und Chef: Heute sieht Ihr Schnorres wirklich prächtig aus." Mit diesem Kompliment verließ sie schnell sein Büro und eilte zu dem geplanten Teammeeting.

„Es gibt wirklich schon viele klasse Frauen", dachte Jo, nachdem er mal wieder einen tollen Abend mit einer solchen verbracht hatte. Es war ein sonniger Morgen auf seinem schönen Anwesen in der Mühle, die in der Nähe von Wendelsheim lag. Jo hatte sie von seinem Vater vor acht Jahren vererbt bekommen, da er dessen einziger Sohn war. Er saß beim

Frühstück und ließ seine Blicke über die weiten Felder, den Wald und seinen Garten schweifen. An einem Schuppen, rechts am Grundstück gelegen, blieben sie hängen.

„Warum reiße ich dieses alte scheußliche Ding, denn nicht endlich ab?", dachte er mit einem Anflug von Traurigkeit, „dann würden vielleicht nicht immer wieder die schlimmen Erinnerungen aus meiner Kindheit aufkommen."

Er stand auf, nahm sein Badetuch, sprang in seinen Naturpool und schwamm ein paar Runden. Danach ließ er sich auf einer Liege nieder. Dort musste er aber immer wieder an seinen Vater denken.

Sein Vater hatte sich im Laufe von Jos Kindheit zu einem strengen Choleriker entwickelt, ganz besonders nachdem Jos Mutter ihn verlassen hatte. Der Vater, der hin und wieder auch zu Gewalt neigte, hatte nie Zeit für sie und sie fühlte sich wohl sehr einsam.

Manchmal nahm er Jo zu seinem Arbeitsplatz mit. Jos Vater war mit der Entwicklung von Kränen beschäftigt, er war der schlaue Kopf der Firma, in der er arbeitete – und sein Arbeitsplatz war für Jo natürlich interessanter, als zu Hause mit seinem Spielzeug zu spielen. Vor allem wenn sie sonntags in der Firma waren, denn dann durfte Jo tatsächlich diese riesigen Kräne bedienen. Allein das Erklimmen der Leiter bis zum Führerhaus des Krans war für Jo besser als eine Fahrt mit einer Achterbahn im Freizeitpark. Die technische Entwicklung der Kräne schritt voran, nach einigen Jahren hatte der eine oder andere Kran einen Außenlift für maximal zwei Personen und sein Vater wurde von der Entwicklungsabteilung in den Vorstand berufen.

Vater und Sohn führten ihre „Familientradition" auch noch nach der Trennung der Eltern fort. Aber seit dieser Zeit hatte sich sein Vater stark verändert. Die Trauer und der Verlust, die durch das Verlassen seiner Frau entstanden waren, kompensierte er mit Handgreiflichkeiten gegenüber seinem Sohn.

Ein spezielles Hobby seines Vaters war die Jagd. Doch Jo erkannte schon als Kind, dass seinem Vater die Präparierung des Wilds wichtiger war als das Jagen selbst.

Besonders deutlich war ihm in Erinnerung, dass sein Vater ihn immer an einem Regentag nötigte, im Schuppen die Kadaver auf dem Metzgerblock mit der Klinge zu bearbeiten. Das machte Jo nur widerwillig, weil er sich damals vor dem Blut und den Kadavern ekelte. Doch wenn Jo sich weigerte, dies zu tun, setzte es eine gehörige Tracht Prügel.

Dazu fesselte Jos Vater ihn mit einer Kordel an den Armen und an den Beinen über dem Metzgerblock und schlug mit einem roten Ledergürtel, den er nach dem Auszug seiner Frau behalten hatte, auf

Jos blanken Po ein. Jo konnte mehrere Tage danach nicht mehr gerade auf einem Stuhl sitzen.

Er erwachte wie in Trance aus diesen Gedanken und suchte in seinem Smartphone eine Adresse von einem Abrissunternehmen in der nahen Umgebung. Nach einigen Telefonaten hatte er tatsächlich eines gefunden, das innerhalb der nächsten Woche den Schuppen endlich abreißen konnte. Mit dem Polier vereinbarte er einen Vor-Ort-Termin für die kommende Woche.

Beim Eintragen des Termins in seinen Kalender stellte Jo überrascht fest, dass es am Wochenende beziehungsweise montags drauf schon wieder Zeit für den Vollmond war. „Plus minus einen Tag, das wird für meine Trophäe nicht so schlimm sein", dachte er und grinste vor sich hin. Eilig öffnete er die Seite *unserwetterinrheinhessen.de* und erkannte beruhigt, dass es in der Nacht von Samstag auf Sonntag regnen sollte.

„Perfekt", dachte er und lief zügig ins Haus, um sich für seine Arbeiten vorzubereiten, denn nun war es an der Zeit, sein nächstes Opfer auszuwählen!

Franz

„Fiona, könnten Sie mir bitte im Internet heraussuchen, wo am Wochenende etwas los ist? Ein Weinfest oder so etwas Ähnliches?", fragte der Chef am Freitagmorgen seine Sekretärin.

„Natürlich, Herr von der Elz, mache ich sofort."

„Ach, und fragen Sie Herrn Lüning, ob er so in einer Stunde Zeit für mich hat", fügte Marius noch hinzu.

Auf dem Weg zu Marius' Büro begegnete Klaus Lüning einem seiner Auszubildenden, dem achtzehnjährigen Paul Dechent. „Hallo, Paul, was ist denn mit dir passiert? Woher hast du das blaue Auge?"

Paul blickte verlegen zu Boden. „Guten Tag, Herr Lüning. Das zu sagen ist mir sehr peinlich."

„Paul, komm lass uns in die Kaffeeküche gehen."

Sie liefen ein paar Meter weiter und setzten sich dort auf die gemütliche dunkelrote Couch.

„Mensch, Paul, wir kennen uns doch nun schon seit dem Tag, als du mit deiner Klasse mein Unternehmen besichtigt hast. Über zehn Jahre. Also, was war los?"

„Herr Lüning, ich habe mal wieder mit der Faust meines Vaters Bekanntschaft gemacht, weil ich ihn nicht aus der Dorfkneipe ‚Brunnenstübchen' in meinem Ort abgeholt habe und er zu Fuß nach Hause laufen musste. Bitte behalten Sie das für sich. Ich habe den Kollegen nämlich etwas anderes erzählt, aber Sie möchte ich nicht anlügen."

Klaus sah Paul mitleidig an, klopfte ihm freundschaftlich auf die Schulter und sagte: „Es wird schon wieder!"

Auf dem Weg zu Marius wurde Klaus bewusst, dass Paul zu Hause in Gau-Odernheim wohl sehr viel körperliche Gewalt ertragen musste. Er hatte Pauls Vater bei dem letzten Betriebsfest kennengelernt: ein unansehnlicher, schmächtiger blonder Kerl mit einem fiesen Lachen. Schon damals war ihm das aggressive Verhalten des Vaters gegenüber seinem Sohn aufgefallen. Seine Gedanken waren immer noch bei Paul, als er das Büro von Marius von der Elz erreichte.

Wenige Augenblicke später saßen Klaus und Marius gemütlich im Büro zusammen und genossen frisch aufgebrühte Kaffeespezialitäten.

„Was ist los mit dir, Klaus?", fragte Marius, der spürte, dass Klaus etwas umtrieb.

„Tja, wenn man nur irgendwie die Gewalt aus der Welt verbannen könnte …" Ein tiefer Seufzer durchfuhr Klaus' Körper und er erzählte Marius die Geschichte Pauls und dass sich dessen Vater immer wieder in einem gutbürgerlichen Restaurant in Gau-Odernheim betrank.

„So ein Drecksack! Sorry, ich kenne den Vater aus meiner Schulzeit. Mit ihm war damals schon nicht gut Kirschen essen. Vielleicht sollte ich ihn mir mal vornehmen. Er sitzt oft im Gasthaus ‚Brunnenstübchen' in meinem Nachbarort. Dort kann man übrigens einen guten Saumagen mit Kraut essen."

Klaus bemerkte, wie wütend Marius war, und wollte schnell das Thema wechseln. In diesem Moment sprach von der Elz aber auch schon weiter:

„Klaus, ich habe heute Morgen mit Herrn Schmitz gesprochen. Wir werden nächste Woche die Windräder in der Gemarkung Erbes-Büdesheim in Betrieb nehmen können. Heute wird tatsächlich das letzte fertiggestellt."

„Dann hat es doch geholfen, dass ich mit dem Vorstand der Firma Hebmichhoch AG eine Runde Golf gespielt habe", meinte Klaus scherzend und fügte hinzu: „Weißt du eigentlich, dass er uns noch am gleichen Tag nach der Golfrunde drei weitere Kräne zu Verfügung gestellt hat?"

„Nein, das wusste ich nicht. Aber das erklärt, warum wir unseren Zeitplan nun doch einhalten konnten. Vitamin B ist das halbe Leben, Klaus. Super gemacht. Wenn ich dich nicht hätte! Ich danke dir! Das sind wirklich gute Nachrichten. Dann kann die Inbetriebnahme ja nächste Woche an den Netzbetreiber gemeldet werden. Klaus, behalte das bitte im Auge, okay?"

„Klar, mache ich." Mit diesen Worten verabschiedete sich Klaus Lüning und verließ den Raum.

Zwischenzeitlich hatte sein Herzblatt mehrfach angerufen. Er wählte Chris' Rufnummer und am anderen Ende meldete diese sich hocherfreut.

„Na, mein Sonnenschein, hast du die letzte Zeit gut geschlafen und hoffentlich auch viel von mir geträumt? Tut mir leid, dass ich mich nicht gemeldet habe, aber im Betrieb ging es drunter und drüber!"

Chris fragte ihn, ob sie sich eventuell am Wochenende treffen könnten. „Vor Sonntag wird es leider kaum gehen, mein Schatz, ich muss die Planung unserer neuen Anlage überprüfen und die an den Betreiber melden. Ich werde versuchen, dass dies bis Sonntag erledigt ist, versprochen."

Nach dem Gespräch legte Chris den Hörer auf. Sie war etwas traurig, weil sie Klaus diese Woche noch nicht gesehen hatte, und überlegte, was sie mit ihrem Wochenende anfangen könnte. Da fiel ihr das Buch ein, das Rezi ihr zum Geburtstag geschenkt hatte – der Titel erschien ihr sehr interessant: *„Prinzen und Prinzessinnen gibt es nicht! Augen auf im Showgeschäft! Was Ihr unbedingt über Männer und Frauen wissen solltet!"*

„Na, dann werde ich mich mal an dieses Werk heranwagen, vielleicht gewinne ich ja neue Erkenntnisse bezüglich der Liebe", dachte sie, verließ ihr Büro und machte sich auf den Weg nach Hause.

Als sie nach fünfzig Minuten angekommen war, stand ein schöner Blumenstrauß vor ihrer Haustür. „Welch eine zauberhafte Idee von Klaus", murmelte Chris vor sich hin und schaute sich die dazugehörige Karte an. Ihre Augen erblickten jedoch eine bekannte Handschrift – und die war von Sven! Chris befand sich im Zwiespalt und wusste nicht, was richtig oder falsch war.

Es war bereits dunkel, als Jo mit seinem Wagen am nächsten Abend langsam am Gasthaus vorfuhr. Auf dem Parkplatz war kein Fahrzeug mehr zu sehen. Jo sah durchs Fenster in das Innere des Restaurants. Dort saß an einem Tisch ein schmächtig wirkender Mann, der wohl schon stark angetrunken war. Jo rückte seine Baseballmütze tief ins Gesicht, zog seine Lederhandschuhe an und betrat den Schankraum.

Er bestellte an der Theke bei der Wirtin ein Bier und einen Korn und setzte sich an den Tisch des Betrunkenen. „Guten Abend", sagte er höflich.

„Es ist kein, hicks, guter Abend für mich. Mein Balg war schon wieder frech zu mir, dem habe ich es aber gezeigt!", sagte der Betrunkene laut und schlug dabei mit der Faust auf den Tisch.

„Franz, mach nicht so einen Krach und stör den Gast nicht", sagte die etwa achtzigjährige Wirtin, als sie das Bier und den Korn brachte.

„Danke, Marie", lallte Franz und die Wirtin ging zurück in die Küche, wo sie sich mit dem Geschirr beschäftigte.

Sie ließ den Abend Revue passieren und dachte an den netten, gut angezogenen Herrn, der heute ihren Saumagen so gelobt hatte. „Irgendwie kam der mir bekannt vor", dachte sie und plötzlich fiel es ihr wie Schuppen von den Augen. „Das war ein hohes Tier von der Wind Solar & More AG aus Wörrstadt! Tja, mein Saumagen ist halt so bekannt, dass selbst die Prominenz zu mir kommt." Beim letzten Betriebsfest hatte sie ihn kennengelernt, als sie Paul Dechent, ihren Neffen, dazu begleitet hatte. Sie summte das Lied „Legt die Sau mit dem Eber einen Tango aufs Parkett" vor sich hin und widmete sich weiter dem Geschirr und den Töpfen.

„Hast du ein Auto? Kannst du mich vielleicht nach Hause fahren?", lallte der Betrunkene. „Irgendwie kommst du mir bekannt vor, hicks."

„Klar, mache ich." Jo ließ in der Nähe des Betrunkenen wie zufällig ein Zwei-Euro-Stück auf den Boden fallen.

Dieser bückte sich und holte etwas schwerfällig das Geldstück unter der Bank hervor. „Du musst besser auf deine Kohle achten, mein Lieber, hicks", plapperte der Betrunkene vor sich hin.

Jo hatte in der Zwischenzeit unbemerkt einen Mix aus K.-o.-Tropfen und Opiaten in den Korn geschüttet. „Aber lass uns erst einmal etwas trinken. Da, der Korn ist für dich", sagte Jo.

Der Betrunkene ließ sich das nicht zweimal sagen und schüttete das Getränk in den Rachen. Kurz darauf verzog er etwas angewidert sein Gesicht. Bist ein Guter …" Mehr konnte er nicht sagen, denn er fiel langsam kopfüber auf den Gasttisch in einen tiefen Schlaf.

„Na, das ging aber fix", dachte Jo und legte zehn Euro in Münzen auf den Tisch.

Dann nahm er den Arm des Mannes, legte diesen über seine Schulter und schleppte ihn, so leise es ging, durch den Gastraum zu seinem Auto. Dieses hatte er in einer dunklen Ecke hinter dem Haus geparkt. Dort verstaute er Franz Dechent im Kofferraum. Jo lief zurück zur Gastwirtschaft und schaute durchs Fenster. Dabei stellte er fest, dass die Wirtin noch nicht in den Gastraum zurückgekehrt war. Er öffnete vorsichtig die Eingangstür und lief zu dem Tisch, wo das noch volle Bier und das leere Kornglas standen, desinfizierte schnell die Gläser, den Tisch, die Bank und den Boden mit einem Spray und verschwand genauso leise, wie er gekommen war.

Als die Wirtin fünfzehn Minuten später den Raum betrat, schüttelte sie den Kopf, nahm das Geld und schloss die Gastwirtschaft um 22 Uhr mit dem Gedanken ab, dass das Benehmen der Menschheit heutzutage immer mehr zu wünschen übrig ließe, denn Franz hatte sich nicht einmal wie gewohnt von ihr verabschiedet.

Jo fuhr zügig von Gau-Odernheim in Richtung Biebelnheim, durchquerte den Ort und bog links in Richtung Autobahn ab. Er fuhr wenig später in Richtung Alzeyer Kreuz und von dort nach Erbes-Büdesheim, nahm die Ausfahrt und fuhr weiter, bis er das Orteingangsschild Wendelsheim passierte.

In seiner Mühle angekommen, trug er den Betrunkenen in den Schuppen. Der Vollmond beleuchtete ihm dabei den Weg.

Bereits am Vortag hatte Jo den Schuppen mit Folie ausgelegt, denn diese konnte er nach getaner Arbeit schnell und problemlos beseitigen. „Die Betäubung wird schätzungsweise noch gut fünfundzwanzig

Minuten anhalten", dachte er, „also noch genügend Zeit, um reinlich zu sein."

Er zog sich einen Plastikoverall an und streifte sich die Maske über. Danach entkleidete er das Objekt seiner Begierde, legte es auf die Fliesen im Schlachtbereich und spritzte Franz Dechent vorsichtig mit dem Dampfreiniger ab, da dieser sehr unangenehm roch. Franz fing an, sich zu bewegen, fiel jedoch sofort wieder in eine Starre. Nun trocknete Jo ihn sorgfältig ab und rieb seinen Körper mit Rosenwasser ein.

„Du musst für Gott und mich gut duften, wenn ich mit dir später das Reich der Lust betreten werde und er uns dabei zusieht", flüsterte Jo leise. Er legte den Bewusstlosen über den zuvor mit Plastik versehenen Metzgerblock, spreizte dessen Beine und Arme und band diese jeweils an einem der vier Beine des Blocks fest.

Aus zwei dunkelroten Rosen bastelte er liebevoll ein Kreuz, stellte die vier Spiegel so auf, dass er den Block von allen Seiten im Visier hatte, legte ein Kondom bereit und zündete die Kerzen an.

„Welch eine Vorfreude! Komm, mein Lieber, wach endlich auf", dachte Jo.

Kurz darauf erwachte der Betrunkene mit den Worten: „Was soll der Scheiß?"

Jo dimmte das Licht. „Es wird dir gleich sehr gut gehen, mein Lieber", hauchte er Franz ins Ohr.

„Hattest du schon mal grandiosen Analverkehr?",
fragte er fast liebevoll. „Wir werden gleich viel
Freude aneinander haben."

Jos Glücksbringer stand schon seit einiger Zeit
parat. Er öffnete eine Packung Kondome, nahm eines heraus und stülpte es über seinen Penis. Zusätzlich trug er etwas Gleitgel auf, denn erst einmal
wollte er sich die Stimmung durch die schmerzvol-
len Schreie seines Gegenübers – nicht wie beim letzten Mal – verderben lassen.

Nun drang er fast zärtlich in Franz ein.

„Auuuu, hör auf, bist du verrückt, das tut mir
weh, hör auf, du Depp, ich bin doch nicht schwul!",
schrie Franz Dechent, der nicht so recht wusste, wie
ihm geschah.

Durch diese Worte ließ sich Jo aber nicht beirren,
im Gegenteil, sie machten ihn an und er wurde for-
dernder. Seine Bewegungen wurden schneller und
härter und er beobachtete sein lustvolles Spiel in den
verschiedenen Spiegeln im Raum. Sein Opfer schrie
nun vor Schmerzen.

„Sei still, sonst kann ich meinen Ritt nicht genießen", keuchte Jo ihm ins Ohr.

Doch es kam, wie es kommen musste: Durch die
lauten Schreie ejakulierte Jo zu früh. „Mein Gott,
mein großer Freund, das müssen wir noch üben. Das
nächste Mal werden wir es wieder mit der blauen

Tablette versuchen, du hältst leider nicht lange genug durch."

„Mit wem sprichst du?", jammerte der Betrunkene, noch immer benommen.

„Halt endlich deinen Mund und spare deine Kraft. Du wirst sie gleich noch brauchen", erwiderte Jo zornig.

„Wie meinst du das?", fragte Franz schwach, denn er hatte höllische Schmerzen im Analbereich.

Jo nahm einen Stift und zeichnete eine große Herzhälfte auf die linke Pobacke von Franz. „Wenn du schon kein herzförmiges Hinterteil hast, muss ich daraus halt eines machen!"

„Was meinst du damit?", schrie Franz Dechent wie von Sinnen.

Bei diesen Worten griff Jo nach seinem großen scharfen Messer und fing an, eine Herzhälfte aus dem Po des Angetrunkenen herauszuschneiden. Solche unmenschlichen Schreie hatte die Mühle bisher noch nie zu hören bekommen.

Als Jo seine Trophäe herausgeschnitten hatte, wurde sein Opfer endlich ohnmächtig. Jo legte die Pobacke vorsichtig in das von ihm präparierte Wasserbad, bemalte die Lippen des Betrunkenen mit dem alten, spröden Lippenstift seiner Mama Klaudia und führte dann die Klinge durch den Hals des ohnmächtigen Opfers, genauso wie er es vor Jahren

nach der Jagd mit seinem Vater bei den Tieren ge-
lernt hatte. Dann blutete Franz Dechent in ein dafür
vorgesehenes Behältnis aus.

Etwas später wickelte Jo den Leichnam sorgfältig
in die Plastikfolie ein und legte dieses Paket in den
Kofferraum seines speziell für diese Zwecke vorgesehenen Fahrzeugs. Schnell zog er sich einen frischen Ganzkörper-Overall und Handschuhe an,
denn die Zeit wurde knapp: Bald würde es zu regnen beginnen.

Jo fuhr in die Gemarkung Erbes-Büdesheim und
parkte auf dem Betonweg unweit der Windräder in
Richtung Alzey-Heimersheim. Dort zog er fix neue
Gummistiefel an, die er zwei Nummern größer ge-
kauft hatte. Natürlich hatte er im vorderen inneren
Bereich der Stiefel Gewichte befestigt, damit diese
Manipulation nicht ans Licht kommen konnte, falls
die Polizei doch Fußabdrücke finden sollte.

Glücklicherweise war die Leiche nicht zu schwer.
Jo trug sie zum mittleren Windrad und band sie mit
einem starken Tau am unteren Ende des Turms mit
dem Gesicht zum Turm fest, sodass der Rücken zu
ihm zeigte. Dann umwickelte er den Turm des
Windrads mit einem roten Seil, welches er selbst ein-
gefärbt hatte. Das gab dem toten Körper einen weiteren notwendigen Halt.

Noch bevor es zu regnen begann, war sein zweites Meisterwerk vollendet. Jo sah es sich gönnerhaft an – inzwischen hatte er auch schon die zu einem Kreuz gebundenen Rosen an der Stelle drapiert, wo sich die linke Pohälfte befunden hatte. „Wie sagte schon mein Vater: ‚Gute Planung ist das halbe Leben.‘"

Mit diesen Gedanken verließ er schnell den Ort seiner Wollust, denn auch hier war er schon wieder gekommen.

Kurze Zeit später, als er seine Mühle erreicht hatte, überlegte Jo, dass er den Schuppen doch nicht abreißen lassen wollte, denn er würde ihn bestimmt noch brauchen können. Just in diesem Moment fing es an zu regnen.

Jo ging ins Haus und nahm ein entspannendes Bad im Rosenwasser. Am nächsten Mittag rief er das Abrissunternehmen an, sprach auf das Band und stornierte den Abrisstermin.

Schon früh am Morgen waren die Mädels vom Landfrauenverein Uffhofen mit ihren Nordic-Walking-Stöcken unterwegs. Die Wandergruppe wollte zu einer Anhöhe gelangen, dort ein Sektfrühstück einnehmen und die Vogelwelt mit dem Fernglas beobachten. Die fünf Damen liefen von Uffhofen in Richtung Gespenstermühle, bogen dort links in einen Feldweg ab und wanderten in Richtung Aulheimer Tal.

Dort angekommen stellte Lisa fest, dass sie dringend „austreten" müsste.

„Geh hoch und setz dich da oben hinter den Trulli, sagte ihre Freundin Paula. „Wir laufen langsam weiter, den Weg in Richtung Heimersheim."

„Ja, das mache ich, ich kann es kaum noch aushalten." Mit diesen Worten verließ Lisa schnell die Truppe, um ihre Notdurft zu verrichten.

„Na allee dann, lasst uns weitergehen", sagte Paula zum Rest der Gruppe.

Lisa ging quer über den Weinberg, was sehr anstrengend war, denn der Boden war vom starken Regen der letzten Nacht aufgeweicht und der Lehmboden blieb an ihren Schuhen kleben.

Oben angekommen, entleerte sie sich und entschloss sich dann, da sie schon mal hier oben war, ihr Fernglas zu benutzen. Mit diesem vor Augen drehte sie sich langsam um 360 Grad um ihre eigene Achse und entdeckte dabei etwas Merkwürdiges.

Sie rieb sich die Augen, reinigte die Gläser des Fernglases und versuchte erneut festzustellen, was sich dort hinten am mittleren Windrad in Richtung Heimersheim befand. „Oh, wer hat sich denn da einen solchen Spaß erlaubt?", dachte Lisa, als sie das Objekt etwas näher herangezoomt hatte.

Eilig packte sie das Fernglas in die Tasche und lief den Hang hinab. Zehn Minuten später erreichte sie ganz außer Atem ihre Gruppe.

„Eh, Mädels, lasst uns mal in Richtung Windräder laufen. Ich habe mir oben am Trulli kurz die Zeit genommen und mir die Gegend mit dem Fernglas angesehen. Übrigens, ein toller Blick von da oben! Dabei habe ich eine merkwürdige Entdeckung gemacht. Irgendjemand hat sich wohl einen Scherz erlaubt und eine Schaufensterpuppe am mittleren Windrad befestigt."

Ihren Ausführungen folgte das Gelächter der Landfrauen. Nun machten sich die Mädels jedoch auf den Weg in Richtung Windräder. Nach achtzehn Minuten Marsch auf der Anhöhe angekommen, sahen die Frauen durch ihre Ferngläser in Richtung des mittleren Windrades. Wie auf Kommando fingen sie gemeinsam an zu schreien, denn sie sahen etwas Schreckliches!

Lisa holte mit zitternden Händen ihr Handy aus der Hosentasche heraus, wählte aufgeregt den Notruf und stellte die Freisprechanlage auf laut.

„Polizeinotruf, Hauptwachtmeister Kaiser."

„Lisa Klenke, schrie sie ins Telefon. „Kommen Sie schnell, hier hängt eine Leiche."

„Lisa, die hängt nicht, die steht!", brüllte Paula ins Handy.

„Beruhigen Sie sich bitte, meine Damen. Wo befinden Sie sich?"

Wie von Taranteln gestochen schrien die Frauen gleichzeitig ins Telefon: „Wir befinden uns im Windpark Heimersheim außerhalb von Erbes-Büdesheim!"

Hauptwachtmeister Markus Kaiser eilte in Rainer Bläsers Büro. Rainer saß heute in Alzey, weil er noch den Abschlussbericht von seinem letzten Fall für seinen Chef anfertigen musste und er an diesem Sonntag ohnehin nichts Besseres vorhatte.

„Eh, Rainer, halt dich fest, es gibt wohl schon wieder eine Leiche, und diesmal im Windpark in Erbes-Büdesheim."

„Das glaub ich ja jetzt nicht!", sagte Rainer überrascht. „Ich gebe sofort unserem SoKo-Team in Mainz Bescheid und fahre zum Fundort."

„Nimm am besten Archi und den großen Bus mit, es gibt nicht nur eine, sondern gleich fünf Zeuginnen, die zu befragen sind, und die anderen Kollegen sind alle unterwegs. Es handelt sich um eine Nordic-Walking-Gruppe aus Uffhofen, und die sind total durch den Wind. Ich werde gleich im DRK-Krankenhaus in Alzey anrufen, damit die einen Krankenwagen hinschicken", sagte Kaiser.

Klaus streifte seine speckige Lederjacke über und ging schnell ins Kellergeschoss. Dort angekommen, traf er Archi über einem Berg von Akten.

„Hast du auch so eine schöne Arbeit vor dir wie ich heute, und das an einem Sonntag?", fragte er Archi sarkastisch und fuhr fort: „Oder hast du Lust auf eine Luftveränderung? Ich könnte dich bei einem neuen Mordfall als Beistand und Übersetzer für fünf Frauen gebrauchen, denn die anderen Kollegen sind alle im Einsatz."

„Das ist ja mal eine willkommene Abwechslung, Rainer, und gleich ein paar Frauen, das hört sich doch gut an", sagte Archi und schob noch ein „Klar, mache ich gerne" hinterher. Er nahm seinen Schirm und zog eine Regenjacke über.

Auf dem Weg zum Einsatzfahrzeug rief Rainer Chris an und teilte ihr den Stand der Dinge mit. Chris erwiderte, dass sie mit Pascal, Arzu und dem Rechtsmediziner in etwa fünfundvierzig Minuten am Windpark zwischen Heimersheim und Erbes-Büdesheim eintreffen würde.

„Ah, da muss es sein, schau, Rainer, dor drübbe." Archi zeigte mit dem Zeigefinger in Richtung Heimersheim.

Aus ungefähr einen Kilometer Entfernung sahen sie vor den Windrädern eine Gruppe von Frauen stehen. Der Krankenwagen war bereits eingetroffen. Drei Minuten später hatten sie den Fundort erreicht und das wilde Geplapper und Geschreie der Frauen ging los. Jede der Zeuginnen wollte etwas von sich geben, dabei überschlugen sich ihre Stimmen.

„Ruhig, Mädcher, ruhig", sagte Archi lautstark, „kumm, hoggt euch a mol dor uff die Stee her." Er zeigte auf drei große Steine vor dem Windrad. „Jetzt erzählt a mol, ehr noch de anner, was passiert is", fuhr er fort. „Und wenn es jemond von eich nitt so gut geht, kann er zu de Sanitäter gehe."

Die Frauen quasselten wieder wild durcheinander.

„Stopp, ich fong mit dir ooohh", unterbrach Archi und zeigte mit dem Finger auf Lisa. „Komm mit in de Bus."

In diesem Moment kam Rainer auf ihn zu und flüsterte: „Archi, bitte lass das, ich versteh kein Wort."

„Du hast gesagt, du brauchst mich als Dolmetscher! Wie soll ich denn dolmetschen, wenn ich denen keinen Anlass gebe, mit mir rheinhessisch zu sprechen?" Archi räusperte sich und lief, ganz wie eine beleidigte Leberwurst, mit Lisa zum Erkennungsbus. Dort fuhr er nun mit der Befragung – natürlich auf Hochdeutsch – fort.

Kurz darauf traf auch das restliche Team ein. Allen voran Chris. „Gude Mosche, Rainer, das darf doch nicht wahr sein! Schon wieder ein Windrad!" Sie blickte in Richtung Fundort.

Rainer Bläser dachte: „Jetzt fängt die auch noch mit dem rheinhessischen Dialekt an ...", grüßte dann aber freundlich zurück. „Ja, Chris, aber Gott sei Dank ist er diesmal nur am Turm befestigt."

Dann schlüpften alle in ihre Ganzkörper-Overalls und begaben sich in Richtung des Opfers. Dort angekommen „stand" vor ihnen ein wohl etwa Mitte 50-jähriger schlanker, blonder, nackter Mann auf einem großen Stein. Die Person war mit einer Kordel und einem dicken dunkelroten Seil am Turm des Windrades befestigt. Dem Opfer fehlte diesmal jedoch die linke Pobacke. Aber wie bei Angie waren auch hier rote Rosen zu einem Kreuz gebunden und in der klaffenden Öffnung drapiert.

„Ach du Schande, wir haben es mit einem Serienmörder zu tun", raunte Pascal.

Da die SoKo Details des letzten Mords – wie das aus Rosen gebundene und drapierte Kreuz – nicht an die Presse weitergegeben hatte, konnte nur derselbe Täter darüber Bescheid wissen, ein Nachahmer schien ausgeschlossen.

„Und schauen Sie mal nach oben." Pascal zeigte auf die Motorenanlage oberhalb der Rotorenblätter. Dort stand mit fetten Buchstaben: WIND & MORE.

„Schon wieder das Wörrstädter Unternehmen", stöhnte Chris.

Arzu gesellte sich zu ihnen und sagte: „Na, Chris, wie war deine Verabredung gestern?"

„Die ist leider ins Wasser gefallen, er hatte zu viel zu tun und eigentlich wollten wir uns heute treffen", erwiderte Chris Wiesbacher.

Arzu stellte lakonisch fest: „Wenn ich überhaupt heute von einem Vorteil sprechen darf: Zum Glück brauchen wir diesmal keinen Kran."

Pascal und Chris sahen sie kopfschüttelnd an.

Ein Teil der Polizisten sperrte den Fundort ab und Arzus Team sicherte vorsichtig eventuelle Spuren. Der andere Teil suchte den Ort des Geschehens weitläufig bezüglich weiterer Spuren ab. Ein Mitarbeiter von Arzu ließ eine Drohne über den Fundort fliegen, um Fotos anzufertigen. Etwas später wurde der Leichnam vom Team des Rechtsmediziners Rauschelbart vorsichtig vom Turm des Windrads entfernt und unter das Schutzzelt gelegt.

Es handelte sich bei dem Opfer um einen Mann mit einem Dreitagebart. Jedoch passte der Duft von Rosenwasser und der dunkelrote Lippenstift so überhaupt nicht zu ihm.

Chris erwähnte Rainer gegenüber beiläufig, dass sie einen Mann mit Bart überhaupt nicht gut finde und prompt fuhr sich Rainer mit seiner Hand durch den Bart.

Viktor Rauschelbart erschien, um mit seiner äußeren Leichenschau den Zustand des Leichnams zu prüfen. Dabei stellte er fest, dass die Leichenstarre noch nicht vollständig eingesetzt hatte, woraus er folgerte, dass der Zeitpunkt des Todes zwischen 24 Uhr und 2 Uhr vergangener Nacht gewesen sein müsste. Mit den Worten: „Mehr nach der Obduktion", verließ der Chef der Rechtsmedizin den Fundort.

„Ach du meine Güte, ich habe verschlafen!" Mit diesem Gedanken verließ Paul Dechent blitzschnell das Bett, denn er musste heute als Tormann beim Fußballspiel gegen Oppenheim seine Mannschaft unterstützen.

Gestern Abend hatte er noch mit seinem Freund und Kollegen Ivan bei diesem zu Hause in Saulheim gezockt. Ivan hatte ein neues Game besorgt. Dieses Spiel war so klasse und faszinierend, dass sie darüber die Zeit aus den Augen verloren und fast die ganze Nacht durchgespielt hatten.

Auf dem Weg zum Bad fiel ihm die seltsame Stille im Haus auf und er dachte, dass sein Vater vermutlich mal wieder seinen Rausch ausschlafe. Paul bemühte sich, leise zu sein, und verließ das Haus nach einem kurzen Frühstück in Richtung Parkplatz.

In der Höhe der Kirche kam ihm seine Tante, die Wirtin des Gasthofs, entgegen.

„Guten Morgen, Tante Marie."

„Guten Morgen, mein Bub. Du, ist dein Vater gestern Abend gut nach Hause gekommen?"

„Wie meinst du das?", fragte Paul.

„Tja, das war gestern Abend merkwürdig. Er saß mit einem fremden Mann am Stammtisch, ich brachte den beiden ein Bier und einen Korn. Hinter der Theke sah ich noch, wie dein Vater den Korn getrunken hat, obwohl er so etwas eigentlich nicht mag, und bin dann in die Küche zum Aufräumen gegangen. Ich habe das komplette Geschirr selbst von Hand abgespült, da Theresa wieder mal krank war."

„Und weiter?", fragte Paul, nun doch ein wenig beunruhigt.

„Wie gesagt, ich war in der Küche mit dem Geschirr beschäftigt, und als ich wieder den Schankraum betrat, waren beide Männer ohne Verabschiedung verschwunden. Aber du weißt ja: Egal, wie betrunken dein Vater ist, er kommt immer noch mal in die Küche und sagt Tschüss."

Paul wurde es etwas flau im Magen. Er entschloss sich umzukehren und lief sofort nach Hause. Dort öffnete er vorsichtig die Schlafzimmertüre seines Vaters und erstarrte. Das Bett vor ihm war tatsächlich leer!

Gegen 9.30 Uhr rief er auf dem Polizeirevier in Alzey an und meldete seinen Vater Franz Dechent als vermisst.

Chris war mit sich selbst unzufrieden und fragte sich, warum sie und ihr Team in den vergangenen vier Wochen nicht in der Lage gewesen waren, den Mörder dingfest zu machen. In Gedanken versunken, wurde sie von Arzu gestört.

„Du, Chris", flüsterte die SpuSi-Chefin leise, „es ist hundertprozentig der gleiche Täter! Ich fand am

Rand des Betonwegs den klitzekleinen Abdruck einer Reifenspur, obwohl es so geregnet hat. Ich habe diesen unter Zuhilfenahme meines Tablets mit dem Reifenabdruck vom letzten Mord verglichen. Es ist der gleiche Reifen!"

„Arzu, du bist die Beste! Zumindest eine Spur!" Chris zeigte Arzu den Daumen nach oben und ging anschließend zu ihrem Fahrzeug, an dem Rainer bereits stand und telefonierte.

Als er aufgelegt hatte, sagte er: „Chris!"

„Ja, Rainer?"

„Wir sollten uns auf den Weg nach Gau-Odernheim in die Mainzer Straße machen. Ein Paul Dechent hat seinen Vater Franz Dechent telefonisch als vermisst gemeldet. Blond und schlank, das hat mir die Alzeyer Dienststelle soeben mitgeteilt", informierte Rainer sie.

„Hast du ein Foto vom Opfer gemacht?", fragte Chris.

„Klar, habe ich. Du weißt doch: Auf mich ist Verlass!"

Chris ging zu Pascal Leckerer, der bei Arzu am Bus stand, und bat diesen, ins Revier nach Mainz zu fahren und ein zweites Whiteboard zu organisieren.

„Es wäre nett von Ihnen, wenn Sie auch noch ein paar Mettbrötchen von der Tankstelle mitbringen könnten. Ich glaube, nicht nur mir knurrt der Magen", sagte Chris mit Blick auf die anderen.

„Und für mich bitte ein Käsebrötchen, bitte", rief Arzu dazwischen.

„Ich bin zwar nicht Ihr Dienstmädchen, aber ich will mal heute ausnahmsweise nicht so sein!", erwiderte er, nickte und lächelte.

„Und Archi, würdest du bitte mein Auto nach Mainz fahren und die Tüte mit dem Brot vom Schreibtisch, die ich vergessen habe, mitbringen? Ich werde dich dann heute Abend wieder mit nach Hause nehmen. Du kannst ja mal zwischenzeitlich Rezina besuchen, die weiß auch schon Bescheid."

Archi nickte Chris hocherfreut zu und meinte: „Klar, ich deet nämlich doch ach gern a Mettbrötsche nemme."

Rainer und Chris lachten, gingen zu dem grasgrünen VW Käfer und machten sich auf den Weg. „Mein Gott, zwei so brutale Morde in meiner schönen Gegend, was für eine Welt!" In Chris' Kopf wirbelten die Gedanken wild durcheinander.

Sie fuhren vor einem älteren, aus den berühmten Flonheimer Sandsteinen erbauten Gebäude vor. In diesem Moment öffnete sich schon die Haustür. Ein blass aussehender junger Mann mit Sporttasche war dabei, das Haus zu verlassen. „Paul Dechent?", fragte Rainer.

„Ja, der bin ich. Wer will das wissen?", fragte der junge Mann zögerlich.

„Rainer Bläser, Polizeiinspektion Alzey und Chris Wiesbacher, Kripo Mainz." Die Beamten zeigten ihre Dienstausweise.

„Wir haben ein paar Fragen an Sie. Können wir bitte ins Haus gehen?", fragte Chris.

Paul öffnete die Tür und ging mit seinem Besuch in ein zwar kleines, aber sehr nett eingerichtetes Wohnzimmer. „Um was geht es denn? Darf ich Ihnen etwas zu trinken anbieten?", fragte Paul fürsorglich.

Chris erwiderte: „Nein, danke, Herr Dechent."

„Paul, bitte", sagte dieser.

„Also, Paul, ich fürchte, wir müssen Ihnen eine traurige Nachricht überbringen. Wir glauben, dass Ihr Vater tot ist", sagte Chris.

„Würden Sie sich bitte das Foto ansehen, ob Sie die Person erkennen?", fragte daraufhin Rainer und übergab Paul sein Handy.

Paul nahm das Handy. Nach einem kurzen Blick ließ er es auf den Teppich fallen und fing bitterlich an zu weinen. „Wieso ist er tot? Er war doch noch gestern Abend im ‚Brunnenstübchen'! Das ist die Gaststätte in der Ortsmitte!", fügte er hinzu. „Was ist mit meinem Vater passiert? Wo haben Sie ihn gefunden?", flüsterte er tränenerstickt.

„Wir fanden ihn in Richtung Erbes-Büdesheim", murmelte Chris leise und legte ihre Hand vorsichtig auf Pauls Arm.

„Erbes-Büdesheim? Wie kommt er denn dorthin? Und wie ist er denn gestorben?", wollte Paul wissen und blickte Chris mit großen verweinten Augen fragend an.

„Dazu liegen uns noch keine Erkenntnisse vor. Eine Gewalttat können wir jedoch nicht ausschließen, Paul", fuhr Chris behutsam fort. „Und ich muss Ihnen leider noch eine Frage stellen: Können Sie uns sagen, wo Sie gestern Abend waren?"

„Gestern Abend war ich bei meinem Freund Ivan Ratlowski in Saulheim. Er wohnt in der Wiesenstraße 3. Wir haben von 19 Uhr bis heute Morgen um 4 Uhr ein neues Spiel ausprobiert. Danach bin ich nach Hause gefahren und sofort eingeschlafen, denn eigentlich wollte ich heute zu einem Fußballspiel nach Oppenheim fahren. Ich bin doch der Tormann." Mit diesen Worten brach er wieder in einem Tränenmeer aus.

„Können wir vielleicht etwas für Sie tun?", fragte Chris mitleidig.

„Ja, danke, bitte fahren Sie mich zu Tante Marie, das ist die Besitzerin des Gasthofes, wo mein Vater gestern Abend seinen Schoppen getrunken hat, und die hat mir heute Morgen auch irgendetwas von einem Fremden erzählt."

„Das hört sich interessant an", dachte Chris.

Paul zog sich eine Jacke an, wenig später verließen die drei das Haus und fuhren zur Gastwirtschaft.

Die Wirtin war entsetzt, als sie erfuhr, dass Pauls Vater gestorben war. „Er war früher ein guter Mann, aber als seine Frau und seine Schwester bei einem Autounfall ums Leben gekommen sind, ist sein Leben aus dem Ruder gelaufen. Er hat halt zu viel getrunken und den armen Paul zu oft geschlagen", meinte diese mitleidsvoll und drückte dabei Paul fest an sich.

„Paul, er hat dich geschlagen?", fragte Chris überrascht.

„Das hat er nur getan, wenn er zu viel getrunken hatte – und außerdem wollte er das doch bestimmt nicht", schluchzte Paul und trank einen Schluck Kakao, den seine Tante zwischenzeitlich für ihn zubereitet hatte, ebenso wie zwei Tassen Tee, die sie Rainer und Chris reichte.

Die Wirtin beschrieb nun das Geschehen des gestrigen Abends. Sie konnte jedoch keine nähere Personenbeschreibung des Fremden liefern, denn durch die Kabb, die der Fremde sich tief in sein Gesicht gezogen hatte, sei er nicht zu erkennen gewesen. Die benutzen Gläser habe sie schon gespült und ihre Putzfrau hatte in den frühen Morgenstunden das Restaurant durchgewischt. Auch seien alle

Münzen mittlerweile gerollt und für die Bank fertig gemacht worden.

„Was meinen Sie damit?", fragte Rainer.

„Ei, der Gast hat zehn Euro in Münzen auf dem Tisch liegen lassen. Und wenn ich zu viele Münzen habe, staple ich sie, rolle und umwickle ich diese mit dem Münzpapier und bringe das Geld zur Bank ins Nachtschließfach", erklärte die alte Dame. Sie fuhr fort, dass sie aber eines genau wüsste: Sie habe gegen 22 Uhr das Gasthaus abgeschlossen, Franz müsste kurz davor gegangen sein.

„Gut, somit können wir die Tatzeit eingrenzen", dachte Chris und verabschiedete sich von den beiden Trauernden. „Rainer, ich würde gerne auf dem Weg nach Mainz in Saulheim vorbeifahren, um das Alibi von Paul zu prüfen."

„Das Gleiche wollte ich dir auch vorschlagen", erwiderte Rainer und gab die Adresse in sein mobiles Navigationssystem ein. Dort angekommen, öffnete ein verschlafener junger Mann, der den Spieleabend mit Paul Dechent bestätigte.

Nach weiteren zwanzig Minuten in Mainz angekommen, rannte Chris zu allem Übel in die Arme ihres Chefs Peter Böcker. „Frau Wiesbacher, auf ein Wort!"

Chris bat Rainer, schon einmal vorauszugehen.

„Chef, Sie heute hier? Herr Böcker, was kann ich für Sie tun?", sagte sie leicht genervt und verdrehte dabei die Augen.

„Bitte sagen Sie mir, dass es nicht wahr ist, was ich vor einer halben Stunde vom ersten Kriminalhauptkommissar Scholz, dem Leiter der Dienststelle aus Alzey, erfahren habe? Ich habe mich bei meinem Frühstück verschluckt! Haben wir es tatsächlich mit einem Serienmörder zu tun?"

„Ja, Chef, wir müssen leider davon ausgehen."

„Dann sorgen Sie dafür, dass die Presse unter keinen Umständen irgendetwas davon erfährt!" Damit drehte sich ihr Chef um und verschwand in Richtung Toiletten.

Nun kam ihr auf dem Flur Rezi entgegen. „Na, Chris, gab es Ärger mit dem Chef?"

„Nicht direkt, aber du weißt doch, dass er allergisch gegen die Presse ist. Rezi, ich gehe runter in die Rechtsmedizin, trinken wir danach einen Kaffee zusammen?"

„Klaro, aber ich komme jetzt gleich mit, ich muss mir mal die Beine vertreten."

Sie liefen die Treppen in das Kellergeschoss hinunter, als sie drei Minuten später die heiligen Hallen ihres Kollegen Rauschelbart betraten. Er war gerade dabei, den Intimbereich des Opfers zu untersuchen. Als er Chris und Rezi sah, legte er schnell ein Tuch über das Geschlechtsteil der Leiche.

162

„Herr Professor Dr. Rauschelbart! Glauben Sie wirklich, dass wir eine Mordermittlung brauchen, um ein Spätzje, ich meine natürlich einen Penis zu sehen?", fragte Chris süffisant und Rezi fing an zu kichern.

Er räusperte sich, sein Gesicht bekam dabei eine gewisse Röte, und er informierte sodann die Damen über die bisherigen Ergebnisse. Die Beamtinnen verabschiedeten sich von ihm, wünschten ihm noch einen schönen Sonntag und begaben sich in ein Nebengebäude in die Kantine, um ihre verdiente Kaffeepause einzulegen.

Das Geheimnis der Pfarrei

„Das war ein Samstagabend ganz nach meinem Geschmack, und schön eng war er auch noch. Wahrscheinlich war ich der Erste, der anal in ihn eingedrungen ist. Hihi, er war sozusagen noch Jungfrau. Zwar hatte ich keinen Mann geplant, aber diese Erfahrung zu machen, das war eine gute Entscheidung!" Bei diesen Gedanken wurde Jo schon wieder ganz unruhig.

„Jetzt habe ich aber ein Riesenproblem! Ich kann meine Trophäe nicht vervollständigen. So ein Mist! Für mein Werk aus Fleisch hätte ich doch planmäßig einen herzförmigen Frauenpo gebraucht. Und die Brüste haben leider auch gefehlt! Auf der anderen Seite, warum nicht! Ich habe ihn ja herzförmig aus ihm herausgeschnitten. Ich könnte ja in meinem schönen Holzrahmen rechts den Frauenpo und links den Männerpo positionieren – oder ich warte einfach auf meine nächste Muse!"

Mit diesen Gedanken lehnte er sich zurück in seinen Ohrensessel und zündete sich eine Zigarre an, als plötzlich das Telefon läutete. „Welch eine Überraschung", dachte er, als er die Rufnummer sah und ihm wurde tatsächlich warm ums Herz.

„Ja, können wir gerne machen, bis später. Ich freue mich auf dich." Jo lehnte sich entspannt zurück.

„Das Leben könnte nicht besser sein", dachte er. Nach wenigen Minuten fiel er jedoch wieder in eine Lethargie und sah die Bilder seiner Kindheit noch einmal vor sich.

Jo hatte über viele Jahre die regelmäßigen Besuche der anderen Pfarrer in Bingen beobachtet.

Irgendwann fing der Junge an, ein Tagebuch über die Besuche der Pfarrer zu führen, und er konnte dabei feststellen, dass es immer zehn Besucher waren, die nur bei Vollmond kamen, plus beziehungsweise minus einen Tag. Dies war abhängig von der Regenwahrscheinlichkeit und es musste immer zwischen Mitternacht und dem frühen Morgen regnen. Seine Mutter sah nach den Besuchen immer sehr traurig aus. Eines Tages sprach er seine Mutter darauf an, warum sie jedes Mal mit ihnen die Kellerräume aufsuchen und nicht bei ihm bleiben würde.

„Kind, wenn ich nicht mit hinuntergehe, wird uns der Pfarrer sofort aus dem Haus werfen. Und ich habe doch nicht genügend Geld, um uns ein gutes Leben und ein Dach über dem Kopf zu ermöglichen." Sie fing an, fürchterlich zu weinen, und Jo fragte sie niemals wieder danach.

Für Jo war es jedes Mal ein Nervenkitzel, wenn er nach Ankunft der Pfarrer in seine bereits zurechtgelegte dunkle Kleidung schlüpfte und dann den Wagenheber holte, den er an Vollmondtagen schon tagsüber versteckte. Nach einiger Zeit waren die Steine nicht mehr so schwer für ihn. So konnte er diese ohne große Kraftanstrengung anheben und auch beim Öffnen des Deckels hatte sich eine Routine eingestellt. Nach Erreichen seines Verstecks konnte er durch das Loch in der Wand jedes Mal die *Spiele* mit seiner Mutter beobachten. Dabei machte er es sich mit einem Sofakissen gemütlich, das er unter einem Gemüseregal versteckte und das seine Mutter jetzt schon seit einiger Zeit vermisste. Auf dieses konnte er sich bequem knien und dann heimlich das wilde Treiben im Nebenraum durch die Öffnung beobachten.

In den ersten Jahren konnte er so gar nichts damit anfangen, wenn sich sein Lümmel unten in seiner Hose meldete. Um herauszufinden, warum das so war, schlich er sich mit gerade mal zwölf Jahren in die Bibliothek, um sich in einem Buch über Sexualkunde über diesen Zustand zu informieren. Den Hinweis, den er darin fand, nämlich den Penis beim Anblick einer nackten Frau zu stimulieren, probierte er prompt beim nächsten Besuch der Pfarrer bei seiner Mutter in den Katakomben aus. Die ersten zwei Male war es eher unangenehm für ihn, bis er dann eines Tages seinen eigenen Rhythmus gefunden hatte. Ja, so musste es wohl richtig sein!

Durch die Öffnung in der Mauer konnte Jo erkennen, dass bereits der sechste Pfarrer anal in seine

Mutter eindrang und sie dabei wieder qualvoll stöhnte. Jos Hand wurde schneller und schneller. Urplötzlich drang ein lautes Stöhnen aus seinem Mund und eine glitschige weiße Masse spritzte in kurzen rhythmischen Abständen gegen die Wand.

Die plötzliche Totenstille im Nebenraum riss ihn jedoch aus seinen Gedanken. Die Tür wurde aufgerissen und Pfarrer Münster stand wütend vor ihm.

„Na, da haben wir dich ja, Bürschchen! Wie bist du hier hereingekommen?", schrie der Pfarrer und rückte seine Maske zurecht.

Jo zuckte ängstlich zusammen, erkannte Münster aber schon an seiner Stimme.

Der Pfarrer schnappte Jo am Hals und schob ihn vor sich her, hinüber in den großen Saal.

„Klaudia, was hat dein Bengel hier zu suchen? Dem werde ich es jetzt zeigen. Klaudia, du verschwindest sofort nach oben, und da bleibst du, bis ich zu dir hochkomme! Und wehe, wenn nicht!"

Mit diesen Worten zerrte er Jos Mama aus ihrer Liegeposition an den Haaren nach oben.

„Karl, hör auf damit, tu ihm bitte nichts!" Doch ihre Stimme verhallte, denn ein anderer Pfarrer beförderte Jos Mama nach oben und schloss die Kellertür ab. Jo hörte seine Mutter schreien und mit den Fäusten gegen die Tür schlagen.

„Wen haben wir denn da? Was für ein gut aussehender Jüngling, so schönes Frischfleisch habe ich schon lange nicht mehr gesehen", wisperte ein anderer Geistlicher.

„Ich werde es dir jetzt geben, heimlich zuzuschauen. Nun bekommst du meine Strafe zu spüren. Gott hat deinen jungfräulichen Hintern nur für mich erschaffen", schrie Pfarrer Münster in Rage, als er Jo bäuchlings über den Tisch warf, seine Hosen zerriss und nun brutal anal in den zarten Po des Jungen eindrang.

Noch niemals hatten diese Kellerräume so schreckliche qualvolle Schreie vernommen. Jo wurde nach einiger Zeit und sieben gezählten Pfarrern ohnmächtig. Seine Mutter schrie währenddessen wie ein wildes Tier hinter der verschlossenen Tür, denn sie ahnte Fürchterliches.

Am nächsten Morgen wachte der Junge in seinem Zimmer auf und glaubte einen Augenblick, dass das alles nur ein schlimmer Traum gewesen sein musste, aber von wegen. Seine Unterhose und sein Bett waren voller Blut und er konnte, weil er so starke Schmerzen hatte, das Bett die nächsten Tage nicht verlassen.

Seine Mama pflegte ihn hingebungsvoll und weinte immer wieder beim Reinigen seiner Wunden. Sie versicherte ihm, als sie ihn zwei Tage später zärtlich an sich drückte und ihm einen Kuss auf die Stirn gab, dass so etwas niemals wieder vorkommen, sie ihn in Zukunft mit ihrem Leben verteidigen würde und bereits auf der Suche nach einer neuen Anstellung sei.

In diesem Moment klingelte es an der Haustür und Jo wurde aus seinen Erinnerungen gerissen. Der Abrissunternehmer stand vor der Tür.

„Was fällt Ihnen ein, mich an einem Sonntag zu stören. Ich hatte doch bei Ihnen angerufen, aufs Band gesprochen und den Termin abgesagt", teilte er dem Arbeiter mit.

„Sorry, ich war in der Nähe, weil ich mir eine Baustelle in Nieder-Wiesen angesehen habe, und dachte, ich könnte jetzt schnell mal bei Ihnen vorbeischauen, um mir das Abrissobjekt anzusehen. Sie wissen doch, die Handwerker arbeiten auch sonntags. Es tut mir sehr leid, Sie gestört zu haben." Mit diesen Worten verabschiedete sich der Arbeiter, ging zu seinem Wagen und fuhr zügig davon.

Auf dem Weg zum Konferenzraum begegnete Chris Pascal. Sein Telefon klingelte. Als er einige Sekunden später auflegte, wirkte er niedergeschlagen. „Pascal, geht es Ihnen nicht gut?", fragte Chris fürsorglich. „Was ist los?"

„Ich hatte mich auf eine Stelle beim Personenschutzkommando beworben. Sie wissen doch, dass zu den Aufgaben des Bundeskriminalamts auch der Personenschutz für die Politiker fällt. Leider konnte meine Bewerbung nicht berücksichtigt werden, diese Nachricht habe ich eben von einem Freund vorab bekommen. Der hat heute auch nichts Besseres zu tun, als seine Post zu bearbeiten."

Chris klopfte Pascal aufmunternd auf die Schulter und sie gingen zum Konferenzraum. Dann ließ sie das restliche Team zusammentrommeln. Pascal hatte bereits die Mettbrötchen und das Käsebrötchen für Arzu auf eine Anrichte gestellt und servierte nun seinen Kollegen die willkommene Zwischenmahlzeit, die sie dankend und mit großem Hunger annahmen.

Mit vollem Mund begab sich Chris zum zweiten Whiteboard. Kaum verstehbar sagte sie: „So, Kollegen, jetzt haben wir den Salat, und der sieht nach einem Serienmörder aus!" Dabei wischte sie sich die letzten Krümel von ihren Lippen.

Sie nahm den Stift in die Hand und schrieb den Namen des Opfers auf das Board. Darüber befestigte sie ein Bild von ihm.

„Franz Dechent war siebenundfünfzig Jahre alt, Witwer, arbeitslos, gewalttätig, hatte einen Sohn, Paul, der achtzehn Jahre alt ist, und er wohnte in Gau-Odernheim. Paul hat ein Alibi für den Zeitraum und fällt deshalb erst einmal aus dem Raster. Es gibt eine Zeugin, die Wirtin Marie Meier, die Tante des Opfers, die den mutmaßlichen Täter wohl gesehen hat, ihn aber leider nicht beschreiben kann", fuhr Chris fort.

„So, was haben die Opfer gemeinsam?", fragte Pascal und übernahm den Stift von Chris, die ziemlich müde wirkte und sich nun setzte.

Pascal schrieb die folgenden Stichpunkte auf das Whiteboard und Chris kommentierte: „Der Täter oder die Täterin muss unter einer krankhaften Obsession leiden. Beide Opfer wurden in einer Vollmondnacht, in der es später geregnet hat, an einem Windrad befestigt, sie an den Rotoren, er am Turm. Beim zweiten Opfer war kein Kran in der Nähe. Beiden wurde eine Pohälfte entfernt, weiblich rechts, männlich links. Es wurden dunkelrote Rosen, zum Kreuz gebunden, in den entstandenen Öffnungen drapiert. Die Opfer wurden mit einem roten Seil beziehungsweise Regenjacke am Windrad befestigt.

Der Täter hat ihnen mit rotem Lippenstift die Lippen bemalt. Beide waren blond und der Fundort ist nicht der Tatort."

„Wir sollten nochmals ihren Freundes- und Bekanntenkreis checken", ergänzte Pascal.

„Weiterhin wurden beide anal vergewaltigt", fügte Arzu hinzu, die gerade zur Tür hereinkam. Das hat mir Herr Rauschelbart soeben mitgeteilt, er verspätet sich um fünf Minuten. Und die Reifenspuren an den beiden Fundorten sind identisch!", fuhr sie allwissend fort.

Ein Raunen ging durch den Raum. Chris übernahm das Wort: „Rainer, kannst du bitte prüfen, ob du in der Nähe des Gasthofes Überwachungskameras findest und ob gestern Abend ein SUV im Landkreis Alzey geblitzt wurde? Rezina, bitte prüfe, welche Telefone sich gestern in der Nähe des Gasthofs und des Windrads in die Funkzellen eingewählt haben. Gleicht diese bitte mit den Daten aus dem anderen Mordfall ab. Vielleicht gibt es da einen Treffer! Und Arzu, kannst du uns bitte sofort Bescheid sagen, wenn du bei deinen Analysen noch irgendetwas finden solltest?"

Der Rechtsmediziner Viktor Rauschelbart erschien und setzte sich an den Tisch. „Sorry für die Verspätung, die Untersuchung hat etwas länger gedauert. Das Opfer war Alkoholiker, so eine große

Leber haben ich und der Pathologe noch nicht gesehen. Er wurde vergewaltigt und seine Kehle wurde mit solch einem Jagdmesser" – er zeigte auf das Bild eines Messers – „fachmännisch durchgeschnitten. Danach ist er verblutet. Also die gleiche Vorgehensweise wie beim Opfer Angela Müller und auch der gleiche Stichkanal lässt auf einen Täter schließen. Der Todeszeitpunkt war gegen zwei Uhr. Beiden wurde eine Pohälfte bei lebendigem Leibe entfernt. Weiteres können Sie meinem Bericht, der morgen früh fertig ist, entnehmen. Wünsche den Herrschaften noch einen schönen Tag."

Mit diesen Worten stand er auf, um den Raum zu verlassen, als sich Chris noch für seine superschnelle Arbeit bedankte. Er nickte ihr zu und verabschiedete sich nochmals.

Pascal notierte diese weiteren Hinweise auf dem Whiteboard und befestigte das Bild des Messers unter diesen.

„So, es gibt viel zu tun, machen wir uns an die Arbeit", forderte Chris abschließend alle auf. Schließlich fragte sie Pascal, ob er mit ihr die Firma Wind Solar & More AG in Wörrstadt am Montag aufsuchen wollte. Chris rief Klaus an und sagte ihre Verabredung schweren Herzens ab, weil sie sich nochmals die Aufnahmen vom Fundort genauer ansehen wollte.

Am nächsten Morgen fuhr Chris nach Mainz ins Präsidium und überprüfte dort den Posteingang bezüglich neuer Informationen. Gegen neun Uhr betrat Pascal ihr Büro und beide fuhren kurze Zeit darauf zu dem Unternehmen in Wörrstadt. Auf der Fahrt musste Chris mal wieder an Sven denken. Er hatte ihr diverse Nachrichten auf dem Anrufbeantworter hinterlassen und ihr wieder einmal seine große Liebe gestanden. Sie hatte tatsächlich ein schlechtes Gewissen. Doch das mit Klaus, das war wohl etwas Besonderes, und sie wollte sich auf eine Beziehung mit ihm einlassen.

Beiläufig murmelte sie zu Pascal, dass sein Rasierwasser gut dufte, und erntete dafür prompt ein Lächeln seinerseits, wie sie aus den Augenwinkeln heraus bemerkte.

Bei der Firma Wind Solar & More AG angekommen, begegnete ihnen auf dem Parkplatz Paul Dechent. „Paul, was machen Sie denn hier?", fragte Chris erstaunt.

„Ich bin doch krankgeschrieben. Ich habe meine Krankmeldung abgegeben", schluchzte er.

„Also arbeiten Sie hier?! Wie geht es Ihnen, Paul?", antwortete Chris mitfühlend.

„Ich habe heute noch viel zu tun, den ganzen Papierkram und dann auch noch die Beerdigung, wenn der Leichnam meines Vaters freigegeben ist.

Gott sei Dank hat Tante Marie versprochen, mir dabei zu helfen, denn davon habe ich überhaupt keine Ahnung." Paul verabschiedete sich schnell und lief in Richtung des Parkplatzes.

„War das etwa der Sohn unseres Opfers?", fragte Pascal Leckerer ungläubig und schüttelte den Kopf. „Das ist ja ein merkwürdiger Zufall."

„Ja, da haben Sie recht", erwiderte Chris.

„Wir müssen sein Alibi noch einmal überprüfen. Vielleicht gibt uns die Funkzellenauswertung noch andere Hinweise", meinte Pascal. „Ich werde beim BKA um Unterstützung bitten. Die haben schnellere Methoden, um das herauszufinden."

„Das glaube ich nicht", dachte Chris, „Rezi, meine Wunderwaffe, wird schneller sein."

Pascal drehte sich zur Seite und führte ein kurzes Telefonat. „In einer halben Stunde haben wir das Ergebnis", bemerkte er beiläufig.

„Top", meinte Chris und nickte zustimmend.

Auf dem Weg zum Empfangsdesk suchte Chris die Toilette auf und rief Rezi an. „Rezi, finde bitte schnell heraus, wo die Nummer von Paul Dechent in der Tatnacht eingeloggt war, und melde dich bitte sofort bei mir."

„Mach ich, Chris", antwortete Rezi, ohne weitere Fragen zu stellen.

„Wirklich ein interessantes Gebäude", bemerkte Pascal beiläufig, als Chris wieder neben ihm stand.

Der Empfang war diesmal nicht besetzt und weit und breit war niemand zu sehen.

„Kommen Sie, Pascal, ich weiß, wo es langgeht", forderte Chris ihn auf.

„Ja, das weiß sie", dachte Pascal, „sie ist wirklich ein heißer Feger", und folgte ihr.

Chris ging zum Aufzug, mit dem man das Büro von Marius von der Elz erreichen konnte. Vor seinem Büro roch es nach Rosen. Die Kripobeamten wurden Zeugen einer lautstarken Auseinandersetzung zwischen Marius von der Elz und seiner Sekretärin Fiona Schreiber.

„Fiona, warum sind Sie nicht in der Lage, dafür zu sorgen, dass unten der Empfang ständig besetzt ist? Es laufen hier alle möglichen Personen und Verdelsbutze kreuz und quer durch unsere Betriebsräume, und die Presseleute schleichen hier auch schon herum und schnüffeln. Wir können keinen Skandal gebrauchen! Es reicht schon die Sache mit den zwei Morden. Und die ausgerechnet an unseren Windrädern! Wie sollen wir uns denn auf unser Kerngeschäft konzentrieren, wenn wir andauernd gestört werden?", schrie er sie an und schlug wütend mit der Faust auf den Tisch.

Das Klopfen der Beamten unterbrach ihn.

„Entschuldigen Sie bitte, der Empfang war nicht besetzt und wir haben da noch ein paar Fragen", ließ Chris Herrn von der Elz wissen.

„Sehen Sie, Fiona, genau das meine ich!"

Fiona verließ schnell das Büro und Marius von der Elz bot den Beamten mürrisch Platz an.

„Sie kommen sicher wegen des neuen Mords?", fragte er, noch immer sichtlich erregt. „Die Personalabteilung hat mich gerade darüber informiert, dass wohl schon wieder ein Mord stattfand. Woher die das immer wissen!"

„Ja, das tun wir", erwiderte Pascal und blickte auf einen riesigen Strauß dunkelroter Rosen in einer Bodenvase direkt neben Marius' Schreibtisch. „Darf ich mich vorstellen? Pascal Leckerer, BKA."

„BKA?", fragte von der Elz erstaunt. „Was haben Sie denn mit der Aufklärung zu tun?"

„Das tut hier nichts zur Sache", griff Chris in das Gespräch ein. „Herr von der Elz, finden Sie es nicht merkwürdig, dass schon wieder Ihr Unternehmen betroffen ist? Es gibt noch genügend andere Firmen in Rheinhessen, die Windkraftanlagen bauen und betreiben. Und ausgerechnet an Ihren Windrädern werden zwei Tote gefunden? Und der Sohn eines Opfers arbeitet auch bei Ihnen!"

„Was kann ich denn dafür, dass einer meiner Mitarbeiter betroffen ist? Ich weiß noch nicht einmal welcher, weil mich das nicht interessiert und ich für Mitgefühl keine Zeit habe!", erwiderte von der Elz sichtlich genervt.

„Ach, Sie wissen nicht wer?", erwiderte Pascal zynisch. Offenbar hatte er ein persönliches Problem mit Marius von der Elz' arroganter Art. Vielleicht auch deshalb, weil von der Elz äußerst attraktiv und sehr geschmackvoll gekleidet war und er immer wieder die wohlwollenden Blicke von Chris wahrnahm, die in von der Elz' Richtung gingen! „Paul Dechent!", sagte Pascal.

„Pauls Vater, ach du lieber Himmel, den kenne ich schon seit Ewigkeiten", stammelte Marius vor sich hin. „Der arme Junge, immer wieder Schläge vom Vater, und jetzt auch noch das! Meine Herrschaften, ich kann mir auch nicht erklären, was hier vorgeht. Meine Mitarbeiter und ich werden Sie natürlich bei all Ihren Schritten unterstützen und Ihnen alle Informationen gerne zur Verfügung stellen. Was kann ich noch für Sie tun?"

„Herr von der Elz: Wo kaufen Sie Ihre Rosen? Und wo waren Sie nachts am dritten April-Wochenende und wo am Samstagabend?", fragte daraufhin Pascal.

„Wie bitte? Herr Leckerer, verdächtigen Sie etwa mich?"

„Beantworten Sie einfach meine Fragen."

„Ich gehe davon aus, dass das erste Datum das Datum des Mordes an der Frau ist, oder?"

Die Beamten nickten.

Von der Elz ging zu seinem Computer, der auf dem Schreibtisch stand, und suchte in dem Kalender nach den Daten.

„Nun, da war ich zu Hause und das Gleiche gilt für den Samstagabend." Dann fügte er hinzu: „Ich lebe allein und habe keine Zeugen – und wegen der Rosen müssen Sie meine Sekretärin Frau Schreiber fragen."

Chris überraschte sich bei dem Gedanken, dass es bei einem so gut aussehenden Mann wirklich schade war, wenn er abends allein zu Hause sitzen musste, denn Marius war ganz bestimmt nicht nur ihr Geschmack. Sie verdrängte diesen absurden Gedanken jedoch schnell und fragte von der Elz, ob die Erbes-Büdesheimer Windkraftanlage eigentlich schon in Betrieb gewesen sei.

„Nein, sie sollte heute ans Netz gehen", erwiderte Marius. Sein Telefon klingelte und Marius von der Elz fragte die Beamten, ob es noch Weiteres zu besprechen gebe, was jedoch verneint wurde.

Chris und Pascal verabschiedeten sich und fuhren mit dem Aufzug nach unten.

„Was für ein egoistischer Mensch", sagte Pascal.

„Na, na, na! Die positive Variante von *egoistisch* ist doch *selbstbewusst*, Herr Leckerer", meinte Chris und sah ihn spitzbübisch an.

In diesem Moment klingelte Chris' Handy: „Wiesbacher. Hallo, Rainer, was? Ist sie sich da sicher? Okay, wir bringen ihn mit!" Mit diesen Worten beendete sie das Telefonat und informierte Pascal darüber, dass der Wirtin aus dem ‚Brunnenstübchen' eingefallen sei, dass sie an dem Abend prominenten Besuch hatte. „Raten Sie mal, wen?"

„Keine Ahnung, Frau Wiesbacher!"

„Marius von der Elz. Und er hat Saumagen bei ihr gegessen!"

Da klingelte Pascals Handy zeitgleich mit Chris' Handy. Als beide aufgelegt hatten, erklärten sie sich gleichzeitig, dass sie von der Elz vorläufig mitnehmen mussten, sein Telefon sei am Samstagabend tatsächlich an einem Funkmast in der Nähe des Restaurants geortet worden."

Dem folgte ein Gelächter. „Wieso wissen Sie das schon?", fragte Pascal verständnislos.

„Tja, unsere Rezi ist nicht von schlechten Eltern!"

Die beiden gingen zurück zum Büro und nahmen den nicht wirklich überraschten Marius von der Elz in vorläufigen Gewahrsam. Auf dem Weg zum Auto fragte Pascal Fiona Schreiber, woher denn die Rosen kämen.

„Ei, von Nieder-Olm vom Blumenlädchen", antwortete sie ihm lächelnd.

Als Chris mit den Männern in das Polizeifahrzeug einsteigen wollte, fuhr abermals Paul Dechent auf dem Parkplatz der Firma Wind Solar & More AG vor, weil er sein Handy im Personalbüro liegen gelassen hatte.

„Ich komme gleich, ich habe vorhin etwas vergessen", rief Chris Pascal zu und eilte zu Paul hinüber: „Darf ich Sie noch etwas fragen Paul?"

„Kein Thema, um was geht es denn?"

„Wissen Sie noch, wo Sie am dritten Wochenende im April gegen Abend waren?"

„Da brauche ich gar nicht lange zu überlegen. Ich hatte Urlaub und war mit Ivan drei Tage auf der Spielemesse in Essen. War das jetzt alles?"

„Ja, ich danke Ihnen. Ach, Moment, haben Sie zufälligerweise noch den Übernachtungsbeleg vom Hotel zu Hause?"

„Nein, aber ich habe den EC-Kartenbeleg, mit dem ich das Zimmer bezahlt habe, noch in meinem Portemonnaie." Er holte seine Börse aus der Hosentasche und zeigte Chris den entsprechenden Beleg.

„Okay, vielen Dank, Paul, und noch mal alles Gute für Sie." Paul verabschiedete sich und ging in Richtung Haupteingang.

Die Beamten fuhren mit ihrem Verdächtigen zurück nach Mainz und setzten dort im Verhörraum die Befragung mit Marius von der Elz fort.

„Wieso haben Sie uns nicht mitgeteilt, dass Sie sich am Tatabend im Gasthaus ‚Brunnenstübchen' aufgehalten haben, Herr von der Elz?", fragte Pascal ihn mit einem unterschwellig wütenden Ton.

„Dann hätten Sie mich doch sofort verdächtigt!", erwiderte dieser sehr aggressiv und mit einem scharfen Blick in seine Richtung.

„Und warum waren Sie dort?", fuhr Chris fort.

„Warum wohl, dort gibt es den besten Saumagen der Welt!"

„Herr von der Elz, das ist doch wirklich ein merkwürdiger Zufall, dass Sie ausgerechnet in diesem Gasthaus waren, wo sich das Opfer auch aufhielt", warf Pascal ein, sah ihm dabei tief in die Augen und fuhr fort: „Gab es vielleicht noch einen anderen Grund?"

Marius von der Elz bewegte sich unruhig auf seinem Stuhl hin und her. „Ja, ich wollte Herrn Dechent meine Meinung sagen und dass er es unterlassen sollte, seinen Sohn weiterhin so zu quälen!"

„Zu quälen?", fragte Pascal mit hochgezogenen Augenbrauen.

Dann erzählte Marius von der Elz von seinem Gespräch mit Klaus Lüning und dass dieser Paul mit einem blauen Auge gesehen hatte, das von Franz Dechent stammte.

„Und da dies nicht das erste Mal war, wollte ich ihm seine Grenzen aufzeigen! Paul hat mir gegenüber schon öfters die Gewalttätigkeit seines Vaters angedeutet und dass dies fast täglich passieren würde, wenn er betrunken vom ‚Brunnenstübchen‘ heimkäme!" Bei diesen Worten schlug Marius wütend mit der Faust auf den Tisch.

„In dem Sie ihn ermordeten?", konterte Pascal, stemmte seine Hände auf die Tischplatte und sah Marius direkt in die Augen.

„Aber nein, was glauben Sie! Er war doch gar nicht im Gasthaus, als ich dort eintraf, und ich habe dann unverrichteter Dinge nach dem Essen das Gasthaus um circa 20.30 Uhr verlassen."

„So ein Liehbeidel", dachte Chris und sagte dann: „Okay, jetzt bin ich wirklich sehr gespannt auf Ihre Antwort: Wieso haben Sie uns verschwiegen, dass Sie auf der Datingplattform *datingfueralledieeinsamsind.com* mit unserem ersten Opfer Angela Müller gechattet und Sie sich am 1. April zu einem Buffet-Essen in Mainz in der ‚Goldenen Gans‘ mit ihr verabredet hatten?"

Wie vom Donner gerührt sah Marius Chris an. „Das war *die* Angie, die an meinem Windrad hing?", fragte er ungläubig. „Mit der habe ich mich nicht treffen können. Ich hatte einen Tag vorher in Stadecken-Elsheim im ‚Schwarzen Hirschen‘ Muscheln gegessen und lag am nächsten Tag in der Uniklinik in Mainz mit einer Fischvergiftung. Am Mittwoch drauf versuchte ich, mich via Chat bei ihr zu entschuldigen. Jedoch ohne Erfolg."

Chris warf Pascal einen Blick zu, stand auf und verließ den Raum, um draußen zu telefonieren. „Rezi, im Fall Dechent: Check bitte schnell, ob und wie lange von der Elz' Handynummer in Gau-Odernheim am Tat-Tag abends beim Mord von Angie eingewählt war und ob er tatsächlich am 1. beziehungsweise 2. April mit einer Fischvergiftung in der Uniklinik in Mainz lag! Er hatte, wie du weißt, an diesem Tag ein Date mit ihr, das angeblich nicht stattgefunden hat!"

„Ja, wird sofort gemacht."

Chris ging in den Raum zurück, bat von der Elz etwas zu trinken an und zehn Minuten später stand fest, dass die von Marius gemachten Angaben stimmten, er im Krankenhaus gelegen hatte und in der Mordnacht von Franz Dechent sein Telefon ab 20.38 Uhr nicht mehr in Gau-Odernheim, sondern ab 20.50 Uhr wieder bei ihm zu Hause eingeloggt war. Die Beweislage war zu spärlich, um Marius von der Elz weiter festzuhalten.

„Herr von der Elz, Sie können gehen. Aber bitte verlassen Sie Deutschland nicht! Wir brauchen Sie unter Umständen für weitere Befragungen."

Mit diesen Worten begleitete Chris Wiesbacher Marius von der Elz nach draußen. Pascal Leckerer folgte ihr und fragte, warum sie ihn nicht vierundzwanzig Stunden in Beugehaft genommen hatte. Chris unterrichtete ihn über Rezinas Recherche.

„Wir sollten ihn jedoch beschatten und auch eine befristete Abhörgenehmigung beim Staatsanwalt erwirken", erwiderte Pascal sofort.

„Gute Idee, leiten Sie das bitte in die Wege."

Pascal informierte die zuständigen Kollegen und folgte Chris einige Minuten später in den Konferenzraum.

Zurück in seiner Firma wurde Marius von der Elz fürsorglich von Fiona Schreiber empfangen: „Was wollte denn Frau Wiesbacher schon wieder von Ihnen?"

„Ach, seien Sie still Fiona, diese Frau ist eine Katastrophe und kommt direkt nach Ihnen", verschaffte sich Marius von der Elz erst einmal Luft und knallte die Tür zu seinem Büro lautstark hinter sich zu.

Fiona dachte nur: „Was haben Männer und Wolken gemeinsam? Wenn sie sich verziehen, wird es noch ein schöner Tag."

Chris Wiesbacher hatte sich eigentlich kurzfristig zum Mittagessen mit Klaus Lüning verabredet. Durch die Befragung von Marius von der Elz musste sie ihr geplantes Date aber leider auf den Abend verschieben.

Gegen Abend, auf dem Rückweg nach Hause, fuhr sie noch schnell am Blumenlädchen in Nieder-Olm vorbei, wo man ihr bestätigte, dass die Firma Wind Solar & More AG montags und mittwochs jeweils vier große frische Sträuße Rosen bekomme: einen für das Büro vom Chef, einen für den Konferenzraum, einen für den Empfang und einen für die Kantine.

Chris bedankte sich für die Information und fuhr in Richtung Freimersheim. In ihrem Haus angekommen, sprang sie schnell unter die Dusche. Danach entschied sie sich für ein eng anliegendes, kurzes rotes Kleid. Sie fand, dass ihr diese Farbe so gar nicht stand, aber Rezi hatte gemeint, das Kleid sei ein Traum und würde ihre Figur perfekt zur Geltung bringen. Sie wählte einen dazu passenden Lippenstift, band ihre Lockenpracht zu einem eleganten Pferdeschwanz zusammen und machte sich auf den Weg nach Eckelsheim. Auf der Fahrt dorthin kreisten ihre Gedanken wieder einmal um Sven. Sie fand Klaus wirklich klasse, aber irgendwie hing ihr Herz, warum auch immer, auch noch an ihrem Ex. Chris konnte einfach die vergangenen neun Jahre nicht so richtig über Bord werfen und erinnerte sich, warum auch immer, meist nur an die schönen Momente mit ihm. Sie kam sich vor wie eine Verräterin, obwohl sie doch die Beziehung beendet hatte.

Diesmal fuhr sie über Land. Sie durchquerte Alzey, ließ Heimersheim rechts und Weinheim links liegen und fuhr an dem wunderschönen rheinhessischen Plateau mit Blick über das Hügelland bis zum Binger-Loch an Erbes-Büdesheim vorbei. Die Fahrt ging weiter durch Wendelsheim und nach rund einem Kilometer erreichte sie die Abfahrt rechts in Richtung Eckelsheim. Sie fuhr rechts an der Kiesgrube vorbei, an deren Rand sich ein weltweit einmaliges geologisches Relikt befand: das „Eckelsheimer Brandungskliff", ein Stück tropischer Meeresküste aus der Zeit vor ca. 30 Millionen Jahren. Dort hatte sie schon das eine oder andere Mal ihren archäologischen Spürsinn ausgelebt und tatsächlich diverse Fossilien gefunden. Chris liebte es immer wieder, durch Rheinhessen zu fahren, denn die hüglige Landschaft hatte eine beruhigende Wirkung auf sie. Sie fühlte sich jedes Mal wie im Urlaub, und das ließ sie ihre stressige Arbeit vergessen. Nach weiteren sieben Minuten kam sie in die schöne Ortschaft. Die meisten Häuser waren liebevoll restauriert und Blumenkästen säumten die Fensterbänke. Es gab eine große Anzahl schöner Winzerhöfe in diesem Ort und Chris wollte sich mit Klaus beim ,Weingut Vogelsang' treffen.

Dort angekommen stellte sie zu ihrem Leidwesen fest, dass der Parkplatz aus Schotter bestand und dies so gar nichts für ihre neuen High Heels war. Sie lief auf Zehenspitzen in Richtung Biergarten und sah dort Klaus bei einem Gläschen Wein sitzen. „Welch ein interessanter Mann, was habe ich für ein Glück", dachte sie beim Näherkommen.

„Na, mein Sonnenschein, hattest du einen erfolgreichen Tag?", fragte er und begrüßte Chris mit einem zärtlichen Kuss auf den Mund. Dann flüsterte er ihr ins Ohr: „Mein Herzblatt, das Kleid sitzt perfekt, aber dieses Rot ist leider keine Farbe für dich."

Chris war ein wenig irritiert, sie ärgerte sich kurz und entgegnete: „Leider nein, Klaus. Der zweite Mord macht uns sehr zu schaffen."

Sie nahm die Speisekarte und wählte nach einem Augenblick ein kleines Menü aus. „Was isst du?", fragte sie Klaus lächelnd.

„Ich werde einen Salat mit Trauben, Schafskäse und Walnüssen nehmen, denn ich muss auf meine Figur achten", meinte er leichthin.

Als die Kellnerin kam, orderten sie das Essen, dazu eine Flasche temperiertes stilles Wasser und eine Flasche Scheurebe feinherb. Denn dieser war, wie sie feststellten, ihr Lieblingswein.

„Ach, Klaus, du weißt es gewiss schon, ich musste heute deinen Geschäftspartner mit aufs Präsidium nehmen", teilte sie ihm mit, während sie auf das Essen warteten.

„Schatz, jetzt genieß doch mal den Feierabend und mach dich von deinen Arbeitsgedanken frei", meinte er und fügte beiläufig hinzu: „Ja, das habe ich schon über den Flurfunk gehört. Ist eine schlimme Sache, aber ich würde Marius so etwas niemals zutrauen. Habt ihr denn keinen anderen Ansatzpunkt, meine Liebe?"

„Das darf ich dir leider nicht sagen, du Neugieriger!" Chris lächelte schelmisch und fuhr fort: „Du kannst dir jedoch sicher sein, dass mein Team gute Arbeit leisten wird, und wir arbeiten auf Hochtouren. Aber der oder die Täter sind sehr geschickt."

Das frisch zubereitete Essen kam und sah sehr lecker aus. Beide genossen es in vollen Zügen und der von ihnen ausgewählte Wein passte vorzüglich zu den Speisen. Klaus bestellte sich später doch noch einen Nachtisch, weil der von Chris so lecker aussah und ihm bei diesem Anblick das Wasser im Munde zusammenlief. Er trank fast die ganze Flasche Wein allein und stellte dann fest, dass er nicht mehr in der Lage war, Auto zu fahren.

„Kannst du mich bitte nach Bad Kreuznach in meine Penthousewohnung fahren", flüsterte er

Chris zärtlich ins Ohr. Sie bejahte und dachte, dass sie sehr gespannt sei, wie Klaus wohl wohnte.

Sie gingen zu Chris' Auto, aber dieses sprang mal wieder nicht an. „Das ist schon das dritte Mal in dieser Woche", schimpfte sie wütend vor sich hin.

„Ist doch kein Problem, mein Herzblatt, dann nehmen wir halt meins."

„Nein, ich habe eine bessere Idee", rief sie spontan über das Autodach hinweg. „Hast du zufälligerweise ein Überbrückungskabel dabei?"

„Gute Idee, Chris, ja, habe ich. Aber sollte es bei mir dann auch wieder nicht anspringen, nimmst du morgen früh einfach meine Viper."

Sie überbrückten Chris' Auto und rund fünfundzwanzig Minuten später waren sie in der Stadtmitte in Bad Kreuznach direkt an der Nahe angekommen. Klaus delegierte sie zu seinem Appartement. „So, mein Schatz, ich drücke jetzt das Knöpfchen", dabei drückte er auf eine App auf seinem Handy, „und du fährst bitte in diese Garage."

Klaus Lüning zeigte auf ein relativ großes Garagentor auf der rechen Seite des Gebäudekomplexes, welches sich nun vor ihr wie von Zauberhand öffnete. Chris fuhr hinein und das Tor hinter ihr schloss sich automatisch. Sie wollte den Sicherheitsgurt lösen. Klaus bat sie jedoch, noch bitte eine Minute damit zu warten. Plötzlich durchzuckte ein leichtes Beben das Auto.

„Klaus, was ist das?"

„Das wirst du gleich sehen, mein Sonnenschein."
Nach einer halben Minute öffnete sich vor dem Auto
ein Tor und Chris hatte eine atemberaubende Sicht
– komplett über Bad Kreuznach bis nach Bad Münster.

„Unglaublich", stammelte sie vor sich hin und
flüsterte, dass sie noch niemals im Leben so einen
tollen Ausblick gehabt hätte, geschweige denn mit
einem Auto im Aufzug nach oben gefahren sei.

„Freut mich zu hören, dass dir der Ausblick gefällt", erwiderte Klaus und nahm sie an der Hand,
um die Wohnung zu besichtigen.

Sie hatte etwa 400 Quadratmeter Wohnfläche, einen Außenpool, den man im Winter überdachen
konnte, ein Indoorgym, ja selbst ein kleines Kino
fehlte in dem Appartement nicht. Die Rundum-Sicht
durch die großen Glasscheiben, die bis zum Boden
gingen, war umwerfend. Das teure Interieur war
zwar sehr geschmackvoll, jedoch für Chris' Geschmack zu kalt. Sie liebte eher antike Möbel, kombiniert mit modernen, aber Chris fehlten trotzdem
die Worte.

„Gefällt es dir?"

„Ich muss ehrlicherweise zugeben, der Ausblick
ist der absolute Wahnsinn."

Klaus drehte sich zu Chris um, nahm ihren Kopf
in beide Hände und küsste sie innig. Dann hob er sie

plötzlich hoch und trug sie schnell in sein Schlafzimmer. Er legte sie auf das runde Bett, öffnete langsam ihr Kleid und zog es ihr über den Kopf aus. Dabei schaute Chris an die Decke.

„Wow, magst du das, wenn man sich beim Sex sehen kann?", fragte sie neugierig, als sie den großen Spiegel über sich erblickte.

„Das weiß ich noch nicht, meine Liebe. Der Spiegel ist neu. Ich hatte so etwas bei meinem letzten Besuch in Dubai im Burj al'alman gesehen und fand es irgendwie sexy, aber nun kommt es auf einen Versuch an", erwiderte er und fing an, Chris' Körper mit Küssen zu bedecken. Dabei öffneten seine Finger geschickt den schwarzen BH, damit er auch in der Lage war, ihre Brüste zu liebkosen.

Chris stöhnte laut vor Lust und Freude. Er zog ihren String aus und drehte sie dabei herum, küsste anschließend sanft ihr Hinterteil und Sekunden später war er plötzlich und ohne Vorankündigung anal in Chris eingedrungen.

„Au, was machst du da!", schrie Chris vor Schmerz, drehte sich abrupt um und keuchte dabei schwer. „Klaus, was soll denn das, so etwas musst du doch mit mir abstimmen!" Chris war sichtlich empört und zog die Decke über sich.

„Es tut mir leid", entschuldigte sich Klaus sofort. „Du hast recht. Ich dachte, es würde dir genauso gut

wie mir gefallen. Wir haben doch schon so viele Ge-
meinsamkeiten entdeckt. Ich glaube, ich habe zu viel
getrunken, und ich bitte dich vielmals um Entschuldigung." Dabei sah er Chris treudoof an wie ein kleiner Hund.

Sie musste zwar lächeln, aber irgendwie war ihr
nicht mehr nach Sex. Chris zog sich an und verabschiedete sich mit der Begründung, dass es schon
sehr spät sei und sie morgen sehr früh im Kommissariat erscheinen müsste.

Klaus begleitete sie zum Aufzug, wartete, bis ihr
Auto angesprungen war, drückte auf den Knopf
nach unten und warf ihr dann noch einen Ab-
schiedskuss zu.

Am nächsten Morgen entschloss sich Klaus kurzfristig, Chris mit einem riesigen Strauß roter Rosen einen Besuch abzustatten. Zuvor kaufte er jedoch in der Nähe des Mainzer Doms beim Juwelier seines Vertrauens ein passendes Geschmeide für sie.

Auf dem Besucherparkplatz vor dem Präsidium traf er auf Kommissar Bläser und grüßte ihn freundlich. „Na, Herr Bläser, neuer Haarschnitt?", fragte er gut gelaunt.

„Hallo, Herr Lüning! Was, das ist Ihnen aufgefallen? Ja, mein Freund Archi hat mir dringend empfohlen, den Salon ‚Tausendschön' in Worms aufzusuchen. Ich kann nur sagen: Holla die Waldfee, schneller Termin, perfekte Friseurin, sehr nett, adrett und preiswert noch dazu!" Mit dieser Information verabschiedete sich Rainer.

„Meine Haare könnten auch einen Haarschnitt gebrauchen, das muss ich mir unbedingt merken", dachte Klaus Lüning mit Sarkasmus und ging in das Gebäude. Am Empfang traf er Pascal, der ihn widerwillig zu Chris' Büro führte.

Das Büro war leer, aber Klaus konnte ihre Stimme aus dem gegenüberliegenden Konferenzraum hören. Pascal wollte ihn zu diesem begleiten, was Klaus jedoch mit einer Handbewegung ablehnte: „Nein, danke, ich folge einfach ihrer Stimme."

Chris war allein im Raum und führte ein Telefonat. Klaus' Augen bewegten sich zu den Whiteboards, wo er die Clusterungen der Ermittlungsergebnisse von gestern sehen konnte. Einen Augenblick später legte Chris auf und drehte sich um.

„Ach du lieber Gott, du hast mich aber erschreckt, Klaus! Du darfst hier nicht rein." Sie schubste ihn wieder zurück in Richtung Flur. „Wer hat dich denn hierhergebracht?"

„Woher kennst du meinem zweiten Vornamen?", fragte er lächelnd und reichte ihr den schönen Strauß Blumen. „Herr Leckerer war so nett!"

„Was, die sind für mich? Ich danke dir vielmals." Dann erblickte Chris das kleine Päckchen, das am Blumenstrauß befestigt war. „Und das auch noch?", fragte sie neugierig, denn ihr kriminalistischer Spürsinn konnte schon den Inhalt der Box erahnen.

„Aber natürlich, mein Sonnenschein, eine kleine Entschuldigung meinerseits."

Chris war gespannt wie ein Flitzebogen und packte das Päckchen sofort im Flur aus. Urplötzlich stieß sie einen leisen Schrei aus. „Mein Gott", rief sie begeistert.

„Du sollst mich doch nicht bei meinem zweiten Vornamen nennen", wiederholte Klaus spitzbübisch.

„Was für ein wunderschöner Ring, der ist doch nicht etwa echt, oder?"

„Was denkst du denn von mir?", fragte Klaus etwas sarkastisch und fuhr dann aber lächelnd fort: „Es ist ein Ring aus achtzehn Karat Gold mit einem lupenreinen einkarätigen Diamanten, und ich hoffe sehr, dass du Gold magst.

„Natürlich mag ich das, vor allem bei einem solch wunderschönen Ring. Den kann ich doch nicht annehmen", murmelte sie leise und sah sich dabei das wunderbare Geschmeide an.

„Doch, das kannst du! Es ist ein kleines Schmerzensgeld für den gestrigen Abend", flüsterte Klaus ihr ins Ohr und strich ihr dabei zärtlich durch das Haar.

In diesem Augenblick kam Rezina ihnen entgegen. „Mein Gott, was für eine Frau", dachte Klaus spontan, als er sie ansah. Rezina trug ihre blonden Haare offen und der rote Hosenanzug schmeichelte ihrer tollen Figur.

„Guten Tag, Herr …?", fragte sie.

„Lüning, Klaus Lüning", stellte Chris ihn vor. „Und Klaus, das ist Rezina Brüstchen, unsere IT-Wunderwaffe", ergänzte sie stolz.

Rezina schüttelte Klaus' Hand und drehte sich danach zu Chris um. „Chris, ich habe Neuigkeiten", wandte sie sich an ihre Freundin.

Klaus wollte stehen bleiben, aber Chris katapultierte ihn zärtlich in Richtung Ausgang – mit dem Hinweis, dass sie sich ja so bald wie möglich wiedersehen würden. Klaus verabschiedete sich von den beiden Frauen und verließ mit flotten Schritten den Raum.

„Wow, der sieht ja noch besser aus, als du ihn beschrieben hast – und wie geschmackvoll er angezogen ist, Chris. Der ist ja ein Volltreffer!"

„Wo du recht hast, hast du recht. Er ist nicht nur charmant und gut aussehend. Großzügig ist er auch noch, wie ich gerade feststellen konnte!" Sie zeigte Rezi stolz ihren funkelnden Ring.

„Der ist ein Vermögen wert, aber du hast es wahrlich verdient, liebe Chris, nachdem du jahrelang so ein Sparbrötchen wie Sven hattest!", meinte Rezi herzlich. Die beiden Frauen lachten und begaben sich nun an ihre Arbeit.

Etwas später traf Chris Pascal auf dem Flur. „Frau Wiesbacher, auf ein Wort", sprach er sie an.

„Ja, was gibt's?"

„Was soll diese augenscheinliche Flirterei mit einem potenziell Verdächtigen?"

„Wie bitte! Was fällt Ihnen ein?", fragte Chris brüskiert. „Wieso verdächtig? Er ist der stille Teilhaber der Firma Wind Solar & More AG und kein Verdächtiger! Und außerdem, was sollte ich denn dann zu Ihnen sagen? Denken Sie mal an Ihren Kontakt zu Angie!"

Chris drehte sich wütend um und verschwand in ihrem Büro. Dort wurde sie bereits ungeduldig von ihrem Chef erwartet.

„Frau Wiesbacher, welche Ergebnisse haben Sie denn mittlerweile für mich?" Herr Böcker trommelte mit den Fingern wild auf die Schreibtischplatte ein. „Selbst das internationale Klatschblatt ‚Update' berichtet nun schon über die Morde. Den Artikel hat mein Chef in Spanien gelesen und mich deshalb direkt angerufen", stöhnte Böcker und wischte sich dabei mit dem Handrücken den Schweiß von der Stirn.

„Chef, wir arbeiten auf Hochtouren an den Morden und gehen wirklich jeder Spur nach, es gibt halt aarisch viel zu tun, sorry, ich meinte natürlich: sehr viel zu tun. Sie wissen doch, wie das abläuft. Und natürlich werde ich Sie sofort informieren, wenn wir wichtige Neuigkeiten haben."

„Den rheinhessischen Dialekt müssen Sie mir ganz gewiss nicht übersetzen, ich bin nämlich ach en Meenzer Bub, Chris, nur für den Fall, dass Sie das noch nicht wissen sollten. Und natürlich weiß ich, dass Sie an dem Fall arbeiten. Ich bin ja ken Strunzer und versteh auch etwas von der Polizeiarbeit." Leicht säuerlich nickte er Chris zu und verließ mit gesenktem Kopf ihr Büro.

Auf dem Parkplatz an seinem Auto angekommen, dachte Klaus: „Eine klasse Frau, diese Rezina, und was für eine tolle Figur! Aber von welchen Neuigkeiten hatte sie gesprochen?" Er startete seinen Wagen und fuhr nach Wörrstadt in den Gewerbepark zur Wind Solar & More AG.

Nach einer halben Stunde fand er eine schluchzende Fiona Schreiber im Vorzimmer des Büros von Marius vor.

„Fiona, was ist denn los mit Ihnen?", fragte er einfühlsam.

„Ach, Herr Lüning, der Chef hat mir gerade gedroht, mich mit seinen eigenen Händen zu erwürgen und mich am nächsten Windrad aufzuhängen, wenn ich das mit dem Empfang nicht endlich hinbekomme. Was kann ich denn dafür, wenn er so wenig zahlt und man deshalb kein gescheites Personal einstellen kann!", schluchzte sie und verschwand aufgelöst in Richtung WC.

Klaus klopfte an Marius' Tür. Nach einem mürrischen „Herein" trat er ein. Marius von der Elz stand vor seinem Schreibtisch, den Autoschlüssel in der Hand, und war im Begriff seine Brieftasche an sich zu nehmen.

„Du, Klaus, nimm es mir nicht übel, aber ich habe bei Babsi in Worms einen Friseurtermin und bin schon sehr spät dran. Gibt es etwas Wichtiges?", fragte er beiläufig.

„Nein, Marius, ich wollte nur sehen und hören, wie es dir geht."

„Okay, das holen wir später nach, mach es dir bequem. Und ich kann dich beruhigen, mir geht's gut. Die aktuelle Tageszeitung liegt zu deiner Verfügung auf dem Tisch." Mit diesen Worten verließ Marius das Büro und fuhr mit dem Aufzug nach unten.

„Diesem Friseursalon muss ich wirklich auch mal einen Besuch abstatten", dachte Klaus, setzte sich in den Sessel und nahm die Zeitung zur Hand, um sich über die aktuellen Börsenkurse zu informieren. Dann stieß er auf einen Bericht über den Windradmord, den er gespannt las. „Gott sei Dank wird unser Unternehmen in diesem Zusammenhang nicht genannt!", dachte Klaus und begab sich danach in seine Abteilung, wo er die notwendigen Arbeiten delegierte und nach rund einer Stunde entspannt nach Hause fuhr. „Es ist wirklich ein Vorteil, Chef zu sein und arbeiten zu können, wann immer man will", dachte er gut gelaunt auf dem Nachhauseweg.

Jo betrat den exklusiv eingerichteten Friseursalon in Worms. Er lag in der Innenstadt mitten in der Fußgängerzone. Gleich um die Ecke gab es das Eiscafé „Flamosi", das über die Grenzen der Stadt hinaus bekannt war.

Das Personal des Salons trug einen edlen Einheitsdress und die Kopfwaschbecken waren tatsächlich aus Granit. Jeder Gast konnte im Wartebereich mit einer kostenlosen Kaffeespezialität oder einem Secco in einem Massagesessel Platz nehmen, wo die Wartezeit durch eine Maniküre, von einer der bezaubernden Damen ausgeführt, verkürzt wurde. Jo nahm dieses Angebot dankend an.

In dem Moment, in dem eine junge Angestellte nach seiner Hand griff, betrat, aus dem Hinterraum kommend, eine wirkliche Schönheit den Raum. Ihre Kleidung unterschied sich von der ihres Personals durch eine eng anliegende rote Lederhose, kombiniert mit einem schwarzen T-Shirt mit V-Ausschnitt. Durch den V-Ausschnitt konnte man einen Blick auf ihren glatten weißen Busen erhaschen. Sie hatte lange blonde Haare, eine schlanke Gestalt, volle Lippen und war etwa 1,65 Meter groß. Mit einem leichten Lächeln nickte sie Jo begrüßend zu. Dann drehte sie sich zu einer Kundin um und frisierte diese.

„Mein Gott, welch ein toller herzförmiger Po, der wird hoffentlich schon bald mir gehören", dachte Jo und bei diesem Gedanken regte sich der kleine Freund in seiner Hose.

Er zog seine Hand zurück, sprang auf und fragte die Kosmetikerin, während er die Zeitung vor sein Geschlechtsteil hielt, wo denn die Toiletten seien, und eilte schnell in diese Richtung.

Fünf Minuten später kam er zurück und durfte nun vor einem großen Spiegel Platz nehmen, wo die Mitarbeiterin die Maniküre fortsetzte und wenige Minuten später auch beendete.

„Guten Tag, ich bin Babsi, die Chefin des Salons. Was kann ich denn für Sie tun?", wurde er wenig später von Barbara Posovca gefragt.

„Heute nichts, meine Liebe, aber schon bald wirst du mir alle meine Wünsche erfüllen", dachte Jo und sagte: „Einmal Waschen und Schneiden, bitte. Aber wirklich nur minimal die Spitzen, sodass es niemandem auffällt." Dabei zwinkerte er ihr spitzbübisch zu.

„Was für ein gut aussehender Mann", dachte Babsi beim Schneiden der Haare, „ob er vielleicht solo ist?" Sie sah auf seine Hände, konnte jedoch keinen Ring sehen. „Wer nichts wagt, der nicht gewinnt", fuhr sie in Gedanken fort. Als sie seine Haare frisierte und er ihr im Spiegel gegenübersaß, sagte sie spontan: „Sorry, das ist sonst so gar nicht meine Art. Aber hätten Sie Lust, heute Abend auf ein Gläschen Wein in der Wormser Klause?"

„Das läuft ja wie am Schnürchen", dachte Jo, jedoch ausgerechnet heute passte das überhaupt nicht und er erwiderte: „Ausgesprochen gerne, aber ich habe heute einen wichtigen Termin. Wie sieht es bei Ihnen an einem der nächsten Wochenenden aus?", fragte er sie.

„Ich bin ab morgen für drei Wochen in Urlaub. Aber danach gerne."

„Ich schreibe Ihnen einfach meine Rufnummer auf, und Sie melden sich, wenn Sie zurück sind und Sehnsucht nach mir haben. Ach ja, ich heiße übrigens Jo."

„Meinen Namen kennen Sie ja bereits", sagte sie freundlich und lächelte ihm zu. „Ich werde mich dann bei Ihnen melden, Jo."

Als Jo bar bezahlte, gab sie ihm ihre Visitenkarte und er reichte Babsi seine Telefonnummer und tauschte einen innigen Blick mit ihr aus. Danach küsste er ihr gentlemanlike zum Abschied die Hand. Die Prepaidnummer hatte er sich heute Morgen bei einem Discounter besorgt, damit ihn niemand mit eventuell geführten Telefonaten in Verbindung bringen konnte.

„Dass es so etwas überhaupt noch gibt, ganz die alte Schule! Was für ein toller Mann! Wirklich schade, dass ich ausgerechnet die kommenden Tage weg bin", dachte Babsi, seufzte tief und ging dann zurück an ihre Arbeit. „Aber aufgeschoben ist ja nicht aufgehoben!"

Chris saß in ihrem Büro und träumte vor sich hin. Sie schaute auf den funkelnden Ring an ihrer rechten Hand, den ihr Klaus vor einigen Wochen geschenkt hatte. Sie hatten sich in den vergangenen Tagen mehrfach getroffen und dabei immer intensiv geliebt. Ihr Liebesspiel wurde von Mal zu Mal besser und vertrauter. Sowohl Klaus als auch sie versuchten, die Wünsche des Gegenübers zu erfüllen.

Über das für Chris nicht gerade positive sexuelle Erlebnis mit ihm in seinem Penthouse schwiegen sie beide. Vielleicht könnte sie es noch einmal versuchen, wenn es Klaus doch glücklich machen würde. Sie verwarf diesen Gedanken aber schnell wieder, denn für sie hatte das nichts mit Liebe zu tun – und eine aktuelle private Baustelle war immer noch ihr Exfreund.

Sven wollte immer noch nicht wahrhaben, dass Chris die Beziehung nicht fortsetzen wollte. Er schickte ihr immer wieder Blumen, sprach Nachrichten auf ihre Mailbox, und das fast jeden zweiten Tag. Und obwohl sie sich bei Klaus so wohlfühlte, hing ihr Herz auch immer noch ein klein wenig an

Sven. Sie kam sich Klaus gegenüber wie eine Betrügerin vor und hatte tatsächlich ein schlechtes Gewissen. Die vergangenen neun Jahre mit Sven waren halt nicht so einfach wegzuwischen.

Chris schaute auf die Uhr. Es war Zeit für ihr Teammeeting, an dem ihr Chef Peter Böcker dieses Mal teilnehmen wollte. Als sie pünktlich die Tür zum Meetingraum öffnete, saßen Böcker und ihr Team bereits darin.

Diesmal übergab sie die Moderation an Rainer und er brachte Böcker und den Rest des Teams auf den aktuellen Stand der Ermittlungen.

Nach wie vor gehörte Marius von der Elz zu den Verdächtigen, weil er kein Alibi für die Tatnacht des ersten Mordes an Angie Müller hatte und sich am Tatabend des zweiten Mordes in der Gastwirtschaft in Gau-Odernheim befand, wo er zu Abend gegessen hatte.

„Es ist sein Unternehmen – und dann auch noch seine Affinität zu Rosen! Und er besitzt einen SUV, aber laut Arzu stimmen die Reifenspuren mit denen am Fundort nicht überein", berichtete Rainer den Anwesenden.

Pascal fügte hinzu: „Er scheint außerdem ein Frauenhasser zu sein, so wie er mit seiner Sekretärin umgeht."

„Tja, wenn jeder, der aus Rheinhessen kommt und Frauen gegenüber schlechte Manieren hat, ein Mörder wäre, würde unser Gefängnis in Wittlich wegen Überfüllung wohl geschlossen werden müssen!", fauchte Rainer und warf Pascal einen verächtlichen Blick zu.

„Meine Herren, ich bitte Sie, Ihre Gefühlsausbrüche zu unterlassen, damit wir uns auf das Wesentliche konzentrieren können", griff Böcker in den Disput ein. „Die Klatschpresse zerreißt sich bereits das Maul und uns in der Luft! Ist das nicht schlimm genug?", fuhr er lautstark fort und sah beide böse an.

Rainer errötete leicht und sagte: „Wir alle wissen, dass die Zeit knapp wird, denn wenn es ein Serienmörder ist, wird er schon demnächst wieder zuschlagen. Wir haben bald Vollmond und laut Wetterbericht liegt die Regenwahrscheinlichkeit bei sechzig Prozent."

„Was, sind dann schon wieder vier Wochen vergangen?", stöhnte Rezi, schüttelte dabei den Kopf und fragte sich, wo die Zeit geblieben war.

Pascal ergänzte, dass er bei seinen BKA-Kollegen in Wiesbaden nachfragen würde, ob diese bei Interpol herausfinden könnten, ob es unter Umständen im angrenzenden Ausland ähnlich gelagerte Fälle gebe.

„Gute Idee, Pascal, machen Sie das!", sagte Chris. Sie sah in die Runde, konnte in den Augen ihres

Teams aber leider keine Zuversicht, sondern nur Hilflosigkeit erkennen.

„So, liebe Kollegen, dann fangen wir halt noch einmal von vorn an. Dreht jeden Stein herum, befragt noch mal die Mitarbeiter des Konzerts sowie die Familie und Freunde der Opfer. Vielleicht fällt der Wirtin doch noch etwas ein. Auf geht's, wir müssen einen dritten Mord mit allen uns zur Verfügung stehenden Mitteln verhindern. Und Herr Böcker, meinen Sie, dass Sie vom Staatsanwalt einen Durchsuchungsbefehl für das Privatanwesen von Herrn von der Elz in Biebelnheim sowie für die Unternehmensräume bekommen könnten? Rezina sollte sich dort mal genauer die IT-Systeme und PCs ansehen."

„Dazu kann ich von meinen Kollegen in Wiesbaden Unterstützung anfordern", versprach Pascal.

„Noch eine gute Idee von Ihnen Pascal", erwiderte Chris. Peter Böcker nickte zustimmend. „Also, warten wir auf den Durchsuchungsbefehl und dann können wir bei Marius von der Elz weitermachen. In der Zwischenzeit krempeln wir noch mal von vorn bis hinten alles um."

Mit diesen Worten verabschiedete sich Chris, denn sie hatte heute ein ganz besonderes Rendezvous mit Klaus. Dieses war im Moment wahrlich ihr einziger Lichtblick.

Zwei Tage später konnte die Durchsuchung endlich beginnen. Während Chris, Rezi und Rainer mit dem Durchsuchungsbefehl und der Unterstützung von weiteren Beamten die Wind Solar & More AG in Wörrstadt auf den Kopf stellten, fuhr Pascal mit einem anderen Trupp zum privaten Anwesen von Marius von der Elz in Biebelnheim.

„Irgendwie schon merkwürdig, dass der im gleichen Ort wohnt wie Angies Bruder", dachte er, als er den Ortseingang passierte. Gefolgt von einem Polizeibus sowie mehreren Polizeiwagen mit etlichen Beamten bog er in der Ortsmitte links ab und fuhr die zweite rechts direkt ins Neubaugebiet. Kurz darauf erblickte er das riesige Anwesen.

„Nicht schlecht, Herr Specht", dachte Pascal und pfiff anerkennend vor sich hin. Er fuhr zur Eingangspforte des Anwesens, drückte die Klingel und zeigte seinen Dienstausweis in die Überwachungskamera. Eine höfliche Stimme fragte nach seinem Anliegen, was Pascal seinem Gegenüber unverzüglich via Sprechanlage mitteilte. Eine halbe Minute später öffneten sich die riesigen schmiedeeisernen Torflügel.

Der Konvoi fuhr die mit Zypressen umsäumte Einfahrt zu der riesigen Villa hinauf, in deren Mitte ein großer Springbrunnen stand. Auf diesem Weg, der rechts und links von dunkelroten Rosen umsäumt war, konnte Pascal sechs Gärtner zählen, die sich mit der Pflege des Parks beschäftigten. „Mein Gott, welche Personalkosten. Der kann sich wohl alles leisten!", dachte er neidisch.

Eine Minute später parkten die Beamten direkt links vor der riesigen Eingangstür, wo sich mindestens zehn Parkplätze befanden. Die Beamten verließen in aller Eile die Fahrzeuge mit Plastikboxen für die eventuell zu beschlagnahmenden Gegenstände. Das Gebäude war wohl durch eine Alarmanlage gesichert, denn es wurde allein am vorderen Eingangsbereich mit acht Kameras überwacht.

„Tja, reich zu sein, aber sich immer Sorgen um seine Sicherheit machen zu müssen macht auch nicht glücklich. Dann lieber weniger Geld haben", sagte einer der Beamten zu Pascal, der dessen Blick auf die vielen Kameras wahrgenommen hatte.

Die Tür wurde wie in einem kitschigen Film von einer schwarz gekleideten Haushälterin mit weißem Häubchen geöffnet, die Beamten traten ein und schwärmten umgehend im Haus aus.

„Alter Schwede, welche Kunstwerke, und das in Rheinhessen!", staunte Pascal, als er, vom Butler begleitet, durch das Haus geführt wurde. Da die alten Meister Pascals Steckenpferd waren, schätzte er nach einem Rundgang durch das Haus den Wert der Gemälde auf mehrere Millionen Euro. Marius von der Elz musste wohl ein großer Kunstliebhaber sein. Es gab eine große Anzahl nackter Frauenskulpturen in unmöglichen sexuellen Stellungen, meist nach vorne gebeugt.

„Diese teilweise perversen Staturen passen irgendwie zu den Morden", dachte Pascal spontan.

Das Haus war farbenfroh eingerichtet: Rosa, Hellblau und kunterbunte Töne überwogen bei der Wandgestaltung sowie im Sitzbereich im Wohnzimmer. Neben einem riesigen Weinkeller im Untergeschoss mit einer Auswahl der besten Weine aus aller Welt hatte das Anwesen eine Sauna, Dampfbad und Indoor-Pool mit einem Außenbereich und weitere Annehmlichkeiten wie eine Kegelbahn, ein Billardzimmer und einen riesigen Fitnessraum zu bieten.

Als die Kollegen die Durchsuchung des Wohnbereichs abgeschlossen hatten, widmeten sie sich dem Garagenkomplex.

Pascal stand draußen im Garten und war gerade damit beschäftigt, mit einem Kollegen vom BKA zu telefonieren, als ihm ein Beamter zurief: „Herr Leckerer, kommen Sie bitte mal her. Das müssen Sie sich unbedingt ansehen. So etwas habe ich in meinem ganzen Leben noch nie gesehen."

Er lief zu ihm hinüber zu dem großen Anbau, der von außen wie ein weiteres Wohnhaus aussah. Von innen jedoch war es eine riesige Halle mit einem Glasboden, der etwa fünfunddreißig Meter lang und zwanzig Meter breit war. In diesem Raum standen sowohl teure schnelle Sportwagen als auch mehrere Oldtimer und zwei SUVs! Der Wert der Fahrzeuge musste sich auch hier auf um die hundert Millionen belaufen.

„Das ist ja der Hammer", rief Pascal staunend und dachte: „Und ich armer Tropf kann mir noch nicht einmal einen Sportwagen leisten. Der Kerl sieht gut aus, ist elegant gekleidet und hat für alles andere auch noch die notwendige Kohle. So eine Ungerechtigkeit. Aber schön, dass ich nicht bei der Durchsuchung in Wörrstadt bin, denn so etwas habe ich noch nie gesehen." Pascal rief einen Kollegen zu, dass er von den Reifen der beiden SUVs Bilder machen sollte, um diese direkt an Arzu Kayar zu übermitteln. Vielleicht war genau dies das fehlende Puzzleteil, das sie noch benötigten.

„Es wird noch besser", sagte der Kollege, „kommen Sie mal mit nach unten. Am Rande des Glasbodens war ein Bereich von etwa zwanzig auf fünf Meter abgeteilt, der mit einem Granitboden versehen war. Diese Granitplatten gingen senkrecht am Ende quer durch den Raum und trennten unten den gläsernen Raum ab, sodass ein separater Raum – nicht aus Glas, sondern aus Granit – geschaffen wurde. Außer einem gläsernen Personenaufzug führte auch ein moderner Lastenaufzug nach unten in diesen Raum. Pascal und der Kollege benutzten den Personenaufzug und fuhren eine Etage tiefer. Die Tür öffnete sich: Hier unten im Granitraum befand sich tatsächlich eine Autowaschanlage.

„Wenn es dem Esel zu wohl wird, geht er aufs Eis tanzen", sagte Pascal kopfschüttelnd und ging wieder nach oben, wo er Chris telefonisch über den aktuellen Stand der Durchsuchung informierte.

Bei der Wind Solar & More AG angekommen, teilten sich die Beamten sofort auf. Rainer ging mit zwei weiteren Beamten in die Schaltzentrale, während die Kollegen die restlichen Etagen der Firma durchsuchten.

Chris und Rezi gingen direkt in Marius von der Elz' Büro. Sie öffneten die Tür, ohne vorher anzuklopfen, und stürmten hinein.

Er biss gerade genussvoll in ein Stück Weck mit Meenzer Fleischwurst und erschrak sich beim Hereinkommen der Beamten so sehr, dass er sich verschluckte und nach Atem rang.

Chris rannte schnell um den Schreibtisch und klopfte ihm fest auf den Rücken.

„Danke, sagte er nach ein paar Sekunden, „aber können Sie nicht vorher anklopfen? Das wäre fast mein Tod gewesen! Und außerdem, was soll das?!", schrie er sie an, als er wieder Luft bekam.

Chris legte den Durchsuchungsbefehl der Staatsanwaltschaft Mainz auf seinen Schreibtisch. „Ach, und übrigens: Meine Kollegen durchsuchen im Moment auch Ihr Privathaus."

Wenig später erhielt Chris von Pascal einen Anruf und erfuhr, dass das Team einen Computer, ein Tablet und diverse Unterlagen sichergestellt hatte und Marius von der Elz zwei weitere SUVs besitze. Das klang in ihren Ohren gar nicht so schlecht. „Gute Arbeit! Vielleicht können wir ja bald den Fall abschließen", sagte sie verhalten zu Pascal, denn sie konnte sich nicht wirklich vorstellen, dass Marius von der Elz so dumm war, das Tatfahrzeug zu Hause in seiner Garage abzustellen.

Rezina Brüstchen hatte in der Zwischenzeit den Computer, der auf dem Schreibtisch im Büro stand, geöffnet und fragte von der Elz nach dem Passwort, das er widerwillig preisgab. „Ich werde mich mit diesem Laptop am besten in Ihren Konferenzraum zurückziehen. Ist Ihnen das recht?", fragte sie Marius.

Er murmelte, dass es in Ordnung sei, und nach weiteren zwei Stunden verließen die Beamten mit mehreren Kartons und Laptops das Firmengelände.

Im Polizeipräsidium sichtete Rezi mit ihrem Kollegen Kevin und zwei weiteren Kollegen vom BKA, die dafür extra von Wiesbaden nach Mainz gekommen waren, die IT und die Unterlagen.

Kevin Fuchs war Polizeianwärter, Anfang zwanzig, brünett, schlank, groß, hatte eine schlaksige Figur und war Brillenträger. Er arbeitete mittlerweile das zweite Jahr in Rezinas Abteilung und sie mochte den jungen Mann sehr.

Sie durchforsteten die Browser und erhielten interessante Einblicke in das Leben von Marius von der Elz. Auf einer Internetseite blieb Rezi hängen: *datingfueralledieeinsamsind.com.*

Rezi wusste ja bereits von ihrer Recherche auf Angie Müllers Laptop, dass Marius von der Elz mit Angie über diese Plattform kommuniziert hatte. Das Profil, das von der Elz für seine Suche auf der Dating-Plattform hinterlegt hatte, machte sie jedoch nachdenklich. Offenbar favorisierte er blonde Frauen mit knackigem Hintern, die die Farbe Rot bevorzugten! Sie rief Chris an und teilte ihr die Nachricht mit. Rezi bat Chris, Böcker zu überzeugen, dass dieser bitte einen Beschluss beim Staatsanwalt erwirken sollte, damit sie die entsprechenden Informationen über den Chatverlauf zwischen Angie und Marius bekommen könnte.

Chris rief sofort ihren Chef an und Böcker veranlasste alles Notwendige. Wenig später verließ sie ihren Arbeitsplatz in Richtung Feierabend, denn sie hatte, laut Klaus, heute etwas Wichtiges vor.

Öl im Blut

Klaus wollte sich heute mit Chris bei einer Fast-Food-Kette in Mainz-Hechtsheim treffen. „Was, Fast Food? Hast du nicht mehr für mich übrig?", hatte sie scherzend am Telefon gefragt. „Na, du wirst schon sehen, mein Engel, lass dich überraschen", hatte er darauf erwidert.

Nun war sie richtig gespannt, was Klaus mit ihr vorhatte. Am Treffpunkt angekommen, hielt Chris vergeblich nach seinem blauen Mercedes Ausschau. Ein tiefes Hupen ertönte unverhofft, Chris erschrak und drehte sich um. Das Hupen kam tatsächlich von einem gelben Ferrari, der ihr bereits aufgefallen war und rechts am Ende des Parkplatzes stand. Aus diesem tollen Gefährt stieg Klaus nun aus.

„Ei, das ist ja unglaublich, du Angeber, wie viele Autos hast du denn noch?"

„Ruhig, Brauner, ruhig", rief Klaus laut lachend und lief dabei auf sie zu. „Na, mein Sonnenschein, beruhige dich erst einmal und lass dich jetzt einfach überraschen. Lass dich vor allem auf das ein, was gleich passieren wird."

„Was meinst du damit, Klaus? Das hört sich ja fast wie eine Drohung an", fragte sie ihn erstaunt.

Schnell küsste er sie und verband ihr die Augen.

„Was soll denn das?", fragte Chris und wollte die Augenbinde sofort wieder entfernen.

Klaus hielt schnell ihre Hände fest und flüsterte: „Jetzt sei keine Spielverderberin und komm mit."

Er öffnete die Beifahrertür seines Fahrzeugs und setzte Chris vorsichtig auf den Sitz, wo er sie anschnallte. Dann nahm er auf dem Fahrersitz Platz und startete den 540 PS starken Motor des 612 Scaglietti.

„Wow, was für ein super Sound", rief Chris, begeistert wie eine Rennfahrerin.

„Ich dachte mir schon, dass du auch Öl im Blut hast, meine Liebe!", antwortete Klaus und fuhr mit quietschenden Reifen los. „Nun drehen wir erst mal eine Runde. Bitte versprich mir, dass du deine wunderschönen Augen verdeckt lässt. Versprochen?"

„Versprochen!", erwiderte Chris und wurde im selben Moment durch die hohe Beschleunigung des Ferraris in ihren Sitz gepresst. Sie fuhren auf die Autobahn in Richtung Alzey.

In Höhe Nieder-Olm war endlich die Kilometerbegrenzung von 130 km/h aufgehoben und Klaus beschleunigte.

„Drück auf die Tube, Klaus! Mensch, ist das klasse", jubelte Chris ihm begeistert zu.

Ruckzuck hatten sie die Abfahrt Wörrstadt erreicht, fuhren mit quietschenden Reifen durch den Kreisel und begaben sich zurück auf die Autobahn in Richtung Mainz.

„Mein Gott, Klaus, was für ein Gefühl, als ob Ostern und Weihnachten auf einen Tag fallen!"

Nun erklang Chris' Lieblingssong. Ihre Hände tasteten vorsichtig in die Richtung, in der sich die Musikanlage befinden musste, und sie wurden schnell fündig. Chris drehte den Lautstärkenregler nach rechts und die Musik wurde lauter. Die Lautstärke der Musik schaffte es jedoch nicht, das dunkle Röhren des Zwölf-Zylinder-Motors zu übertönen. „Es ist wie Achterbahnfahren, einfach großartig!", schrie sie begeistert.

Am Mainzer Ring reduzierte Klaus die Geschwindigkeit und verließ die Autobahn in Richtung Frankfurt. An der Abfahrt Mainz-Hechtsheim bog er ab und Chris drehte die Musik nun leiser, denn sie hatte das Gefühl, dass ihr Gehör so langsam Schaden nahm. Nach wenigen Minuten blieb das Fahrzeug abrupt stehen.

„Wir sind da, mein Herzblatt. Bleib bitte sitzen. Ich öffne dir die Tür und führe dich wie dein persönlicher Blindenhund."

Klaus stieg aus, lief um das Auto herum, öffnete die Beifahrertür und half Chris beim Aussteigen. Dabei verrutschte ihr Rock nach oben und ließ einen Blick auf ihren dunkelgrünen Spitzenslip zu. „Wow, was für ein toller Anblick, meine Liebe!"

Chris stieß Klaus sanft mit dem Ellenbogen in die Rippen und sagte: „Ein Gentleman genießt und schweigt." Sie musste kichern und hielt sich die Hand vor ihren Mund.

Klaus grinste, nahm sie an der Hand und führte sie über den Parkplatz vor ein Gebäude. Dort öffnete er die Tür und Chris, die sich mittlerweile bei ihm untergehakt hatte, betrat mit ihm zusammen einen klimatisierten Raum.

Um sie herum war es plötzlich unheimlich ruhig, fast eine Totenstille, und Chris fröstelte es am ganzen Körper. „Klaus?", fragte sie leise mit angespannter Stimme.

Augenblicklich schrie eine Anzahl von Personen: „Überraschung!", und Klaus riss ohne Vorankündigung die Binde von Chris' Augen.

Ihre Augen mussten sich zuerst wieder an die Helligkeit gewöhnen und als sie wieder einigermaßen sehen konnte, wusste sie nicht, was mit ihr geschehen war. Sie befand sich inmitten des Showrooms bei Porsche in Mainz-Hechtsheim, vor ihr stand ein riesiges Paket in rotem Glanzpapier, mit einer riesigen Schleife eingepackt.

„Klaus, was ist das?", fragte Chris sichtlich überwältigt und leicht irritiert.

„Das ist meine Überraschung für dich. Zieh doch einmal an der Schleife."

Chris zog zuerst zögerlich, dann aber ruckartig an der riesigen Schleife. Sie wollte nun unbedingt sehen, was sich unter dem Papier verbarg. Was ihre

Augen zu sehen bekamen, verschlug ihr fast die Sprache: Da stand ein dunkelroter Porsche Taycan Turbo S. Chris war wie in Trance.

„Sonnenschein, ich dachte, weil dein Auto so oft stehen bleibt, wäre dies vielleicht ein willkommenes Geschenk für dich. Ein Elektrofahrzeug, sauber wie meine Windräder! Dein neues Auto hat natürlich mehr PS als mein Ferrari, nämlich satte 741!"

Er hatte sein letztes Wort noch nicht ganz ausgesprochen, da fiel Chris ihm auch schon um den Hals, um ihn innig zu küssen. Dann protestierte sie, dass sie so ein großes Geschenk doch nicht annehmen könne.

„Natürlich kannst du das, mein Herzblatt. Für wen arbeite ich denn von morgens bis abends?" Zärtlich drückte er Chris an sich.

Chris ging zu ihrem neuen roten Flitzer und fuhr mit der Hand vom Motorraum über das Dach bis zum Heck. Dann öffnete sie die Fahrertür und stieß noch mal einen Schrei der Begeisterung aus. Das Interieur war rot abgesetzt, selbst die Gurte waren in diesem Farbton. „Klaus, ist das Auto schon angemeldet?"

„Na klar, mein Sonnenschein!"

„Okay. Ein kleines Wettrennen zu mir nach Hause gefällig?", fragte sie und lächelte dabei vielsagend.

„Klaro, mir kann nichts passieren, denn ich habe ja die Polizei dabei." Klaus übergab einem freundlichen Mitarbeiter den Schlüssel von Chris' altem Auto mit der Bitte, dieses von Hechtsheim zu Chris nach Hause zu bringen.

„Welch ein toller Service", dachte Chris. Im Freien ließ sie ihr altes Auto noch einmal öffnen. Sie nahm das Blaulicht aus dem Auto und platzierte es auf ihrem neuen Fahrzeug.

Dann stiegen beide in ihre Fahrzeuge und fuhren mit moderater Geschwindigkeit auf die A61, was sich aber schon bald ändern sollte. Am Autobahnkreuz Mainz-Süd wechselten sie die Autobahn auf die A63 in Richtung Alzey. Nun machte Chris unerlaubterweise ihr Blaulicht an und die beiden lieferten sich voller Freude auf der Autobahn ein Wettrennen, das Chris tatsächlich gewann, denn Klaus hatte in weiser Voraussicht die Geschwindigkeitsabriegelung des Motors im neuen Fahrzeug entfernen lassen.

Nach zwanzig Minuten in ihrem Zuhause angekommen, öffnete sich ihr elektronisches Tor, die Fahrzeuge fuhren in den Hof und beide stiegen gut gelaunt und vom Geschwindigkeitsrausch euphorisiert aus.

„Oh Mensch, mein Herzblatt, das war ja eine tolle wilde Fahrt. Du kannst wirklich super fahren. Ich hoffe aber sehr, dass du keinen Ärger mit deinem Chef wegen des Blaulichts bekommst!"

„Und wenn, das war es mir wert. Herr Böcker wird mir schon den Kopf nicht abreißen, er braucht mich ja noch!" Sie lächelte Klaus verschmitzt an und schloss ihre Haustür auf.

Noch im Flur wurde Chris von ihrem Rock befreit, während sie Klaus' Hosen herunterzog. Sie liebten sich innig auf der Treppe, die in den ersten Stock führte, danach an allen möglichen Stellen im Haus, mehr oder weniger fast die ganze Nacht hindurch.

Um vier Uhr morgens kam Klaus aus dem Bad und erklärte Chris, dass er, auf der Toilette sitzend, seine Mails auf dem Handy angesehen hatte und überraschend noch ein wichtiges Dokument vorbereiten musste. Klaus verabschiedete sich völlig erschöpft mit einem Kuss.

„Wir sehen uns ja spätestens am Wochenende wieder, mein Herzblatt", sagte er, als er sich anzog. Er forderte Chris besorgt auf, langsam zu fahren und auf sich aufzupassen und verließ einige Minuten später gut gelaunt ihr Haus.

Als Chris knapp dreißig Minuten später, geweckt vom wilden Quaken der Frösche, aufwachte, überlegte sie, ob sie tatsächlich mit einem solchen Auto vor dem Präsidium vorfahren sollte, entschied sich dann aber, morgen lieber ihr altes Auto zu benutzen, wenn es anspringen sollte. Kurz darauf schlief sie lächelnd wieder ein.

„Was soll's?", dachte Chris, als sie nach drei Stunden erstaunlicherweise ausgeruht und gut gelaunt aufwachte. „Ich kann doch meinen roten Flitzer etwas weiter weg parken." Sie sprang aus dem Bett, ging unter die Dusche, genoss den heißen Strahl auf ihre verspannten Schultern, zog sich schnell an, schmierte sich ein Marmeladenbrot und eilte mit diesem zu ihrem neuen Auto, um sich noch ein wenig besser mit dem Kommunikationssystem des Wagens, *Annerose*, vertraut zu machen.

„Halt, stopp, gegessen wird draußen", sagte sie zu sich selbst. Als sie ihre Finger an ihren Jeans abgewischt hatte, streichelte sie sanft über den Lack und dachte: „Eigentlich brauchst du einen Namen. Ich werde dich ab jetzt Rotling nennen!"

Bei dieser Idee flog ein Lächeln über ihr Gesicht. Sie stieg in das Auto, schaltete das Kommunikationssystem ein und fragte: „Annerose, kannst du meine Freundin werden?"

Die Antwort kam tatsächlich prompt: „Natürlich, aber nur wenn du clever genug für mich bist. Was weißt du über mich? Du musst mir zuerst ein paar Fragen beantworten."

„Das ist ja ein Wahnsinn", dachte Chris, „was heutzutage so alles möglich ist!" Auf der Fahrt nach

Mainz setzte sie dieses Spiel fort: „Annerose, bist du vielleicht verliebt?"

Anneroses Antwort kam prompt: „Der *rheinhessische Mainzelino* könnte schon ein ziemlich guter Partner werden. Aber natürlich mag ich alle, die intelligent und weise sind."

„Das ist wirklich ein schönes Gadget", dachte Chris. „Wenn mir während der Fahrt mal wieder langweilig wird, kann ich künftig mit meiner neuen Freundin kommunizieren."

Nun kam ihr der Gedanke aller Gedanken. Vielleicht sollte sie einfach Annerose fragen, ob sie wisse, wer der Windrad-Mörder war?!

„Das kann ich dir leider nicht sagen. Mit Mördern habe ich nichts zu tun. Sie sind nichts für meine Bit's und Byte's. Ich habe schon genug mit den Hackern zu tun! Aber du scheinst ein kluges Köpfchen zu haben und wirst es selbst herausfinden!"

Eine Stunde später parkte Chris in einer Seitenstraße und wurde ausgerechnet von Pascal gesehen. „Schickes Auto, ich wusste gar nicht, dass Sie sich so etwas leisten können."

„Könnte ich schon, aber den habe ich geschenkt bekommen", spottete Chris.

„Jetzt sagen Sie bloß nicht von Herrn Lüning?"

„Klaro", erwiderte Chris knapp, da sie grundsätzlich das Lügen verachtete.

„Sie können doch von einem Menschen, der zum Kreis der Verdächtigen gehört, kein Auto als Geschenk annehmen!"

Chris drehte sich auf dem Absatz um und ging zügig in Richtung Eingang des Präsidiums.

Freitags aus ihrem dreiwöchigen Urlaub zurückgekehrt, musste Babsi an ihren netten Kunden Jo denken. Im Urlaub hatte sie zwar jede Möglichkeit wahrgenommen, Sex zu haben, aber keiner dieser Männer sah so gut, durchtrainiert und attraktiv aus wie Jo.

Vom Klingeln ihres Handys mit einer unterdrückten Rufnummer wurde sie aus ihren Gedanken gerissen.

„Guten Tag, meine Liebe. Na, an einem Stück heil aus dem Urlaub wieder zu Hause angekommen?", hörte sie eine angenehme, ihr wohlbekannte Stimme sagen.

„Welch ein Zufall, ich musste gerade an Sie denken!", meinte Babsi und war wirklich überrascht.

„Und? Haben Sie sich schon akklimatisiert? Ich würde Sie gern am Sonntagabend zu einem Gläschen Wein am Rheinufer in Mainz einladen. Kennen Sie sich dort aus?", fragte Jo.

„Aber natürlich tue ich das. Ich habe zwar einen tschechischen Namen, bin aber ein echtes Rheinhessenkind", erwiderte sie lachend.

„Okay, dann treffen wir uns gegen Abend, sagen wir so um 19 Uhr unter der Eisenbahnbrücke am Tennisclub in der Nähe des Winterhafens. Ich werde für uns natürlich ein kleines Picknick vorbereiten."

„Das hört sich traumhaft schön an und es passt, weil ich dann zwei Tage frei habe", sagte Barbara und fügte schnell hinzu: „Und ich werde den Wein mitbringen."

„Auf gar keinen Fall! Fühlen Sie sich von mir eingeladen", erwiderte Jo und verabschiedete sich mit den Worten: „Bis übermorgen, meine Liebe, und bitte ziehen Sie etwas Dunkelrotes an, das steht Ihnen ausgesprochen gut. Ich freue mich auf Sie!"

„Okay", erwiderte Babsi und dachte, dass noch nie ein Mann sie gebeten hatte, etwas Rotes anzuziehen. Jo war anscheinend ein Mann, der ganz genau wusste, was er wollte.

Die letzten Wochen waren für alle aus dem SoKo-Team anstrengend gewesen. Die nochmalige Befragung der Zeugen und das Sichten aller bisherigen Fakten brachten keine neuen Erkenntnisse. In einer Teamsitzung schlug Rainer vor, die neu entstehenden Windparks ab Dienstag wegen der kommenden Vollmondphase beschatten zu lassen.

Diese Idee wurde mit einem zynischen Lächeln quittiert, gefolgt von den Worten: „Was meinen Sie denn, wo Sie sind? Wir haben doch kein Personal im Überfluss! Wir beschatten doch schon die ganze Zeit den Marius von der Elz!", schmetterte Peter Böcker Rainers Vorschlag ab. „Die Polizei kann ja auch gleich einen öffentlichen Aufruf starten nach dem Motto: Alle blonden Frauen oder Herren, die gerne etwas Rotes tragen, bitte bei Vollmond zu Hause bleiben, besonders wenn die Regen-Wahrscheinlichkeit hoch ist!"

Böcker schnaubte und fuhr wütend fort: „Sie wissen ja, dass mir der Innenminister nach der Schlagzeile in der Presse die Leviten gelesen hat. Wie wild geworden hat er rumgetobt. So habe ich ihn noch nie erlebt! Diese Schundblättchen müssen aber auch immer alles ausschlachten! Und wir können leider nichts anderes tun als abzuwarten."

Mit diesen Worten stand er auf und Chris' Chef verließ niedergeschlagen den Raum.

„Doch, das können wir", schoss es wie aus der Pistole aus Pascals Mund, als Böcker nicht mehr zu sehen war. „Was halten Sie davon: Ich werde bei der Wind Solar & More AG anrufen und fragen, wo sich die Windkraftanlagen befinden, die derzeit im Bau sind, jedoch bald fertiggestellt werden. Wir werden uns dann aufteilen und diese in der Nacht zum Mittwoch observieren. Da ist es Vollmond und es soll regnen!" Das Gleiche können wir dann eventuell noch vom Mittwoch auf Donnerstag tun."

„Das ist die erste geniale Idee, die ich von Ihnen höre. Dann werden wir halt nachts in unserer Freizeit observieren müssen", sagte Rainer und nickte Pascal ausnahmsweise anerkennend zu.

„Was meinen Sie dazu, Frau Wiesbacher?", fragte Pascal Leckerer.

„Ja, wirklich eine gute Idee! Ich werde jedoch mein Vitamin B nutzen, Klaus Lüning direkt anrufen und ihn fragen, wo sich die Baustellen befinden."

Sie griff zum Telefon und wählte die ihr mittlerweile wohlbekannte Nummer. „Hallo, Klaus, wir sitzen im Moment im Konferenzraum zusammen. Kannst du mir bitte sagen, wo ihr derzeit eure neuen Projekte realisiert?"

Chris schrieb die Namen der Orte auf ein Blatt Papier. Nach einer kleinen Pause fügte sie hinzu:

„Ich danke dir vielmals", drehte sich zur Seite und flüsterte noch etwas ins Telefon, bevor sie auflegte.

„Also, wir treffen uns morgen früh um zehn Uhr in der Dienststelle in Alzey. Von dort fahren wir die einzelnen Windparks ab, um uns einen Überblick zu verschaffen." Nach Chris' Worten machten sich alle auf den Weg nach Hause in ihren wohlverdienten Feierabend.

Chris fuhr mit ihrem roten Flitzer in Richtung Wörrstadt, wo sie sich im Ortskern mit Klaus für eine Kleinigkeit zum Essen in einer Weinstube treffen wollte. Dort angekommen wurde sie liebevoll von ihm begrüßt.

„Na, mein Sonnenschein, hattest du einen schönen Tag?", fragte Klaus.

„Ach, Klaus, wenn du wüsstest! Aber das ist halt meine Arbeit und diese Informationen sind nicht für deinen Kopf gedacht!", sagte sie tief seufzend.

Sie bestellten sich Brezeln mit Spundekäs und einen Handkäse mit Musik, dazu eine Flasche Kerner Spätlese.

Klaus fragte Chris, ob sie Lust hätte, mit ihm am übernächsten Wochenende einen Ausflug in die Schweiz zu machen, was Chris freudig bejahte.

Beiläufig fragte er: „Warum wolltest du vorhin eigentlich wissen, wo unsere neuen Windräder errichtet werden?"

Chris erklärte Klaus, was Pascal vorgeschlagen hatte, und auch Klaus fand das eine sehr gute Idee.

„Mensch, jetzt hast du die Infos doch aus mir herausgekitzelt", sagte Chris über sich selbst verärgert, denn der Wein war ihr tatsächlich schon leicht in den Kopf gestiegen. Oder machte die Liebe sie tatsächlich blind?

„Beruhige dich. Ich bin es, dein Freund", gab Klaus zurück und fuhr fort: „Der ist fachlich gar nicht so schlecht, dein Kollege." Er goss Chris den letzten Schluck aus der Weißweinflasche ein. „Hast du Lust, mit mir nach Hause zu kommen?"

„Ach, Klaus, heute nicht. Ich bin so müde und morgen gibt es viel zu tun. Außerdem möchte ich noch eine Runde joggen gehen, um den Kopf frei zu kriegen und die vielen Kalorien von heute abzutrainieren. Ich will doch schlank bleiben für dich", erwiderte Chris augenzwinkernd.

„Okay, das passt. Du, ich werde am Sonntag zu meinem Kunden nach Hamburg fliegen und dort bis Dienstag übernachten", sagte er etwas traurig.

„Dann wünsche ich dir viel Erfolg bei deinem Kunden", gab Chris aufrichtig zurück. Sie verabschiedeten sich auf dem Parkplatz mit einem innigen Kuss und fuhren getrennt nach Hause.

Am nächsten Tag betrat Klaus Lüning gut gelaunt seinen Arbeitsplatz. Er ließ Projektleiter David

Meister kommen und fragte ihn, ob dieser Klaus bei einem Termin bei dem Kunden XXBlack von Sonntag bis Dienstag in Hamburg vertreten könne, was Meister gern übernahm, denn er hatte zu Hause Stress mit seiner Frau.

„Darf ich Sie noch um einen persönlichen Gefallen bitten, Herr Meister?", fragte er, als dieser das Büro verlassen wollte.

„Aber natürlich, Herr Lüning.

„Ich habe dieses Handy vor einem Vierteljahr in der Fußgängerzone in Hamburg direkt neben dem Fischgeschäft vor dem Rathaus gekauft und ich habe schon jetzt Probleme mit dem Akku. Könnten Sie es bitte mitnehmen und überprüfen lassen? Hier ist der dazugehörige Kassenbeleg. Meine PIN ist auf der Rückseite des Beleges notiert. Geben Sie das Handy zum Akku-Check bitte nur für die Zeit aus der Hand, in der Sie dabei sind. Es sind nämlich sensible Geschäftsdaten darauf. Und lassen Sie es auf keinen Fall über Nacht dort im Geschäft."

„Natürlich, Herr Lüning, das mache ich doch gerne für Sie", sagte David Meister freundlich.

„Prima, ich habe bereits einen Flug am Sonntag um 13 Uhr für Sie buchen lassen. Das Hotel ‚Hamburger Schmittche' kennen Sie ja, auf meinen Namen wurde ein Zimmer reserviert. Es ist schon bezahlt. Der Empfang bei XXBlack ist um 16 Uhr und die Schulung findet dort am Montag ganztägig statt.

Das Telefon habe ich auf mein anderes umgeleitet. Und, Herr Meister, ich wünsche Ihnen viel Spaß! Nehmen Sie sich ein Taxi und fahren Sie doch mal rüber nach St. Pauli auf die Reeperbahn und zahlen Sie das bitte bar. Ach, und bringen Sie mir Ihre Rechnungen bitte alle mit. Ihr Rückflug geht am Dienstagmorgen um 9.20 Uhr!"

David Meister errötete leicht, nickte Klaus zu und verabschiedete sich freundlich.

Babsi

Am Sonntag hüpfte Babsi nach einer Runde Sport schnell noch unter die Dusche. Danach zog sie ihr kurzes rotes Seidenkleid an, das ihrer Figur sehr schmeichelte. Darunter trug sie ihre sündhaft teuren neuen schwarzen Dessous, die sie sich im Urlaub geleistet hatte. „Schnell noch ein Parfum auftragen, in die knalligen gelben Pumps schlüpfen und auf geht's", dachte sie gut gelaunt.

Kurz darauf verließ sie ihr Haus in Worms-Horchheim und fuhr die B9 von Worms nach Mainz am Rhein entlang. Das Wetter war sehr angenehm, es waren noch 24 Grad im Schatten und am Gevatter Rhein gingen sehr viele Leute spazieren, wie sie es früher gerne mit ihren Eltern getan hatte. In der Stadt unterquerte sie die Brücke in Höhe der Neutorschule und bog in die erste Straße rechts ein. Dort waren in den letzten fünfzehn Jahren sündhaft teure Eigentumswohnungen mit Blick auf den Winterhafen und den Rhein entstanden. Babsi hätte sich so gerne eine Wohnung dort gekauft, aber ihre finanziellen Mittel waren diesbezüglich begrenzt. Ihr Weg führte sie weiter bis zu den Parkplätzen an den Tennisplätzen kurz vor der Eisenbahnbrücke.

Dieser Weg war ihr gut bekannt, weil Babsi als Mädchen dort viele Tennisturniere gespielt hatte.

Sie kam aus einer wohlhabenden Akademikerfamilie, ihr Vater hatte viel Wert auf diese damals noch elitäre Sportart gelegt und sie leider dazu genötigt. „Gott sei Dank konnte er mir bei meiner Berufsauswahl nicht mehr ins Handwerk pfuschen", dachte sie bitter.

Nach erfolgreicher Parkplatzsuche verließ sie ihr Fahrzeug und hielt nach Jo Ausschau.

„Guten Abend, schöne Frau", hörte sie ihn hinter sich mit seiner angenehmen Stimme sagen.

Sie drehte sich um. „Mann, sieht der klasse aus, ich glaube, die Nacht wird sich für mich wirklich lohnen", dachte sie und nickte Jo zu: „Guten Abend."

„Ich habe für uns im Auto eine Kleinigkeit zum Trinken bereitgestellt. Zuerst sollten wir auf einen schönen Abend anstoßen und danach den Picknickkorb und die Decke mit zum Rheinufer nehmen", schlug Jo vor.

„Eine gute Idee. Ich freue mich so, denn jetzt habe ich ein paar Tage frei und ich habe keine weiteren Verpflichtungen", erwiderte Babsi und folgte ihm zu seinem SUV, der etwas abseits stand. „Schönes Auto, aber doch bestimmt ein Spritfresser, oder?", versuchte sie den Weg zum Auto mit Small Talk zu überbrücken.

„Ja, da haben Sie recht. Und ich habe mir schon einen Elektro-SUV bestellt, der wird aber erst in acht

Monaten ausgeliefert", erwiderte Jo mit einem charmanten Lächeln.

Nun öffnete er die Heckklappe seines Fahrzeugs. Er hatte im Innenraum eine rote Decke ausgebreitet und zwei große Sitzkissen lagen schon parat. Die Rückbank war umgeklappt und darauf stand ein großer Picknickkorb, der mit einem Tuch bedeckt war. In einer Vase stand ein schöner Strauß mit dunkelroten Rosen, daneben ein Sektkübel mit Eis, in dem eine Flasche feinsten Champagners lag. Die zwei Champagnerkelche waren zu Babsis Überraschung bereits gefüllt und am Rand mit einer frischen Erdbeere dekoriert. Auch an Knabbereien und weitere frische Erdbeeren hatte Jo gedacht.

„Wow, Sie sind ein Mann, der wirklich alles sehr gut vorbereitet", sagte Babsi verzückt.

„Und Sie sind eine Dame von Welt, die hoffentlich alles genießen kann", antwortete Jo mit einem Augenzwinkern. „Kommen Sie in mein Reich und lassen Sie uns auf einen schönen Abend anstoßen."

Jo half Babsi in den Innenraum, wo sie sich auf das Kissen setzte, dabei rutschte ihr Kleid nach oben und Jo konnte einen Blick ins Reich der Lust erhaschen. Prompt meldete sich sein kleiner Freund bei ihm. Er setzte sich schnell zu ihr in den Kofferraum, reichte ihr einen gefüllten Champagnerkelch und sie prosteten sich zu. Das leise Klirren der Champagnergläser war in der Stille gut zu hören.

„Auf einen aufregenden Abend", sagte Babsi.

„Den werden wir hundertprozentig haben", erwiderte Jo.

Keine fünf Minuten später neigte sich Babsis Kopf zur Seite und sie fiel in einen Tiefschlaf.

Jo legte sie in den Wagen und bedeckte sie rasch mit seiner Decke. Den restlichen Champagner schüttete er ins Gebüsch neben dem Wagen. Die Gläser legte er dann mit dem Sektkübel und den Rosen zurück in den Korb, schloss danach die Heckklappe, setzte sich ins Auto und fuhr mit Babsi aus der Stadt auf die Autobahn in Richtung seiner Mühle.

Jo fuhr mit angemessenem Tempo und bedauerte, dass die Ausführung des Liebesaktes noch etwas warten musste, denn Vollmond war erst übermorgen Abend. Die K.-o.-Tropfen hatte er so dosiert, dass Babsi für mindestens zehn Stunden schlafen würde. Danach wollte er durch einen speziellen Cocktail ihren Schlaf bis Dienstag verlängern. Sie würde hoffentlich vor Mittwoch nicht vermisst, weil morgen und am Dienstag ohnehin ihre freien Tage waren.

In der Mühle angekommen, lud er sie aus und trug sie in den für sein Spiel vorgesehenen Saal, der natürlich mit Schallschutz ausgestattet war. Dort legte er sie auf das runde Bett und befestigte den linken Arm mit einer Handschelle am eisernen Kopfteil. Dann deponierte er eine Flasche Mineralwasser, versetzt mit Schlaftabletten, direkt neben ihrem Bett, für den Fall, dass sie unerwartet schon vorher aufwachte.

„Schlaf gut, meine Schöne, wir werden bald viel Spaß miteinander haben, und den wirst du bestimmt genießen", sagte er leise und streichelte ihr dabei zärtlich über ihr blondes Haar.

Jo war am nächsten Tag damit beschäftigt, Babsi immer wieder etwas von seinem Cocktail einzuflößen, bevor sie richtig wach wurde. Dabei konnte er es nicht lassen, ihren wunderbaren Körper mit behandschuhten Fingern an all seinen Öffnungen zu berühren.

Zwei Tage später wachte Babsi am frühen Morgen mit einem Brummschädel auf. „So was habe ich auch noch nicht erlebt, nach nur einem Schlückchen Champagner bin ich schon aus den Latschen gekippt!", dachte sie als Erstes.

„Aber wieso liege ich hier? Moment, wo bin ich, was ist das für eine merkwürdige Umgebung?"

Ihr war kalt. Sie hatte das Gefühl, dass der Raum eine faulige Kälte ausströmte, die ihr durch Mark und Bein ging.

Sie versuchte, ihre Augen an die Lichtverhältnisse anzupassen. Ein schwacher Lichtstrahl fiel durch das Fenster rechts von ihr auf einen Tisch. Es sah aus, als ob sich auf diesem ein Spiegel befände, denn der Sonnenstrahl wurde reflektiert. Um den Tisch herum waren hohe Kerzenständer aufgebaut. An den Wänden schienen Geweihe zu hängen.

Weiterhin nahm sie wahr, dass der Raum mit einer riesigen Plastikfolie ausgelegt war. Babsi lag auf einem weichen Bett und ihr Kopf war auf ein Federkissen gebettet. Sie wollte ihren Arm bewegen.

„Was zur Hölle ist das?", sagte sie laut und dachte, noch immer leicht benommen: „Wieso bin ich am Handgelenk festgebunden?" Schließlich rief sie: „Hallo, ist da wer?", erhielt aber keine Antwort.

Als sie die letzten Momente Revue passieren ließ, schrie sie: „Jo, ich glaub, es hackt, binde mich sofort los!" Sie strampelte wild im Bett umher und versuchte, sich aus der Handschelle zu befreien.

Dabei bemerkte sie, dass sie einen fürchterlichen Durst hatte. An ihrer linken Seite lag eine Flasche Mineralwasser. Diese versuchte sie zu öffnen, indem sie die Flasche zwischen ihre Beine klemmte und die rechte Hand dazu benutzte, den Schraubverschluss abzunehmen. Als sie dies geschafft hatte, trank sie dankbar einen großen Schluck und drehte die Flasche wieder zu.

Die Flasche war noch nicht ganz geschlossen, da fiel Babsi erneut in einen tiefen Schlaf.

Am Dienstagmorgen traf Chris sich mit allen Team-kollegen außer Rezi in Alzey auf der Dienststelle. Archi gesellte sich dazu.

„Archi, das ist ja klasse, dass du uns in deiner Freizeit unterstützen möchtest", nickte Chris ihm zu.

„Ei allemol, ich kann doch die Rezi nitt alleeh losse. Des arme Meedche wirde sonscht wol vor lau-ter Mores sterbe." Rainer verdrehte bei den Worten Archis hilflos die Augen.

„Das ist sehr nett von dir. Ich werde es Rezi mit-teilen, sie wird sich bestimmt freuen", sagte Chris.

„Brauchst du nicht, sie weiß schon Bescheid", sagte Archi auf Hochdeutsch und sah Rainer mit ei-nem Augenzwinkern an.

Nun machten sie sich auf den Weg, um gemein-sam die Windparks zu besichtigen. Zuerst fuhren sie zum Windpark Flonheim. Dieser lag auf einer An-höhe im freien Feld. Hier konnte man nur von dem auf der anderen Straßenseite gelegenen Feldweg aus die Windräder observieren.

Als sie dann auf dem Weg durch Armsheim in Richtung Wallertheim waren, fragte Chris spontan, ob die Männer schon die beste Eisdiele der Welt ken-nen würden.

Rainer erwiderte prompt: „Natürlich kenne ich die! Die machen alle Eissorten frisch und ohne Kon-servierungsstoffe, und das schon seit 1954. Und preiswert sind die noch dazu! Ich weiß gar nicht, wie Hanni dieses feine Eis so preiswert anbieten kann."

„Du kennst dich ja gut aus", sagte Chris.

„Natürlich, meine Eltern kamen in ihrer Jugend schon extra mit ihrem Moped aus Bingen hierher, und das nur wegen der leckeren Eisbecher. Alle Eissorten werden mit frischen Zutaten aus der Region hergestellt", erwiderte Rainer allwissend.

„Tja, dann weißt du sicherlich auch, dass Hanni jetzt sogar den Kuchen selbst macht, oder? Es gibt keinen besseren weit und breit", informierte Chris ihre Kollegen.

„Müsst ihr mir noch länger den Mund wässrig machen?", beschwerte sich Pascal. „Und außerdem kenne ich die Eisdiele noch nicht."

„Okay, dann lasst uns ein Päuschen machen und dort einkehren", sagte Chris laut lachend.

Sie betraten die Eisdiele und suchten sich ein nettes Plätzchen in einer Ecke. Nun bestellte sich jeder ein Eis und danach noch ein Stück Kuchen oder Torte bei der netten Chefin.

Alle waren begeistert und Pascal meinte, dass dies doch eigentlich die „Stammteam-Eisdiele" werden könnte. Das SoKo-Team war einstimmig dafür, sie bezahlten und fuhren danach weiter in Richtung Wallertheim und Wörrstadt, wo sie weitere Stellen für die geplante Observationen heute Abend ab 22 Uhr ausmachten.

Chris teilte sie danach in Teams ein. Rezi und Archi sollten in der folgenden Nacht abwechselnd im Windpark Flonheim Wache schieben, Rainer den Windpark Wörrstadt beobachten und Pascal und sie wollten den Windpark Gau-Bickelheim observieren. Rainer war somit der Einzige, der allein Wache schieben musste.

Dann fuhren sie zurück nach Mainz, wo sie Rezina informierten und sich dem normalen Tagesgeschehen widmeten, bevor sie sich gegen Abend zu ihren Beobachtungsposten begaben.

Ehe Chris losfuhr, rief Klaus sie noch einmal an: „Hallo, mein Herzblatt, was machst du heute Abend? Lust auf ein Dinner zu zweit?"

„Ach, Klaus, das geht heute leider nicht, das Team und ich sind beschäftigt", erwiderte Chris schweren Herzens.

„Okay, dann werde ich einen schönen Abend allein in meinem Penthouse verbringen und anfangen, den längsten Film der Welt, *Ambiancé*, zu streamen."

„Der längste Film der Welt?", fragte sie.

„Ja, mein Sonnenschein, er dauert einen Monat!"

„Einen Monat? Oha, dann hast du wirklich viel anzusehen. Ich hoffe jedoch, dass du morgen Abend Zeit für mich hast, und wünsche dir viel Spaß heute. Bis morgen, Klaus!"

„Bis morgen, mein Schatz."

Es war nun 20 Uhr und die Teams fuhren los zu ihren Beobachtungsposten. Die erste Schicht in den Zweierteams übernahm Rezi. Rainer musste ja allein durchhalten und bei Chris und Pascal legte sich Pascal zuerst auf die Lauer, während Chris ein Nickerchen machte. Gegen ein Uhr weckte er Chris und sie tauschten.

Chris ließ ihren Blick über die seltsam schöne Szenerie der Windräder schweifen. Vom Mond angestrahlt, sahen sie fast wie Riesen aus dem Weltraum aus. „Eigentlich könnte man hier eine Oper aufführen. Das wäre doch ein genialer Standort, eine Lichtorgel müsste man auch nicht installieren und die Kulisse ist phantastisch", dachte sie, überwältigt von dem Anblick, der sich ihr durch die rot blinkenden Windräder bot.

Als es um 4.10 Uhr zu regnen begann, wurde sie unruhig und murmelte: „So ein Sauwetter, es schüttet ja mal wieder wie aus Kübeln."

Chris überlegte, ob sie die Observation abbrechen sollte: Wenn bereits ein neuer Mord geschehen wäre, kämen sie jetzt ohnehin zu spät. Sie entschied sich dann aber doch gegen den Abbruch. Irgendwann gegen sechs Uhr fiel ihr Kopf zur Seite und sie fiel kurz in einen tiefen Schlaf.

Jo, begab sich in die Küche, um die Klinge seines Jagdmessers zu schärfen. Er nahm den Wetzstein, ein Utensil aus dem Nachlass seines Vaters, und schliff damit die Klinge zuerst zärtlich, dann kraftvoll an diesem ab. Als die Klinge die notwendige Schärfe erreicht hatte, begab er sich nach oben ins Schlafzimmer, um einen dunkelroten Vibrator an sich zu nehmen. Nun zog er seinen weißen Ganzkörper-Overall sowie die hauchdünne Latexhandschuhe an.

Beim Betreten des heiligen Raumes dachte Jo: „Gott sei Dank schläft sie noch." Zufrieden sah er, dass sie wie geplant aus der präparierten Wasserflasche getrunken hatte. Damit sie sich später nicht wehren konnte, fesselte er nun auch die zweite Hand am Bettgestell.

Er riss ihr das rote Kleid vom Leib, küsste ihre sinnlichen Lippen und drang dabei mit seiner Zunge in ihren Mund ein.

Babsis Kopf bewegte sich leicht, aber ihre Augen waren immer noch geschlossen.

„Heute werde ich einmal etwas Neues ausprobieren!" Jo entfernte ihren Tanga, rieb den Dildo mit Gleitgel ein und führte diesen mit schnellen Bewegungen in Babsis Vagina ein und aus. Er stellte den Vibrator auf die stärkste Stufe und Babsi fing an, sich unruhiger zu bewegen.

Jos kleiner Freund meldete sich. „Ja, mein Großer, jetzt bist du gleich dran", murmelte er vor sich
hin. Er stülpte ein Kondom über den Penis, den er
mittlerweile aus dem Overall herausgeholt hatte,
und drang fast zärtlich in Barbaras Scheide ein.

„Ach, was für ein schöner Hintern", dachte Jo, als
er Babsi mit seinen Armen umschlang und diesen
von hinten mit seinen beiden Händen umfasste.

„Das ist das erste Mal, dass ich von der Planung
abweiche. Oh Mann, ist das geil!", schrie er. Schwer
keuchend kam er zum Höhepunkt und dabei wurde
die Friseurin wacher. Er flößte Barbara schnell noch
etwas vom „Mineralwasser" ein, weil sein Freudenspender nach diesem Liebesakt erst einmal eine
Pause brauchte.

Danach rieb er sie von Kopf bis Fuß mit Rosenwasser ab, denn das hatte er vor lauter Erregung tatsächlich völlig vergessen. „Du musst dich konzentrieren und zusammenreißen", dachte er, „und darfst
keine weiteren Fehler machen."

Plötzlich fiel ihm ein, dass er dieses Mal seine
Zunge in ihren Mund gesteckt hatte. Er holte eine
Desinfektionslösung und reinigte damit umgehend
Babsis Mund, dann bemalte er ihre Lippen mit dem
Lippenstift seiner Mutter.

Kurz darauf begab er sich nach oben unter die
Dusche. Dort reinigte Jo sich gründlich und
schluckte eine der blauen Pillen. Anschließend

streifte er sich erneut einen Overall und neue Latexhandschuhe über.

Zurück in seinen heiligen Hallen, zog er der noch
schlafenden Babsi einen eigens für diesen Anlass ge-
fertigten halben Ledertanga an. Dieser bedeckte nur
ihre linke Pohälfte und sollte diese vor Beschädigun-
gen schützen. Von dort reichte ein Lederband des
Tangas bis zur Mitte des Rückens und weiterhin
über das Bein bis hin zu ihrer Wade.

Jo wollte dieses Mal etwas Neues ausprobieren
und sein Opfer zusätzlich quälen. Er befreite Babsi
von ihren Fesseln und legte einen Teil der Plastikfolie, mit der er auch den Raum ausgelegt hatte, über
den Spiegel. Dies war notwendig, damit Babsi dort,
wo ihr Körper später aufliegen würde, keine Spuren
hinterlassen konnte. Dann legte er sie auf dieses
Stück Folie und befestigte ihre Beine und Arme am
Tisch.

Plötzlich wurde Babsi wieder wach. „Eh, was soll
das?" Aus dem Augenwinkel heraus sah sie Jos
Schatten. Sein Körper wurde vom Mond, der durch
das Fenster schien, angestrahlt. „Jo, was machst du
mit mir? Und warum trägst du einen weißen An-
zug?"

„Das, was du verdient hast, denn du wirst schon
bald an einem jungfräulichen Windrad hängen
und …" Ein lauter Schrei von Babsi unterbrach ihn.

„Wasss!!!! Du bist das?!" Sie schrie wie von Sinnen.

„Ja, mein Mädchen, ja, schrei du nur, das macht mich noch heißer. Und nur, dass du Bescheid weißt: Du kommst mir nicht so billig davon wie deine Vorgänger!"

„Was soll das heißen?", wimmerte Babsi.

„Du wirst das Glück haben, von zwei Freudenspendern gleichzeitig verwöhnt zu werden!" Alsdann stellte Jo sich hinter sie und drang gleichzeitig mit seinem steifen Glied und dem Vibrator tief und fest in Babsi ein.

Ihre fürchterlichen Schreie hätten jeden normalen Menschen um den Verstand gebracht, nicht aber Jo. Er genoss jeden Augenblick, in dem sie schrie, und begab sich in den Rhythmus ihrer Schreie, indem er mit seinem Glied und dem Dildo in Babsi ein und aus drang.

Babsi erlitt Höllenqualen. Sie schrie, versuchte, sich zu wehren und aufzubäumen, aber ohne jeglichen Erfolg.

Kurz vor dem Orgasmus ließ Jo den Vibrator mit einem lauten Knall auf den Boden fallen und krallte sich mit seinen Händen an ihrem Hinterteil fest.

Die Schreie Babsis wechselten nun zu einem leisen Wimmern.

„So, meine Liebe, Glückwunsch! Du bist die Erste, die nicht ohnmächtig geworden ist. Mal sehen, wie es mit dir nun weitergeht", keuchte Jo.

„Was heißt das?", winselte Babsi leise.

„Das wirst du gleich spüren!" Jo nahm die Pferdepeitsche seines Vaters und schlug immer und immer wieder auf die nicht abgedeckte Seite ihres Pos ein. Erneut schrie sie sich ihre Stimme aus dem Hals. Er wiederholte dies so lange, bis Babsi in eine kurze Ohnmacht fiel.

Währenddessen schluckte er schnell noch eine blaue Pille, zog ein neues Kondom über und drang kurz darauf anal in Babsi ein. Dabei versuchte er, den Penis und zugleich den Vibrator in ihre Poöffnung zu stecken. Jo sah jedoch, dass er seiner Trophäe Schaden zufügen würde, und ließ den Vibrator zu Boden fallen. Nun ließ er seiner Lust erneut freien Lauf. „Mama, es tut mir so leid, dass ich das Gleiche tue, was sie dir angetan haben, aber ich kann nicht anders!", schrie er in die Nacht hinein.

Als er endlich befriedigt war, erwachte Babsi erneut und flüsterte: „Hör bitte auf! Bitte, bitte, Jo. Ich werde niemandem auch nur ein Sterbenswörtchen davon erzählen."

„Das wirst du auch nicht", sagte Jo, „denn ich bin noch nicht fertig mit dir." Er nahm das Messer, das im Mondschein funkelte, und steckte die Spitze des

Messers in Babaras Pobacken. Ihr Blut spritzte ihm im hohen Bogen entgegen.

Ein animalischer Schrei von ihr folgte, sie war immer noch bei Bewusstsein. Nun versuchte er, langsam und vorsichtig mit dem scharfen Messer die linke Pobacke aus Babsis Körper herauszuschneiden, denn er wollte dieses Prachtexemplar nicht beschädigen. „Gott sei Dank trage ich mein Ganzkörperkondom, sonst hätte ich mich heute im Blut baden können", dachte Jo und lächelte dabei wie ein Irrer.

Er arbeitete sich Zentimeter für Zentimeter voran, während Babsi fürchterliche Schmerzen erlitt, sie schrie, bis ihre Stimme versagte und nur noch ein Schluchzen zu hören war.

„Schau, mein Mädchen, das ist von dir." Er zeigte Babsi ihre eigene Pobacke und durch diesen Schock wurde sie nun endlich von einer Ohnmacht erlöst.

Jo legte die Pobacke in ein Konservierungsbad und verschloss dieses mit einem Deckel.

Nun schnitt er rasch Babsis Brüste ab. Dann ließ er diese Stellen ausbluten und reinigte die Wunden sorgfältig mit einer Desinfektionslösung.

Schließlich löschte er durch einen gezielten Schnitt durch die Kehle Babsis Lebenslicht aus. „So, mein Mädchen, jetzt werde ich dich endlich zu deinem Bestimmungsort bringen können. Wir sind just in time!"

Zwanzig Minuten später lud Jo sein Opfer, in eine Plastikfolie gehüllt, in seinen SUV. Danach band er eilig noch das Rosenkreuz und fuhr in Richtung Kirchheimbolanden. Im Zellertal machte er, bevor er in den Betonweg einbog, das Licht des Wagens aus, denn das Leuchten des Vollmonds reichte für sein Vorhaben aus.

Rund zwei Kilometer von der Bundesstraße entfernt blieb sein Fahrzeug stehen, genau vor dem mittleren Windrad des neuen Parks, das gestern erst fertiggestellt worden war. Die Baustelle war noch nicht demontiert und der Kran stand in perfekter Nähe zu den Rotorblättern.

Jo hatte die gängigsten Kran-Fernbedienungen mit Joystick dabei, somit auch die für diesen Typ notwendige Einheit. Er holte Babsi aus dem Kofferraum, schulterte sie und legte sie in die Anhängevorrichtung des Krans. Ein Stahlhammer, das selbst eingefärbte rote Seil, die zu einem Kreuz gebundenen dunkelroten Rosen, das Kleid, die zehn Zentimeter langen Stahlnägel und der dafür benötigte Akkuschrauber gehörten zu seiner Ausrüstung.

Als er im Korb stand, stellte Jo fest, dass er die Box mit den Brüsten vergessen hatte. Er lief nochmals zum Auto zurück, um diese zu holen. Dann beförderte er sich, die Friseurin und das Equipment in der Anhängevorrichtung einige Meter nach oben. Dort befestigte er am rechten Rotorblatt die rechte

Brust, betätigte wiederholt den Joystick, um die linke Brust von Babsi an einem weiteren Rotorblatt anzubringen.

Dann begann er mit seinem Meisterwerk. Am unteren Ende des letzten Rotorblatts befestigte er diesmal unter Zuhilfenahme des Akkubohrers eine Stahlplatte, um den Leichnam dort aufstellen und besser anbringen zu können. Denn das hatte sich bei Angie als richtiges Problem herausgestellt: sie ohne eine stabilisierende Platte am Rotorblatt befestigen zu können. „Aber ich bin ja lernfähig", dachte Jo zufrieden.

Dann befestigte er in einer Höhe von rund neunzig Zentimetern rechts und links am Rand sowie im hinteren Bereich des Rotors jeweils eine Stahlschraube. Dafür hatte er zuvor die Löcher gebohrt und diese mit einem Dübel versehen. Da er mit dem Bewegen des Krans vertraut war, konnte er diese Arbeiten ohne Probleme durchführen.

Er machte den Leichnam an einer Seilwinde fest, um diesen exakt platzieren zu können, mit dem Bauch zum Rotorblatt. Danach umwickelte er die Leiche gekonnt mit dem roten Seil, bis der Körper einen stabilen Halt hatte. Nun nahm er das rote Kleid und klemmte dieses zwischen Seil und Körper. Sein Werk war fast vollendet.

Aber das Wichtigste fehlte noch. Jo drapierte das Rosenkreuz in der linken Öffnung, wo sich einst die

Pobacke befunden hatte. Dazu stieß er die Stiele der Rosen jeweils im linken und im unteren Bereich in Babsis Fleisch in die dafür vorbereiteten Löcher, die er in der Mühle mit Desinfektionslösung gesäubert hatte, damit er sie in der Dunkelheit mit der Taschenlampe besser sehen konnte.

„Mama, bist du böse auf mich?", schrie er danach wie von Sinnen in die Nacht hinaus. In diesem Moment fing es fürchterlich an zu regnen und der Himmel schien für Babsi zu weinen.

Am nächsten Morgen riefen die Kollegen der Polizeiinspektion Kirchheimbolanden im Polizeirevier in Alzey an. Sie meldeten, dass der Landwirt Hannes Feldmann eine merkwürdige Entdeckung an einem Windrad in Richtung Zellertal gemacht hatte. Da ihnen jedoch bekannt sei, dass die Alzeyer Kollegen mit ähnlichen Fällen beschäftigt waren, wollten sie das Zepter der Ermittlungen unbürokratisch an die Alzeyer beziehungsweise Mainzer übergeben.

Hauptwachtmeister Markus Kaiser aus Alzey rief sofort Rainer Bläser an.

„Was gibt's, Kaiser?", sagte Rainer verschlafen, da er ja die ganze Nacht kein Auge zugetan hatte.

„Ich glaube, wir haben wieder einen Fall. Du solltest deine Chefin informieren: Im Zellertal wurde von einem Landwirt wohl eine weitere Leiche an einem Windrad gefunden!", teilte Markus Kaiser ihm mit.

Rainer war stumm wie ein Fisch.

„Rainer?"

„Ja", sagte Rainer Bläser.

„Hast du mich verstanden?", fragte Kaiser.

„Ja, habe ich, ich war kurz sprachlos, denn ich verstehe nicht: Wieso im Zellertal?! Danke dir. Ich werde sofort unser Team informieren."

Als Klaus Lüning am nächsten Morgen aufwachte, musste er zuerst an Chris denken und griff direkt zum Telefon. Am anderen Ende ertönte ihre müde Stimme mit einem verschlafenen „Hallo?".

„Guten Morgen, mein Sonnenschein, du hörst dich so müde an, hast du etwa die ganze Nacht durchgezockt?", fragte Klaus Lüning fürsorglich.

Mittlerweile rekelte sich Pascal im Auto an Chris' Seite und öffnete seine Augen.

„Ach, Klaus, wenn du wüsstest." Gerade wollte sie ihm von der vergangenen Nacht erzählen, als ihr ihr Verstand Nein sagte und das telefonische Anklopfen Rainers sie störte.

„Klaus, ich muss Schluss machen, ein Kollege ruft an, bis später." Chris brach das Telefonat ab und wechselte zu Rainer.

„Guten Morgen, Rainer, gibt es Neuigkeiten?"

„Ja, und du wirst nicht glauben, welche! Chris, wir haben mit hoher Wahrscheinlichkeit wieder eine Leiche! Ich bin im Moment auf dem Weg zu den Zellertaler Windrädern. Ein Bauer hat laut den Kollegen aus Kirchheimbolanden dort an einem Windrad eine Entdeckung gemacht. Was immer das genau bedeutet – ich hoffe natürlich, dass es kein weiterer Mord ist. Aber genau das ist zu befürchten!", sagte Rainer aufgeregt und gähnte.

„Was? In Richtung Donnersbergkreis? Wie kann das sein?", fragte Chris fassungslos. „Rainer, sag bitte Archi und Rezi Bescheid. Rezi soll schon einmal prüfen, welche Telefone im Zellertal heute Nacht eingeloggt waren." Mit zitternder Stimme fügte sie hinzu: „Und nicht die Telefone von Marius von der Elz und Klaus Lüning vergessen. Ach, bei Klaus bitte auch prüfen, ob er gestern Abend einen Film gestreamt hat."

„Okay", sagte Rainer knapp.

„Ich rufe Rauschelbart und Arzu an, dass sie so lange auf Stand-by bleiben sollen, bis wir sicher sind, dass es sich tatsächlich um einen Mord handelt. Wir treffen uns gleich vor Ort, okay, Rainer?"

„Geht in Ordnung, Chris, bis gleich!"

„Was ist los, Chris, etwa ein weiterer Mord?"

„Ja, Pascal, höchstwahrscheinlich", erwiderte sie, startete das Auto und raste mit Blaulicht in Richtung Kirchheimbolanden.

Als Erste erreichten Chris und Pascal den Fundort oberhalb des Zellertals. Die Windräder waren schon von Weitem zu erkennen, aus Wörrstadt kommend standen sie links der Autobahn. Die Ermittler schauten sich um. In Sekundenschnelle realisierten sie, dass es sich tatsächlich um einen weiteren Mord in einem neuen Windpark handelte, ein entsprechender Kran noch in unmittelbarer Nähe stand und das

Opfer wie bei den beiden anderen Fällen dramatisch inszeniert war. Auch diesmal war die Leiche am mittleren Windrad befestigt. Sie gingen zu den Kollegen aus Kirchheimbolanden, die sie beide noch nicht kannten.

„Guten Morgen! Chris Wiesbacher, Kripo Mainz, Leiterin der SoKo" und „Pascal Leckerer, BKA", stellten sich Chris und Pascal vor.

„Ich hörte, Sie wollten sich nicht um diesen Mord kümmern?", fragte Chris eine sehr junge Polizistin, die jedoch schon Oberkommissarin war, wie Chris an den zwei silbernen Sternen ihrer Uniform erkannte.

Diese erwiderte, dass sich ihr Chef doch noch dazu entschlossen hatte, schnellstmöglich einen Polizeitrupp an die Windräder zu schicken, um den Fundort so lange im Auge zu behalten, bis die Kollegen aus Mainz beziehungsweise Alzey eintreffen würden. Denn er hätte sich Sorgen gemacht, dass die Spuren durch Dritte zerstört werden könnten.

„Wenn es überhaupt noch welche gibt nach dem Regen in der vergangenen Nacht", murmelte Chris vor sich hin.

Pascal und Chris zogen sich ihre Spezialanzüge an und betraten den Fundort. Wenige Minuten später erschien auch Rainer. Als er von der Seite das Gesicht der Toten sah, rief er laut: „Das gibt es doch gar nicht! Die sieht aus wie Babsi, ich meine Barbara Posovca vom Friseursalon ‚Tausendschön' in Worms."

„Was, Sie kennen sie?", fragte Pascal irritiert.

„Ja, ich war bei ihr zum Haareschneiden. Archi hat sie mir empfohlen", erklärte Rainer und fügte hinzu: „Was war das für eine tolle Frau!"

„Das ist wirklich ein merkwürdiger Zufall. Erst Angie, dann Babsi. Ich glaube, mein Hamster bohnert!", erwiderte Pascal kopfschüttelnd.

Chris rief zwischenzeitlich Arzu Kayar und Professor Viktor Rauschelbart an, die sich nach dem Telefonat direkt auf den Weg zum Zellertal machten.

Als das komplette Mainzer Team vor Ort eingetroffen war, kam Viktor auf Chris zu, die sichtlich niedergeschlagen neben dem Windrad stand und beobachtete, wie Arzu den Leichnam barg.

„Ich habe schon von Ihrer privaten Eigeninitiative gestern Abend gehört. Schade, dass Sie diesen Psychopathen nicht stellen konnten", sagte er bedauernd und klopfte Chris leicht auf die Schultern.

Chris schaute ihn an und nickte ihm dankend zu.

Das Team arbeitete nun, so gut es bei diesem aufgeweichten Boden ging, auf Hochtouren. Auch bei diesem Mord waren die Beamten wegen des gestrigen Unwetters nicht in der Lage, weitere Spuren zu sichern.

Nachdem sie den Leichnam und die Brüste geborgen hatte, erreichte Arzu mit dem Rest ihrer Mannschaft im Arbeitskorb wieder den Boden.

„So langsam kann ich mich zur Ballonfahrerin ausbilden lassen. Oder vielleicht lieber doch zur Industriekletterin, um an Hochhäusern die Fenster zu reinigen. Es macht mir mit jedem Mal weniger aus, die luftigen Höhen zu betreten", sagte sie ironisch zu Chris und fuhr dann aber sachlich fort: „Dieses Mal hat der Täter seine Arbeitsweise perfektioniert. Er hat tatsächlich eine Stahlplatte und andere Hilfsmittel am Rotorblatt befestigt, um dem Körper mehr Halt zu geben."

„Das ist ja der Wahnsinn", rief Chris erstaunt, als Rauschelbart sie unterbrach.

„Frau Wiesbacher, Sie haben sicher selbst schon die sichtbaren Fakten wahrgenommen. Im Vergleich zum letzten weiblichen Opfer hat dieses lange blonde Haare und hier fehlt die linke Pobacke. Die rechte Seite des Pos sieht aus wie ausgepeitscht. Der Todeszeitpunkt liegt wahrscheinlich zwischen 23 Uhr und 2 Uhr. Die Spuren der Fesselung am Handgelenk scheinen dem Opfer jedoch schon mindestens einen Tag vor dem Tod zugefügt worden zu sein, erklärte Rauschelbart nach seiner vorläufigen Leichenschau den Anwesenden.

„Also könnte sie schon früher verschwunden sein, vielleicht wurde sie gefangen gehalten", stellte Chris fest.

Und Arzu ergänzte: „Es ist der gleiche Lippenstift. Ich habe ihn schnell mit den Chemikalien geprüft. Und das Rosenkreuz hat die gleiche Beschaffenheit und Machart wie in den letzten beiden Fällen. Spuren gibt es wieder mal keine. Aber ich schaue mich noch einmal persönlich hier unten um." Mit diesen Worten verschwand Arzu und lief das Gelände um das Windrad ab.

Pascal stand vor dem Windrad und sah es sich nachdenklich an. „Was ist mit Ihnen?", fragte Chris.

„Es tut hier zwar vermutlich nichts zur Sache, aber ich habe mir überlegt, warum ein Windrad nicht vier Flügel beziehungsweise Rotorblätter hat statt drei?"

„Das ist doch simpel. Bei vier Flügeln würden sich immer zwei Rotorblätter gegenüberstehen. Wenn jetzt eins der vier Rotorblätter plötzlich keinen Wind mehr bekommt und das Gleiche mit dem gegenüberliegenden Rotorblatt passiert, entsteht eine Unwucht, die das Ganze instabil macht. Bei dreiflügeligen Windrädern stehen auf jeder Seite zwei Rotorblätter, die das wieder ausgleichen können, somit entsteht keine Instabilität, verstanden?", fragte Chris.

„Ah, ja, danke für die ausführliche Erklärung", sagte Pascal freundlich und dachte: „Was für ein tolles Weib, und klug ist sie auch noch!" Schnell ergänzte er: „Ach, Chris, noch eine wichtige Information für Sie. Marius von der Elz kann wohl nicht der Täter sein. Er hat laut Beschattungsteam sein Haus seit gestern Abend nicht verlassen, ich habe vor fünf Minuten mit dem Chef des Teams telefoniert."

„Das ist ja interessant. Wir stehen quasi bei null", sagte Chris. Ihre Enttäuschung war ihr deutlich anzumerken.

In diesem Moment kam Rainer zu ihr herübergelaufen. „Chris, ich bin zwar hundemüde wie du, aber ich möchte nach Worms in den Salon ‚Tausendschön' fahren. Vielleicht kann ich dort etwas Nützliches herausfinden!", sagte Rainer.

„Okay, mach das. Danach legst du dich auf dem Parkplatz Wonnegau mal zwei Stündchen aufs Ohr, hast du verstanden, Rainer?"

„Ja, Chris, mache ich." Rainer stieg in seinen grünen VW Käfer und fuhr durch das Zellertal in Richtung Worms.

Nach zwanzig Minuten erreichte Rainer die Fußgängerzone und sah, dass sich vor dem Salon schon eine kleine Schlange von Menschen gebildet hatte, die sich jedoch in diesem Moment auflöste.

Der Dienst von Babsis fünf Angestellten fing erst um 9.30 Uhr an, während Babsi ihren ersten Termin schon um 8 Uhr hatte. Glücklicherweise besaß Britta einen Zweitschlüssel und konnte den Salon aufschließen, um den wartenden Kunden Einlass zu gewähren. Sie wunderte sich, wieso ihre Chefin noch nicht erschienen war, und wollte Babsi gerade anrufen, als Rainer Bläser den Salon betrat. Er bat sie, ihm in einen hinteren Raum zu folgen. Britta kannte ihn vom letzten Haarschnitt und wusste, dass er Polizist war.

Nun teilte er ihr die traurige Nachricht mit und Britta brach sofort in Tränen aus. Rainer versuchte, sie zu beruhigen, und fragte sie, ob sie dennoch in der Lage sei, ihm ein paar Fragen zu beantworten.

„Herr Bläser", schluchzte sie und putzte sich die Nase, „würde es Ihnen etwas ausmachen, erst einmal in einem Massagesessel Platz zu nehmen? Ich muss mich um die Einteilung der Mädels und die Kundschaft kümmern. Das könnte etwa zwei Stunden dauern. Babsi hätte bestimmt gewollt, dass ich das tue." Mit diesen Worten fing sie wieder an zu schluchzen, richtete sich dann aber auf und versuchte, einen gefassten Eindruck zu machen.

„Das können wir gerne tun. Geben Sie mir doch bitte vorab den Terminkalender von Barbara. Ich werde in dieser Zeit einen Blick hineinwerfen."

Fünf Minuten später brachte ihm eine Angestellte den Kalender Babsis und Rainer setzte sich damit in einen Massagestuhl. Es vergingen keine zwei Minuten, da las er den Vornamen Marius, aber von Müdigkeit überwältigt, fiel ihm der Kalender aus der Hand, noch bevor er den Namen vollständig lesen und diese wichtige Nachricht an Chris weitergeben konnte. Rainer fiel in einen tiefen Schlaf.

„Herr Bläser, Herr Bläser, wachen Sie auf!"

Rainer spürte ein zaghaftes Rütteln an seiner Schulter. Verdutzt schaute er in die Augen von Britta.

„Ich wäre jetzt so weit."

„Ah, prima", erwiderte Rainer und fuhr sich mit der Hand durch den Bart. „Britta, wissen Sie was? Könnten Sie mir während der Befragung eventuell den Bart abrasieren?"

„Aber natürlich, Herr Bläser, das kann Yvonne tun. Sie ist erst seit letztem Samstag im Salon und hat keinen Bezug zu unserer Chefin. Das ist sicher besser für Sie und Ihren Bart. Ich werde mich dann währenddessen neben Sie setzen."

Rainer ging zur Frisierecke. Dort bot Yvonne ihm einen Kaffee an, den er dankend annahm. „Also, Britta, ist Ihnen in der letzten Zeit etwas aufgefallen?"

„Herr Bläser, eigentlich nicht. Die Chefin war die letzten drei Wochen auf Mallorca im Urlaub und kam super erholt von dort zurück. Babsi sagte, dass sie sehr viel Spaß gehabt und sich bestens entspannt hätte. Ich habe sie noch gefragt, ob sie vielleicht eine neue Liebe kennengelernt hätte. Sie hat darauf geantwortet: ‚Fürs Bett: ja.' Aber sie habe vor ihrem Urlaub jemanden kennengelernt, mit dem sie sich schon bald hier treffen würde", antwortete Britta ohne Punkt und Komma.

„Hat sie einen Namen genannt, wie er aussieht oder woher er kommt?", wollte Rainer wissen.

„Es tut mir leid, nicht dass ich wüsste. Ich werde die Mädels, die heute freihaben, morgen fragen, ob sie etwas wissen."

„Das wäre prima, hier meine Karte. Unter dieser Nummer können Sie mich Tag und Nacht erreichen." Rainer übergab Britta seine Visitenkarte.

„Ach, mir ist noch was eingefallen", sagte Britta schnell: „Babsi hatte vorgestern und gestern ihre freien Tage. Sie müssen wissen, dass wir montags auch arbeiten. Normalerweise kam sie immer abends vorbei, um die Kasse zu holen, dieses Mal jedoch nicht. Das hat sie in den zehn Jahren, die ich hier schon arbeite, noch niemals gemacht. Ich habe mir dabei jedoch so gar nichts gedacht."

„Danke, das ist wirklich eine wichtige Information", sagte Rainer. „Britta, sagt Ihnen der Name Marius von der Elz etwas?"

„Ja, natürlich. Das ist einer unserer Stammkunden, schon seit mehr als drei Jahren", erwiderte diese.

Nachdem Yvonne die Rasur beendet hatte, befragte Rainer noch die anderen Friseurinnen und verabschiedete sich sodann.

„Ach, Herr Bläser", rief Britta ihm hinterher, „ohne Bart sehen Sie wirklich viel besser aus!"

Rainer freute sich über dieses Kompliment wie ein Honigkuchenpferd. Er drehte sich um und zeigte Britta seinen Daumen nach oben.

Auf dem Weg vom Fundort nach Mainz machte Chris an ihrem Haus halt. „Pascal, ist Ihnen nicht irgendwie auch nach einer Dusche? Ich habe ein Gästebad, das können Sie gerne benutzen, und danach legen wir uns kurz aufs Ohr."

„Das ist eine gute Idee, Chris, und es wäre toll, wenn Sie auch noch eine Zahnbürste für mich hätten."

„Na klar, habe ich. Ich sehe, wir verstehen uns", erwiderte sie und zwinkerte Pascal zu.

„Sie hat wirklich gute Ideen", dachte er und wurde dabei etwas rot im Gesicht. Welch ein Glück, dass Chris sich da gerade mit dem Einparken beschäftigte und die Verfärbung in seinem Gesicht nicht sehen konnte.

Am späten Mittag im Kommissariat angekommen, bereiteten sich Chris und Pascal zuerst einmal einen Kaffee zu und ließen den Vormittag gemeinsam Revue passieren.

„Ich kann das nicht fassen! Wieso wurde die Leiche diesmal an einem Windrad im Zellertal befestigt? Das gehört doch zum Donnersbergkreis und nicht zu Rheinhessen!", sagte Chris immer noch niedergeschlagen.

„Wir waren so nah dran! Vollmond, Regen … Alle äußeren Umstände haben gepasst. Man könnte fast glauben, dass der Täter über unsere Geheimaktion Bescheid wusste", erwiderte Pascal.

„Welche Geheimaktion?", fragte Böcker, der in diesem Moment zur Kaffeebar kam. Vorwurfsvoll fügte er hinzu: „Frau Wiesbacher, wo waren Sie den ganzen Vormittag? Und was musste ich vor fünf Minuten hören: schon wieder ein Mord am Windrad, und das aber nun im Donnersbergkreis?"

„Ja, leider, und zur Geheimaktion …" Chris berichtete, dass heute Nacht drei Teams freiwillig die neu errichteten Windanlagen der Firma Wind Solar & More AG observiert hätten.

„Keine schlechte Idee von Ihnen, aber warum war der Standort Zellertal nicht dabei?", fragte Böcker vorwurfsvoll.

„Weil dieser nicht auf unserer Liste stand!"

In diesem Augenblick erkannte Chris einen eventuellen Zusammenhang und just in diesem Moment rief Rainer an und teilte ihr mit, dass Marius von der Elz ein Kunde im Salon Tausendschön wäre.

„Pascal, nehmen Sie Ihren Kaffee, wir fahren sofort zur Wind Solar & More AG. Marius von der Elz wurde zwar beschattet, aber vielleicht gab es doch noch eine Möglichkeit, wie er sein Haus unbemerkt verlassen konnte."

Sie drehte sich um, rannte mitsamt ihrem Kaffee nach unten in Richtung Auto und ließ ihren überraschten Chef einfach stehen.

Binger Katakomben

Klaus wollte Chris mit ihrem Lieblingssandwich eine Freude machen und brachte es in das Kommissariat. Begleitet von einem Kollegen von Chris, fand er sie weder an der Kaffeebar noch in ihrem Büro. Sie liefen zum Konferenzraum, wo er blitzschnell seine Blicke über die Whiteboards gleiten ließ, als sie plötzlich eine Stimme hinter sich hörten: „Was machen Sie da?"

Der Kollege antwortete, dass sie Chris suchen würden. In diesem Augenblick drehte sich Klaus um und sah in die bezaubernden Augen von Rezina. „Ach, Klaus, Sie sind es", erwiderte Rezi erleichtert. Sie teilte ihrem jungen Kollegen mit, dass sie Klaus nun in ihre Obhut nehmen würde, er könne wieder nach unten gehen.

„Einen wunderschönen Tag, Rezina", antwortete Klaus, „das ist ja ein schönes rotes Kleid! Ich habe ein Thunfischsandwich für Chris mitgebracht. Sie hat bestimmt einen Mordshunger!"

„Danke für das Kompliment. Ja, Chris hat bestimmt einen Bärenhunger. Sie ist mit Pascal nach Wörrstadt gefahren zu Ihrem Unternehmen.

„Ach, das wusste ich ja gar nicht! Warum?"

„Sie hat wohl noch ein paar Fragen an Ihren Kollegen", erwiderte Rezi, gähnte und zuckte dabei mit ihren Schultern.

„Oje, dann hat mein armer Schatz wohl keine Zeit, mit mir einen Kaffee trinken zu gehen."

„Sie nicht, aber ich", sagte Rezi spontan, denn sie hatte noch nichts zu Mittag gegessen.

„Sollen wir nach Gonsenheim in das Café Walhalla fahren?", fragte Klaus.

„Aber gerne doch", erwiderte Rezina, denn ein Stückchen Torte wäre jetzt schon ganz gut für ihren Magen.

„Okay, ich fahre. Ich habe den Wagen um die Ecke in der Corneliusstraße geparkt."

„Klaus, ich muss noch schnell meinen Bericht abgeben, das dauert etwa zehn Minuten, dann wäre ich so weit. Ist das in Ordnung für Sie?"

„Prima. Ja, na klar. Kommen Sie, wenn Sie fertig sind, meine dunkelgraue Kutsche wird Sie dann bereits erwarten." Klaus nahm das Sandwich wieder mit und begab sich auf einen kleinen Umweg, um eine Flasche Mineralwasser zu kaufen. Dann ging er zu seinem Fahrzeug.

Acht Minuten später öffnete Rezi die Tür des Wagens mit den Worten: „Mein Gott, ist das heute wieder heiß", und ergänzte, als sie einstieg: „Einen schicken Schlitten haben Sie, Klaus."

„Ja, das ist er. Ich dachte mir, dass Sie vielleicht Durst hätten, und habe Ihnen eine Flasche Wasser besorgt." Er öffnete diese und reichte sie Rezi, die sie gerne annahm.

Sie trank einen großen Schluck und erzählte Klaus, dass sie schnell noch ihre Verabredung mit Archi um zwei Stunden nach hinten verlegt hätte.

„Doch nicht etwa meinetwegen?", fragte Klaus lächelnd.

„Doch, aber davon muss er ja nichts wissen!", sagte sie und grinste dabei schelmisch.

Bei der Wind Solar & More AG mit Blaulicht angekommen, stürmten die Beamten in das Büro von Marius von der Elz.

„Meine Herrschaften, Contenance, was soll denn Ihr unangekündigter Auftritt?"

„Was das soll? Komischerweise ist heute schon wieder ein Windrad-Mord passiert! Und Sie waren Babsis Kunde im Salon Tausendschön!"

„Ach du meine Güte, nicht schon wieder", murmelte Marius von der Elz leise. „Welch ein Schaden für meine Firma! Aber was hat das mit dem Friseursalon zu tun?"

„Die Chefin war das Opfer! Und haben Sie keine anderen Probleme, denken Sie denn gar nicht an die Menschen, die gestorben sind?", fragte Pascal sarkastisch.

Chris bombardierte nun Marius von der Elz mit Anschuldigungen und letztendlich, als er kein Alibi für die letzte Nacht vorweisen konnte, ließ sie ihn wissen, dass er vorläufig verhaftet sei. Sie wusste wohl, dass er von ihren Kollegen beschattet worden war, aber vielleicht gab es einen *Hinterausgang*, den die Polizisten noch nicht kannten. Von der Elz fragte, ob er seinem Anwalt Bescheid sagen könnte, der heute seinem firmeneigenen Justiziar eine Etage tiefer bei einer Rechtsberatung behilflich wäre.

Fünf Minuten später erschien Prof. Dr. Martin Klaushofer und Marius informierte ihn über die Sachlage.

„Wo haben Sie denn die Leiche gefunden?", fragte der Anwalt.

„Im Zellertal", erwiderte Chris.

„Im Zellertal. Aber da haben wir doch überhaupt keine Baustelle. Die Windräder gehören zur Keinwald GmbH aus Kaiserslautern", rief Marius von der Elz erleichtert aus. Ein Raunen ging durch das Büro.

„Unter diesen Umständen glaube ich nicht, dass Sie noch einen Grund haben, meine Herrschaften, Herrn von der Elz mit auf das Präsidium zu nehmen. Dass er Miteigentümer des Unternehmens ist, kann ihn doch nicht verdächtig machen!", sagte der Anwalt spöttisch.

„Aber dass er mit dem ersten Opfer gechattet hat und das zweite und das dritte Opfer kannte. Und dass er für die letzten beiden Morde kein Alibi hat! Das ist doch ein merkwürdiger Zufall, oder?" erwiderte Chris etwas ungehalten.

„Wir werden die entsprechenden Beweise schon noch finden!", fügte Pascal hinzu.

„Dem sehe ich mit aller Gelassenheit entgegen", antwortete der Anwalt. „Und darf ich Sie jetzt bitten, die Räumlichkeiten zu verlassen?", fuhr er fort.

Chris und Pascal verließen wie von Taranteln gestochen das Büro.

„So ein Mist, Pascal", sagte Chris, als sie in ihrem „Rotling" saßen. „Rufen Sie doch bitte Kevin an, ob er schon weiß, wo die Handys von Klaus Lüning und Herrn von der Elz gestern und vorgestern Abend eingeloggt waren. Wir brauchen auch die Adresse der Keinwald GmbH in Kaiserslautern."

Pascal führte das Telefonat laut, damit Chris mithören konnte.

„Klaus Lüning war den ganzen Abend und die Nacht in Bad Kreuznach mit seinem Handy eingeloggt, den Abend davor in Hamburg, und Herr von der Elz beide Nächte in Biebelnheim. Sorry, dass ich Ihnen keine bessere Nachricht geben kann", kam es aus dem Telefon.

„Ob du es glaubst oder nicht", dachte Chris „du hast mir den Tag und meine Beziehung gerettet."

Sie seufzte tief und fuhr erleichtert weiter nach Kaiserslautern.

Östlich von Kaiserslautern standen sie an einem Gewerbepark vor verschlossenen Toren. Die hier ansässige Firma bestand lediglich aus einem Büro, das in einem Bürohaus angesiedelt war.

Jo fühlte sich nach seiner gelungenen Tat mit Babsi wie neugeboren und war sehr zufrieden, weil alles wie am Schnürchen geklappt hatte. Seine Prozesse, die er alle etwas optimiert hatte, passten nun perfekt und bedurften keinerlei Modifizierung mehr. Heute wollte er die neue Trophäe präparieren und danach fünf Bilderrahmen besorgen. Das Material sollte aus Ebenholz sein, die beiden Rahmen hatte er bereits in Mainz in der Nähe des Doms bestellt.

„Was für ein Hintern!", dachte er, bevor er mit dem Plastinationsprozess anfing. Wie gewohnt legte er den Po in das eiskalte Azeton-Bad. Beim Berühren des Hinterns wurde ihm schummrig, sein Freudenspender meldete sich prompt wieder bei ihm.

Schnell verschloss er den gläsernen Behälter und stellte diesen neben seinen Ohrensessel, denn das

Azeton-Bad musste noch die Raumtemperatur erreichen. Eilig zog er seine Hose herunter, setzte sich in den Sessel und befriedigte sich dann genussvoll selbst. Dabei fiel sein Blick immer wieder auf das Behältnis. „Ahh, das ist wirklich gut, so ein geiles Gefühl! Wozu braucht man eigentlich Porno-Zeitschriften?", stöhnte er und kam dann relativ schnell zum Orgasmus.

Er nahm ein Taschentuch, wischte sein Sperma von den Händen und ging nach oben ins Bad, um eine erfrischende Dusche zu genießen.

Als er sich wieder angezogen hatte, nahm er seine Autoschlüssel und fuhr über die Autobahn in die Mainzer Innenstadt. Dort lief er direkt zum Dom, um eine Kerze für seine Mutter anzuzünden und ein Gebet für sie zu sprechen.

Gegen 16 Uhr erreichte er die Galerie. Seine Spezialanfertigungen, fünf Rahmen aus Ebenholz, standen schon zur Abholung bereit. Er hatte jeden Ebenholzrahmen an der Seite mit einer schmalen dunkelroten Umrandung absetzen lassen.

Jo wusste, dass es wohl noch ein paar Monate dauern würde, bis alle Rahmen gefüllt waren, aber er freute sich darauf, dass seine Trophäen dann prächtiger wären als die seines Vaters. Er brachte die Rahmen zum Auto und wollte sich noch um das wichtigere größere Paket kümmern.

Da heute ein wirklich guter Tag für ihn gewesen und das Wetter galaktisch war, verspürte er plötzlich Lust auf etwas Süßes. Er wollte eigentlich direkt in Mainz ein Eis essen gehen, da fiel ihm jedoch ein, dass es in Armsheim „das weltbeste Eis" in Hannis Eisdiele gab.

Aber zuvor musste er erst das Paket abholen. Jo fuhr in die Nähe des Hauptbahnhofs und erledigte dort sein Vorhaben. Nach dreißig Minuten fuhr er von seinem Parkplatz in Richtung Uni und von dort auf die A63 in Richtung Alzey. Er nahm die Ausfahrt Wörrstadt und fuhr in Richtung Armsheim durch den wunderschönen und für seine Fachwerkhäuser bekannten Ort Rommersheim. Etwas später kam er an einen unbeschrankten Bahnübergang. Hier hatte es schon einige Male tödliche Unfälle gegeben. Deshalb war ihm beim Überqueren etwas mulmig zumute und er bekam wie immer an dieser Stelle eine Gänsehaut.

Wenige Minuten später hatte Jo endlich die Eisdiele von Hanni an der Hauptstraße erreicht. Dort wurde er freundlich von der hübschen Chefin begrüßt. „Das ist wirklich eine klasse Frau! Und, oh Mann, was hat die für einen Hintern! Aber ich wäre ja schön blöd, wenn ich mich damit um mein Eisvergnügen bringen würde", dachte er lächelnd.

Jo genoss einen Bananensplit, denn er hatte noch eine Stunde Zeit, bis er seine Trophäe weiterbearbeiten konnte. „Halt, stopp, ich habe ja tatsächlich etwas vergessen", fiel es ihm plötzlich ein und er schaute hektisch auf seine Uhr. „Ich denke, ich habe noch etwa zehn Minuten."

Er zahlte, verabschiedete sich von Hanni und fuhr zurück in seine Mühle. Dort brachte er sein großes Paket in den unteren Raum, versorgte den Inhalt erneut mit einer Dosis an Opiaten und holte anschließend die Bilderrahmen aus seinem Auto.

Alsdann konnte er mit der Präparierung seines Werkes fortfahren. Nachdem er alle Bearbeitungsschritte an seiner Trophäe vorgenommen hatte, tupfte er vorsichtig und ehrfürchtig Babsis Pobacke mit einem roten Seidentuch ab. Aus dem Nebenraum holte Jo das Prachtexemplar von Angies Po. Er öffnete die Box, nahm die Pobacke heraus und legte sie vorsichtig auf den Rückwandkarton des heute gekauften Rahmens. Daneben legte er die von Babsi. Dann ordnete er die Hälften so lange auf der Rückwand in dem neuen Rahmen an, bis das Ensemble seine Zustimmung fand.

Nun zog er mit einem feinen weißen Stift aus Kreide die Konturen der Hintern nach, nahm die Pobacke von Babsi und küsste diese zärtlich. „Ach, wie wunderbar." Ein blitzschnelles Beben durchzuckte seinen Körper, unvermittelt hatte er schon wieder einen Orgasmus.

„Oh mein Gott, nicht jetzt!", dachte er, legte den Po beinahe liebevoll zurück in den Rahmen und ging nach oben. Nach der Körperhygiene führte er seine Arbeit in den unteren Räumen fort.

Jo beklebte Angies Körperteil mit einem Spezialkleber, der innerhalb von einer Minute trocknete, und setzte es vorsichtig in den inneren Kreiderand ein. Das wiederholte er mit Babsis Pobacke.

Zufrieden betrachtete er sein Kunstwerk. „Das ist ja mal eine Trophäe", schrie er freudig, hüpfte in die Luft und fuhr fort: „Vater würde vor Neid erblassen, und er wird sich hoffentlich jetzt in seinem Grab umdrehen!"

Jo nahm sein fertiges Kunstwerk und hängte es vor dem Ohrensessel an die Wand, damit er zukünftig immer einen Blick darauf werfen konnte.

„Na, Mädels, jetzt kann ich immer an euch denken, wenn ich hier sitze, und ich hoffe, dass bald noch mehr von euch hier zu sehen sein werden! Heute ist ja immer noch fast Vollmond, mal schauen, was der Abend noch so bringen mag! Regeln sind schließlich da, um sie zu brechen. Und mal sehen, welche freudige Überraschung sich im großen Paket befindet." Er hob sein Whisky-Glas und prostete den Körperteilen lächelnd zu.

Im Präsidium trommelte Chris ihr Team zusammen. Arzu, Viktor, Rainer und Pascal waren erschienen, wohingegen Rezi nicht zu erreichen war.

„Vielleicht ist sie nach Hause gegangen, sie sah vorhin sehr müde aus", meinte Arzu. „Ich habe vorsichtshalber ihren Mitarbeiter Kevin gebeten zu bleiben und später zu uns zu stoßen."

Dann fuhr sie fort: „Und übrigens habe ich heute die Analyse von den Rosenblättern der beiden weiteren Morde bekommen: Sie stimmen nicht mit den Rosen, die das Blumenlädchen in Nieder-Olm an die Firma Wind Solar & More AG verkauft beziehungsweise mit den Rosen auf dem Anwesen von Herrn von der Elz überein.

„Wieder eine Spur weniger", äußerte Pascal niedergeschlagen.

Ein weiteres Whiteboard stand schon parat und Chris nahm den Stift, um die Informationen aufzunehmen.

„So, ihr wisst, was wir nun tun werden", sagte sie und fing an: „Also, was haben wir? Das Opfer heißt Barbara Posovca, 38 Jahre jung, blonde lange Haare, ledig, Friseurmeisterin, Vollmond, Regen, gleiche Inszenierung mit den roten Rosen wie bei den letzten Morden, dieses Mal fehlt die linke Pobacke wie bei Franz Dechent. Auch sie wurde mit K.-o.-Tropfen und Opiaten ruhiggestellt. Der Todeszeitpunkt liegt zwischen 24 Uhr und 2 Uhr heute Morgen. Ihre rechte Pobacke wurde massiv, mit hoher Wahrscheinlichkeit mit einer Pferdepeitsche geschlagen."

„Da muss jemand richtig viel Wut im Bauch gehabt haben", meinte Rauschelbart und ergänzte: „Ihr Körper war mit Rosenwasser parfümiert. Außerdem wurde sie anal und zusätzlich auch vaginal mit einem Dildo vergewaltigt. Ich konnte entsprechende Plastikpartikel sicherstellen."

Während Chris diese Infos ans Board schrieb, betrat Kevin den Raum.

„Entschuldigung für die Verspätung, aber ich musste noch etwas für unseren Chef Herrn Böcker erledigen", sagte Kevin zaghaft.

„Kein Problem", erwiderte Chris und fuhr fort: „Was unterscheidet diese Tat von den letzten Taten? Diesmal ist der Landkreis Donnersberg betroffen, das Windrad gehört nicht der Firma Wind Solar & More AG, sondern der Firma Keinwald GmbH aus Kaiserslautern. Es wurden keine Reifenspuren gefunden. Der Leichnam wurde wieder am mittleren Windrad befestigt, dieses Mal jedoch mit einer Stahlplatte. Das Opfer wurde dieses Mal mit einem Dildo misshandelt. Die rechte Pobacke wurde durch heftige Peitschenhiebe geschädigt."

„Was ein Hinweis darauf sein könnte, dass der Täter aggressiver wird", fügte Pascal hinzu.

„Und Marius von der Elz war Kunde im Salon ‚Tausendschön'", sagte Rainer.

„Wie bitte?", fragte Arzu, die davon noch nichts wusste. „Das ist ja ein unglaublicher Zufall, oder nicht? Erst chattet er mit Angie – und nun war er dort *zufällig* Kunde. Und Herrn Dechent kannte er auch!"

„Ja, aber schon seit drei Jahren", erklärte Rainer.

„Also vermutlich doch ein Zufall", sagte Chris.

Nach dem Clustern der Ergebnisse stellte Chris die Frage, die sie schon den ganzen Tag verunsicherte: „Konnte der Täter wissen, dass wir die anderen Anlagen observieren? Insiderwissen?"

Sie fuhr fort: „Einige wissen es schon, aber noch einmal für alle: Rezi hat natürlich gleich die Telefone von Marius von der Elz und Klaus Lüning geprüft. Klaus Lüning war von Sonntag bis Dienstagvormittag mit seinem Handy in Hamburg eingeloggt, danach bei sich zu Hause. Marius von der Elz' Handy war bis heute Morgen im Funkzellenbereich von Wörrstadt und Biebelnheim zu orten und er hat laut Beschattungsteam das Haus nicht verlassen. Wie wir aber alle wissen, können die Herren auch das Handy zu Hause gelassen haben. Klaus Lüning könnte das Handy theoretisch auch einer Person mit nach Bremen bzw. Hamburg gegeben haben und dann trotzdem im Zusammenhang mit den Morden unterwegs gewesen sein. Dafür haben wir bisher jedoch keine Beweise!"

Chris hoffte inständig, dass Klaus tatsächlich in Hamburg gewesen war, aber ihr Bauchgefühl sagte ihr etwas anderes.

Kevin ergänzte, dass er nochmals nachgesehen hatte, ob an den Fundorten zu dem Zeitpunkt der Morde andere Handys eingeloggt waren. Dies sei jedoch nicht der Fall gewesen.

In diesem Moment klingelte das Telefon von Rainer, der rasch aufstand und den Raum verließ.

Mit einem Lächeln auf den Lippen kam Rainer Bläser zurück. „Vielleicht haben wir nun endlich eine Spur! Babsis Vertretung hat eine Kollegin zu Hause angerufen, die derzeit in Urlaub ist. Und sie kann sich tatsächlich daran erinnern, dass Babsi von einem Kunden namens Jo geschwärmt hat und sich mit diesem nach ihrem Urlaub treffen wollte. Zufällig hat sie ihm, an dem Tag als er im Salon war, die Hände manikürt und die Haare gewaschen. Ich habe Frau Knöller angerufen und sie gebeten, sofort für die Erstellung eines Phantombilds bei uns vorbeizukommen. Sie ist auf dem Weg."

„Das ist eine gute Nachricht Rainer", sagte Pascal.

Chris nickte zustimmend und lächelte Rainer an. „Wie spät ist es eigentlich? Oh mein Gott, schon gleich 18 Uhr. „Habt ihr nicht auch Hunger?", fragte Chris in die Menge.

„Und wie!", schallte es einstimmig zurück.

„Okay, dann lade ich euch zum Italiener ein", kündigte Chris an. Sie schloss den Raum mit den Whiteboards ab und ging mit ihren Kollegen zum Italiener in der Nähe des Polizeipräsidiums. Alle bestellten sich eine Vorspeise, einen Hauptgang und ein Dessert, denn sie hatten den ganzen Tag so gut wie nichts gegessen.

Rund eineinhalb Stunden später betraten sie gegen Abend wieder das Präsidiumsgebäude. Am Eingang wartete Klaus schon ungeduldig auf Chris.

„Geht ihr bitte vor, ich komme gleich nach", sagte Chris zum Rest der Mannschaft.

„Hallo, mein Sonnenschein", sagte Klaus mit einem unwiderstehlichen Lächeln, „magst du mit mir essen gehen?"

„Hallo, Klaus, es tut mir leid. Ich habe gerade schon mit den Kollegen gespeist und ich bin zu müde für eine Verabredung. Können wir das bitte auf morgen verschieben?" Dabei schmiegte Chris sich zärtlich in Klaus' Arme und gab ihm einen Kuss auf den Mund.

In diesem Moment kam Archi aufgeregt die Eingangstür hereingestürmt und rief ihr schon von Weitem zu: „Chris, hast du Rezi gesehen?"

Sie schüttelte den Kopf. „Sie muss wohl für ein Nickerchen zu Hause sein, das meinte zumindest Arzu."

„Da war ich schon, und sie geht an keines ihrer beiden Handys ran. Wir wollten doch heute Abend zusammen zum Tanzen gehen. Sie hat sich dafür gestern extra noch ein rotes Kleid gekauft, weil es eine spanische Nacht ist und Flamenco getanzt wird. Schaut, ich habe mir diesen dunkelroten Sombrero dafür angeschafft." Archi zeigte stolz auf seinen Hut. Dann fuhr er nachdenklich fort: „Du weißt, dass ich mir normalerweise keine Sorgen um sie mache, aber sie ist sonst sehr zuverlässig und hat mir heute Mittag mitgeteilt, dass wir unser Abendessen etwas nach hinten schieben müssten, weil sie noch etwas erledigen wollte. Sie hätte sich sicherlich bei mir abgemeldet, wenn ihr noch etwas dazwischengekommen wäre. Jetzt ist sie schon seit einer Stunde überfällig!"

Archi schnappte nach Luft und ergänzte: „Ich habe auch eben noch mal nachgesehen. Weißt du eigentlich, dass laut Mondkalender gestern Abend noch gar nicht richtig Vollmond war? Und heute soll es wieder ab 2.40 Uhr regnen!"

Das traf Chris wie ein Paukenschlag. „Okay, wir gehen hoch und werden die Handys von Rezi orten. Kevin ist Gott sei Dank noch da. Klaus, es tut mir leid, ich muss mich um Rezi kümmern!" Mit diesen

Worten spurteten die Beamten los in Richtung Treppenhaus.

„Ach, wenn ich nur meine Geilheit unterdrücken könnte. Leider hat mein Schatz heute keine Zeit, sie hat wirklich viel zu tun", dachte Klaus und ging schnell zu seinem Auto.

Fünfzehn Minuten später raste ein gelber Ferrari über die Autobahn in Richtung Kaiserslautern und wurde dabei mit einer Geschwindigkeit von 330 km/h am Alzeyer Kreuz geblitzt.

Die Beamten befanden sich bei Kevin in der IT-Zentrale. „Ich weiß gar nicht, wie ich live ein Handy orten kann", sagte er verzweifelt.

„Aber ich", rief Archi sofort. Dann wählte er mehrere Nummern und verlangte die Ortung von Rezinas Telefonnummern. Die Dame am anderen Ende ließ sich die Telefonnummer vom BKA und Archis Namen geben.

„Mich können Sie hier nicht zurückrufen, da ich ein Kollege von der Dienststelle in Alzey bin. Rufen Sie bitte beim Polizeipräsidium Mainz an und lassen Sie sich ins Kommissariat zu meiner Kollegin Chris Wiesbacher durchstellen. Machen Sie das bitte so schnell wie möglich. Es geht um Leben und Tod." Mit zitternden Händen legte Archi den Telefonhörer auf.

Er und die anderen waren mittlerweile leichenblass! Wie auf Kommando liefen alle in die Richtung von Chris' Büro. Nach fünfzehn Minuten bekamen sie den erwarteten Anruf. Ein Handy wurde in der unmittelbaren Nähe des Präsidiums geortet, und zwar am Ende der Goethestraße. Das andere Signal kam etwas außerhalb von Wendelsheim, es konnte aber nur in einem Radius von 400 Metern geortet werden.

„Archi, schau mal in der Goethestraße, ob du das Handy oder Rezi findest. Und Pascal, kümmern Sie sich bitte um das Sondereinsatzkommando. Schicken Sie dem SEK die derzeit vorliegenden Koordinaten von Wendelsheim und sagen Sie dem SEK, dass es auf jeden Fall auf uns warten soll."

„So ein Mist, wer hätte denn ahnen können, dass Rezina zwei Handys besitzt. In der Tasche hatte nur eins gelegen, das ich in der Goethestraße deponiert habe. Sie haben bestimmt das andere schon in Wendelsheim geortet! Vielleicht schaffe ich es, die Mühle zu erreichen, bevor die Polizei dort ist", dachte Jo.

Er musste so schnell wie möglich zur Mühle, um Rezina Brüstchen von dort wegzubringen. „Gott sei

Dank habe ich das Auto heute noch vollgetankt",
murmelte er vor sich hin. „Wenn ich es schaffe, sie
von der Mühle wegzubringen, können die keine
Verbindung zu mir herstellen, denn mein Vater
hatte ja die Mühle seinem kanadischen Cousin vererbt, und der ist letztes Jahr dort gestorben. Außerdem habe ich den Namen meiner Mutter angenom-
men", dachte er und lächelte über seine Klugheit.

Er raste, so schnell sein Auto fahren konnte, über
die A63 und wechselte am Alzeyer Kreuz die Autobahn in Richtung Kaiserslautern. Mit hoher Geschwindigkeit und quietschenden Reifen nahm er
die Abfahrt Erbes-Büdesheim. Dabei wurde sein
Fahrzeug fast aus der Kurve katapultiert.

„Beherrsche dich, bleib ruhig und mach jetzt
keine Fehler", murmelte Jo leise und umschloss das
Lenkrad fester mit seinen Händen. Fast flog er über
die Bundesstraße, musste jedoch kurz vor Wendelsheim in der Linkskurve seine Geschwindigkeit stark
drosseln. Durch die Ortschaft fuhr er so schnell es
ihm möglich war, dann bog er zügig hinter dem
Ortsausgangsschild in Richtung Mörsfeld rechts in
den Feldweg ein.

Nach zwei weiteren Minuten bei seinem Anwesen angekommen, sprang er aus dem Auto, öffnete
die Haustüre und hastete in die Kellerräume.

Rezina war wie erwartet noch betäubt. Er tastete
ihr Gewand ab und fand tatsächlich das zweite

Handy sowie einen roten Lippenstift in der Seitentasche ihres Kleids. Jo warf ihr zweites Handy achtlos auf den Boden, wo er es mit einem kräftigen Tritt zertrat. Danach schubste er es unter den Tisch.

„Den Lippenstift können wir später noch gebrauchen", dachte er lächelnd und betrachtete ihn gedankenverloren. Dabei drehte er ihn zaghaft auf, als ob der Stift ihn verletzen könnte. Die dunkelrote Farbe war ihm nur allzu vertraut, und die alten Bilder von seiner Mutter und die Geschehnisse damals zogen in Bruchteilen von Sekunden wieder an ihm vorbei. Schnell verschloss er den Lippenstift wieder und steckte ihn in seine Hosentasche.

Danach flößte er Rezina vorsichtshalber noch zwei Esslöffel seiner Opiatmischung ein. Er hatte ihr seiner Einschätzung nach zwar genügend verabreicht, um einen Esel zum Schlafen zu bringen, aber sicher war sicher. Jo riss den Strauß Rosen auf, nahm vorsichtig vier heraus, schmiss den Rest auf den Boden, schnitt danach ein Stück Seil ab und nahm sein Jagdmesser an sich. Nun legte er Rezina über seine linke Schulter und begab sich mit ihr und einem neuen Overall zu seinem Ferrari. Kondome hatte er ja noch reichlich im Handschuhfach – für den Fall der Fälle. Er setzte Rezi auf den Beifahrersitz und schnallte sie dort an.

Kurz darauf verließ er mit quietschenden Reifen sein Grundstück. Am Ortsausgang in Richtung

Wonsheim konnte Jo im Rückspiegel bereits das Blaulicht, aus Richtung Erbes-Büdesheim kommend, sehen. „Wow, war das knapp, die konnten tatsächlich das Handy orten", dachte er mit einem hämischen Grinsen im Gesicht.

„Rainer, wirf den Beamer an und zeig uns das Kartenmaterial. Wir schauen uns die Gegend um den Ortungspunkt mal genauer an", sagte Chris, als sie im Konferenzraum im Präsidium saßen.

Drei Minuten später war eine große Satellitenaufnahme des Orts Wendelsheim auf der Leinwand zu sehen. „Bewege jetzt bitte die Maus etwas nach links in Richtung Wonsheim, so knapp einen halben Kilometer. Jetzt bitte im gleichen Radius noch einmal um Wendelsheim herum."

Archi stieß mit einem traurigen Gesichtsausdruck zu ihnen und sagte: „Schaut mal, das Handy habe ich uff dem Trottwaar in der Goethestraße gefunden."

„Kopf hoch, Archi, wir werden Rezi bestimmt finden", sagte Rainer zu ihm. Gemeinsam sichteten sie das vorliegende Kartenmaterial. Innerhalb des

Ortungsradius außerhalb von Wendelsheim kamen vier Gebäude infrage.

„Das ist die Müller-Mühle, die kenne ich. Dort wohnt ein älteres Ehepaar", klärte Archi die anderen auf.

„Und dieses Gebäude sieht nicht aus, als ob es bewohnbar wäre." Chris zeigte auf ein zerfallenes Gebäude, das sich in einem Waldstück Richtung Nack befand. „Also bleiben nur der Aussiedlerhof und das Gebäude, das rund zweihundert Meter davon entfernt liegt. Pascal, ruf bitte noch mal das Einsatzkommando an und gib diese Koordinaten durch. Wir machen uns alle auf den Weg dorthin."

„Alle?", fragte Kevin verdutzt.

„Sie nicht. Sie bleiben bitte hier, für den Fall, dass wir noch Ihre Unterstützung brauchen sollten."

Archi lief noch schnell in Rezinas Büro, um ihren Schal zu holen, damit die Hundestaffel eingesetzt werden konnte, die auch angefordert war.

Der Rest der Mannschaft war gerade auf dem Weg in Richtung Aufzug, als eine Stimme Chris hinterherrief: „Frau Wiesbacher, stopp!" Chris ging zurück zu dem Kollegen. Der Phantomzeichner kam Chris entgegen und zeigte ihr das nach den Angaben der Mitarbeiterin im Salon Tausendschön angefertigte Bild.

Ihr fiel die Kinnlade nach unten. Chris war sprachlos und ihr wurde schlecht. „Nein, lieber

Gott, bitte nicht!" Ihre Gedanken wirbelten wild durcheinander. Sie folgte den anderen nach unten in die Tiefgarage.

„Klaus, das ist wohl das einzig Gute, das ich von dir bekommen habe", dachte Chris und stieg in ihren Rotling ein. In diesem Moment war sie froh, so ein schnelles Auto zu besitzen.

Pascal stieg, ohne weitere Fragen zu stellen, zu ihr ins Fahrzeug und informierte das Sondereinsatzkommando mit dem Handy bezüglich der zu durchsuchenden Standorte in Wendelsheim. Rainer und Archi nahmen sich das Dienstfahrzeug, einen Audi A8. Dann raste die Blaulichtkolonne in Richtung A63.

„Pascal, rufen Sie bitte Rainer an. Er soll Klaus Lüning bei der K6 zur Fahndung ausschreiben."

„Wie bitte? Ja dann mal Prost, Mahlzeit!", sagte Pascal ungläubig.

„Leider", erwiderte Chris leise. „Das Phantombild sah ihm verdammt ähnlich. Rainer soll auch noch seine Alzeyer Kollegen dazuordern. Sie müssen alle Straßen um Wendelsheim absperren, also die Straßen von Wendelsheim in Richtung Uffhofen, Erbes-Büdesheim, Nack, Nieder-Wiesen, Mörfelden und Wonsheim. Und sie sollen, wenn möglich, Klaus Lüning festnehmen. Er könnte mit einem gelben Ferrari unterwegs sein. Muss er aber nicht!"

Leise murmelte sie vor sich hin: „Eigentlich hat Klaus für alle Abende Alibis, beim letzten Mord hat er laut Rezi sogar ein Video gestreamt. Oder eher seinen TV angelassen?"

Pascal hatte eben die Informationen weitergegeben und Rainer zwischenzeitlich die Alzeyer Kollegen informiert, als die nächste Arbeitsanweisung von Chris kam.

„Pascal, rufen Sie bitte Kevin an, er soll das Handy von Klaus Lüning orten. Und geben Sie ihm vorsichtshalber die Nummer von Klaus. Bitte schauen Sie in meinen Kontaktdaten im Handy unter seinem Namen nach.

Pascal nahm das Handy, das Chris per Fingerprint entsperrte, suchte unter den Kontakten die entsprechende Telefonnummer und gab sie telefonisch an Kevin weiter.

Chris raste so schnell sie konnte in ihrem Sportwagen über die Autobahn, gefolgt von Rainer und Archi. Fünf Minuten später rief Kevin zurück mit der Nachricht, dass das Handy von Klaus Lüning leider abgeschaltet sei.

Das Sondereinsatzkommando war bereits am Aussiedlerhof in Wendelsheim angekommen und hatte schon den Hof umstellt. Die Anspannung war bei allen bis ins Mark zu spüren. Als Chris das Auto abstellte, meldete ihr Bauchgefühl, dass dies nicht die richtige Adresse war. Sie klingelte.

Frau Michel, eine alte Dame öffnete zwei Minuten später im Bademantel und mit einer Haube auf dem Kopf ihre Haustüre und erschrak sich fast zu Tode. „Hilfe, was wollen Sie von mir?", schrie sie, als sie die bewaffneten Beamten sah. Chris nahm sie zur Seite und versuchte, sie zu beruhigen.

In diesem Moment drängten sich die Kollegen vom SEK schon an den beiden Frauen vorbei und sicherten jeden Raum im Gebäude einzeln. Das Grundstück, die Weinkeller und Schuppen wurden von der Einheit mit Rainer und Pascal auf den Kopf gestellt. Doch die Aktion blieb ohne Erfolg, auch die Spürhunde schlugen nicht an.

Chris erklärte der alten Dame, dass sie auf der Suche nach einem sehr gefährlichen Mann seien. Sie entschuldigte sich bei ihr dafür, dass die Beamten sie so erschreckt hatten.

„Ei, Mädche, ich bin doch so en Oongstschisser, ihr habt mich wirklich erschreckt", erwiderte diese.

Als Chris wenige Minuten später das Haus verließ, lief Frau Michel mit einem Krückstock hinterher und zeigte in Richtung Wald. „Kind, dort drübbe ist eh Auto an der Mühle, ich denke, so zehn Minuten, bevor ihr bei mir geklingelt habt, vorgefahre. Des seh ich nämlich, wenn ich in meinem Wintergarten sitze. Maad, ich glaub, ich hab die Autolichter gesehe."

„Oh mein Gott, hoffentlich ist es nicht zu spät", dachte Chris gequält und bedankte sich bei Frau Michel für diese wichtige Information. Dann rannte sie zum zuständigen Einsatzleiter, setzte diesen über den aktuellen Stand in Kenntnis und gab ihm den weiteren potenziellen Aufenthaltsort des Mörders bekannt.

Alle Mannschaften mussten sich nun umgehend auf den neuen Zugriffsort, nämlich die Mühle konzentrieren. Zu allem Übel gab es vom Aussiedlerhof keinen direkten Weg zur Mühle. Die Einheiten mussten nun erst einmal nach Wendelsheim zurückfahren. Sie durchquerten wenige Minuten später den Ort, wo die Menschen, obwohl es mitten in der Nacht war, neugierig auf den Straßen standen und sichtlich erregt waren, denn die Sirenen der Polizei waren nicht unbemerkt geblieben – und so ein Geschehen gab es hier auf dem Land vielleicht alle hundert Jahre einmal.

Die Kolonne durchquerte Wendelsheim in Richtung Mörsfeld. Am Ortsausgangsschild wurden wie auf Kommando die Blaulichter ausgeschaltet. Nun bogen sie in den ersten Feldweg – einen Betonweg – ein. Sie machten die Lichter der Fahrzeuge aus, denn das Licht des Mondes war völlig ausreichend, und bogen danach in den nächsten Weg links ein, der durch ein kleines Waldstück führte. Am oberen

Rand des Grundstücks parkten sie die Fahrzeuge und versperrten so den Betonweg.

Ein Teil des SEK ging dort in Stellung, während die anderen mit den Kollegen vom Präsidium mit ihren Fahrzeugen die Einfahrt zum Anwesen hinunterrollten. Am Zielort schwärmten die Trupps aus. Die Hunde zogen wie wild an der Leine, denn sie hatten die Spur von Rezi aufgenommen. „Hier sind wir richtig", gab der Staffelhundeführer über Funk an seine Kollegen weiter.

Weit und breit war kein Ferrari zu sehen, dafür aber ein SUV. „Das ist hundertprozentig das Tatfahrzeug", rief Rainer zu Chris hinüber.

Das Sondereinsatzkommando öffnete gewaltsam die Eingangstür des Anwesens und die Beamten stürmten das Haus. Schnell begab sich ein Teil des Teams nach oben, während der andere Teil das Erdgeschoss durchforstete.

Die Mühle war von außen ein schönes altes Gebäude und von innen hatte ein Architekt eine wunderschöne Symbiose zwischen Alt und Neu geschaffen. Sichtbare Stahlträger wurden durch Bruchsteine ergänzt und diese mit unterschiedlichen Farben abgesetzt. Das Interieur stammte von italienischen Designern und passte vorzüglich in die Räume. „Hier hat jemand wirklich Geschmack bewiesen", dachte Chris und in ihrem Magen zog sich alles zusammen, denn dieser Geschmack kam ihr, was das Moderne betraf, sehr bekannt vor.

Nun begaben sich beide Teams in das Untergeschoss. Auch hier war nichts von Rezi zu sehen.

„Der Vogel ist ausgeflogen", rief der Leiter der Spezialeinheit. „Frau Wiesbacher, kommen Sie bitte nach unten."

Chris, Rainer und Pascal begaben sich zu dem Beamten, während Archi mit der Hundestaffel weiter das Grundstück absuchte. Die Spur von Rezi zog sich vom Keller nach oben, bis sie sich direkt vor der Garage unter dem Carport verlor. Der Hundestaffelführer teilte Archi mit, dass Rezi wohl in einem Fahrzeug abtransportiert worden sei.

Unten erreichten sie einen auffällig sauberen Saal mit einem riesigen Kronleuchter in der Mitte. Dieser war hell erleuchtet. Am anderen Ende des Saals stand ein Ohrensessel aus Leder auf einem dunkelroten Seidenteppich. Die Wände waren mit Jagdtrophäen behängt.

Doch was die Beamten dann zu sehen bekamen, ließ sie erstarren. Eine der Trophäen war besonders bizarr. In einem schwarzen Rahmen waren zwei Pobacken zu einem „Herz" zusammengeführt, das Arrangement wurde durch Lampen in Szene gesetzt. Schnell vermutete Rainer, dass es sich um die Pobacken von Angie und Barbara handelte.

„Wie krank ist das denn!", rief ein noch junger Polizist. Er fing an zu würgen und übergab sich an Ort und Stelle.

Pascal war währenddessen in einen Nebenraum gegangen und kam nach kurzer Zeit zurück.

„Chris, wir sind hier richtig. Der Raum nebenan ist wohl seine Folterkammer. Er hat einen großen Tisch mit Spiegel, einige Kerzenständer, sogar eine Peitsche liegt dort. Aber genau werden wir das erst wissen, wenn wir dieses Schwein geschnappt haben", schnaubte er verächtlich und sah ihr dabei tief in die Augen.

In einem weiteren Zimmer befanden sich Chemikalien, Plastikfolien und diverse Werkzeuge. Bei einem etwa zweihundert Meter langen roten Seil schien es, als ob erst vor Kurzem hektisch ein Stück abgeschnitten worden war, denn rote Fransen lagen auf dem sonst penibel sauberen Granitboden. Auch Rosen lagen auf dem Boden zerstreut. Die Folie, mit der der Strauß umwickelt gewesen war, war wohl unter Zeitdruck aufgerissen und ebenso achtlos auf den Boden geworfen worden.

Wie in Trance schrie Chris zu Pascal und Rainer: „Das Jagdmesser fehlt! Er hat den Blumenstrauß schnell aufgerissen, damit er zwei frische Rosen für Rezi mitnehmen konnte. Schaut, wie achtlos alles auf dem Boden liegt – und er ist normalerweise ein ordnungsliebender Mensch. Rainer, ruf bitte schnell

Kevin an, er soll noch mal versuchen, Rezis Handy zu orten, und danach feststellen, wem dieses Haus gehört!"

Chris machte auf dem Absatz kehrt. Dabei fiel ihr Blick unter einen Tisch, auf dem ein Spiegel befestigt war. Sie bückte sich. „Nein, das darf doch nicht wahr sein! Das ist das zweite Handy von Rezina. Es ist kaputt! Ich erkenne es an dem Aufkleber wieder. Wie sollen wir sie nun finden können?", rief sie den Kollegen panisch zu.

Rainer kam zurück und informierte Chris, dass das Handy laut Kevin hier vor Ort sein musste und das Haus einem Theo Schweilig aus Kanada gehörte. Ein dunkler SUV sei auch auf ihn angemeldet.

Chris zeigte Rainer das gefundene Handy und blickte ihn traurig an. „Theo Schweilig, wer zum Teufel ist Herr Schweilig?", fragte Chris irritiert.

„Das konnte Kevin leider noch nicht sagen, aber er arbeitet daran", sagte Rainer niedergeschlagen und zuckte dabei mit den Schultern.

Chris rief die Kollegen in Bad Kreuznach an und bat um ihre Unterstützung, denn die Zeit war knapp. Sie sollten der Spur nachgehen und das Penthouse von Klaus Lüning in Bad Kreuznach stürmen und durchsuchen.

„Wir machen uns mit dem Sondereinsatzkommando auf den Weg zu euch", sagte sie, übergab das Handy an Pascal und raste wenige Minuten später los in Richtung Bad Kreuznach, gefolgt von den anderen Fahrzeugen. Pascal versorgte die Kollegen aus Kreuznach telefonisch mit allen notwendigen Informationen. Archi und Rainer befanden sich mit ihrem Wagen direkt hinter Chris.

Chris rief über die Freisprechanlage in ihrem Wagen Archi und Rainer zu: „Ich habe die Kollegen in Bad Kreuznach informiert. Sie sind auf dem Weg zu Klaus Lünings Wohnung. Ich will keine Zeit verlieren, aber wir brauchen mindestens zehn Minuten, bis wir dort sind."

Sie atmete tief durch. „Ich kann noch immer nicht glauben, dass es Klaus sein soll, aber in diesem Fall hoffe ich für Rezi, dass wir auf der richtigen Spur sind. Denn wie es scheint, haben wir nur diese", sagte sie ruhig und besonnen. Zumindest war sie es nach außen hin, doch innerlich bebte sie wie ein Vulkan. Sie fuhr fort: „Leider gibt es kein Handy mehr, das wir orten könnten, das Handy von Klaus ist auch aus."

Plötzlich wurde sie von einem Schrei Archis, der aus ihrer Freisprechvorrichtung kam, unterbrochen. „Halt, stopp, ich habe was total vergessen", rief er aufgeregt. „Sie hat in ihrem Lippenstift einen Transponder platziert. Wenn sie nicht gerade in einem Keller ist, kann ich sie mit meiner App orten."

„Was?", schrien Pascal, Rainer und Chris gleichzeitig.

Archi öffnete die App in seinem Handy und jubelte: „Leute, ihr werdet es nicht glauben, ich habe ein Signal!"

Nach einer halsbrecherischen Fahrt erreichte Jo endlich den Pfarreigarten in Bingen. Erstmals nach Jahrzehnten betrat er wieder den Garten.

„Zum Glück kennt sonst niemand diesen hinteren Zugang zum Garten", dachte Jo. Er ließ seinen Blick durch den vom Mond erhellten Garten schweifen. Hier hatte sich wirklich nichts geändert, der Garten sah nur überwuchert aus. Aber das war ja auch kein Wunder, da das Gebäude schon seit dreißig Jahren leer stand, gleich nachdem seine Mutter, Pfarrer Münster und seine anderen Peiniger qualvoll in einem Feuer gestorben waren.

„Tja die haben damals bekommen, was sie verdient hatten. Aber warum musste Mama, obwohl ich sie zuvor in der Abstellkammer eingesperrt hatte, es schaffen, sich zu befreien und nach unten zu kommen?", fragte er sich wieder einmal.

Jo hatte damals, nachdem er zutiefst durch die Pfarrer gedemütigt wurde, den Plan gefasst, diese bei lebendigem Leibe verbrennen zu lassen, damit sie in der Hölle schmoren konnten. Zwei Tage, bevor ihr nächster Besuch erwartet wurde, hatte er in den Katakomben zehn Feuernester gelegt. Er konnte sich noch genau daran erinnern, wie seine Mutter die Pfarrer ins Haus gelassen hatte.

Jo ging danach kurz in die Küche und sagte seiner Mama, dass er Bauchschmerzen habe und einen Kamillentee brauche. Seine Mutter ging in die Abstellkammer, um die getrocknete Kamille zu besorgen. Schnell schloss Jo die Abstellkammer zu ihrer Sicherheit ab und eilte dann zu seinem Geheimeingang. Er nahm ein feuchtes Tuch mit, so wie er es in der Bibliothek in einem Buch für Brände gelesen hatte. Dann zündete er schnell und unbemerkt in den Räumen um den großen Saal die Feuernester an.

Noch heute wusste er, wie beißend der Qualm in seinen Augen war.

Als er kaum noch Luft bekam, drückte er das feuchte Tuch vor den Mund und die Nase und lief über den geheimen Aufgang zum Garten. In dem Moment, als er am oberen Ende der Stufen angekommen war, hörte er die Rufe seiner Mutter, der es irgendwie gelungen war, sich aus dem Abstellraum zu befreien. Sie musste nach unten in den großen Saal gegangen sein, um ihn zu retten.

„Nein, Mama, nicht", schrie er noch, aber es war schon zu spät. Die Flammen hatten sich so stark in den Katakomben verbreitet und der Qualm war so mächtig, dass keiner der Pfarrer und auch nicht seine Mutter von dem Feuerwehrteam aus dem Inferno gerettet werden konnte. Obwohl der Brand nicht auf das Haus übergriff, dauerten die Löscharbeiten mit den vier Feuerwehrzügen fast die ganze Nacht.

Am nächsten Morgen war das Gerede in der Straße natürlich groß, weil man schon seit Jahren die regelmäßigen Besuche der Pfarrer in der Nachbarschaft wahrgenommen und nichts Gutes vermutet hatte.

Jos Vater holte ihn an diesem Morgen ab und eine Woche später wurde seine Mutter auf dem Binger Friedhof in der Nähe des Pfarrers beigesetzt. Jo konnte sich noch sehr gut daran erinnern, wie die Leute ihn mitleidig angesehen hatten und hinter versteckter Hand über ihn tuschelten.

Die Ermittlungen der Polizei wurden schon bald eingestellt, denn die Beamten ging davon aus, dass sich die Pfarrer regelmäßig zu privaten Gottesdiensten in der Pfarrei trafen und ein Funkensprung einer Kerze das Unglück ausgelöst hatte.

Nach diesem Ereignis lebte Jo bei seinem Vater. Eine Woche nach der Beerdigung durfte der Junge noch mal in das Haus, um seine Habseligkeiten zu holen. Bei dieser Gelegenheit schlich er heimlich nach unten zum Ort des Geschehens und steckte die Kerzen, die er mitgebracht hatte in die Wandleuchter. Sie waren für seine Mutter gedacht, die er sehr vermisste. Er warf noch schnell einen Blick in den großen Saal. Dieser war wie durch ein Wunder tatsächlich vom Brand verschont geblieben. Schnell ging er zu seinem kleinen Versteck und nahm den Lippenstift seiner Mutter an sich.

Jo ging nun zum Deckel, der den Eingang zu den Katakomben versperrte und dank des Mondlichts gut zu finden war. Dort legte er die Steine beiseite und versuchte, den Deckel hochzuheben. „Mann, ist der leicht", dachte er, dabei war er ihm früher so schwer vorgekommen.

Er ging über die Stufen nach unten in die Räume und schaute sich um. Ihm war alles so vertraut, als ob die Geschehnisse erst gestern stattgefunden hätten. Selbst die alten Petroleumlampen und die Kerzen an den Wänden waren noch vorhanden. Nun warf er einen Blick in den großen Saal und dachte, dass dieser zwar nicht perfekt und etwas staubig sei, aber für seine Improvisation heute Nacht würde er ausreichen. Schnell zündete er die Kerzen an den Wänden an und machte sich wieder auf den Weg nach oben zu seinem Fahrzeug.

„Ah, meine Schöne, gut, dass du noch schläfst, es wird nicht mehr lange dauern, dann wirst du mit mir in das Reich der Lust eintreten." Er hob sie hoch, legte sie über seine Schulter und trug Rezi durch den geheimen Eingang im Garten nach unten. Dort legte er schnell mit einer Hand das kleine Stück alte Folie, das er zuvor gefunden hatte, über den Spiegel und platzierte Rezis Körper auf dem Tisch über dem Spiegel.

„Mein Gott, jetzt habe ich die restlichen Utensilien vergessen, ich muss noch einmal zum Auto." Er ging in den Nebenraum, in dem er einen alten Sack fand, eilte mit diesem die Leiter hinauf in den Garten und rannte erneut zu seinem Ferrari. Dort packte er die Folie, die er brauchte, um Rezi später damit einzuwickeln, den Overall, das Seil, die Rosen, das Jagdmesser und das Rosenwasser in den alten Sack. „Den Lippenstift habe ich ja Gott sei Dank in meiner Hosentasche", murmelte er vor sich hin. „Jetzt bin ich bereit, um mich meinem Meisterwerk zu widmen." Jo verschwand wieder in den Katakomben.

„Wartet, ich muss schnell das Kartenmaterial aufrufen, dann haben wir eine Adresse", rief Archi aufgeregt am anderen Ende des Telefons über die Freisprecheinrichtung. Nach einer Minute, die sich für alle wie eine Stunde anfühlte, schrie er durch den Hörer: „Es ist Bingen, Rezi ist im Osten von Bingen!", überschlug sich seine Stimme.

Plötzlich war Totenstille.

„Archi, was ist los?", fragte Chris.

„Ich habe das Signal verloren", sagte Archi bitter, „ich kann nicht sagen, wo sie sich genau befindet!"

Chris rief über die Freisprechanlage: „Kein Thema, lasst uns alle nach Bingen fahren, vielleicht bekommen wir noch eine zweite Chance mit deinem Transponder und deiner Ortungsapp, Archi. Rainer, ruf bitte die Einheiten in Bingen zwecks Unterstützung an, sie sollen sich schon einmal auf den Einsatz dort vorbereiten. Pascal wird dem Sondereinsatzkommando Bescheid geben."

In diesem Moment klopfte ein Anrufer an. „Wir rufen euch gleich zurück, Rainer, wir haben einen eingehenden Anruf."

Pascal nahm den Anruf entgegen, machte dabei sein Bluetooth aus, um Chris beim Fahren nicht abzulenken, und legte nach einer Minute wieder auf.

„Was gibt's?", fragte Chris.

„Die Wohnung in Bad Kreuznach war sauber, weit und breit keine Spur von Klaus Lüning."

Ein tiefer Seufzer von Chris folgte.

Pascal rief Rainer zurück und gab diese Info auch an ihn und Archi weiter. Alle Einheiten waren nun mit Blaulicht auf dem Weg nach Bingen.

Kurz vor Bingen kam der erlösende Anruf von Archi: „Ihr werdet es nicht glauben, ich konnte das Signal noch einmal eine Minute lang orten. Der

Standort ist in der Mainzer Straße 1313, das ist oben in der Nähe der Rochuskapelle!" Mit diesen Worten fing er vor Erleichterung an zu weinen und auch Chris liefen einige Tränen über die Wangen, die sie sich schnell mit ihrem Handrücken wegwischte.

„Also, ihr informiert die Kollegen aus Bingen und wir den Rest der Mannschaft. Und jetzt schnell, auf geht's!", schrie Chris in einem Gefühlsausbruch.

Jo zog einen weißen Overall und Handschuhe an. Dann legte er den Raum mit Folie aus und platzierte seine Kondome neben dem Spiegel. Nun war es an der Zeit, seine Gespielin auf den Ritt der Lust vorzubereiten. Er zog Rezina das Kleid aus.

„Mensch, hat sie schöne Unterwäsche an!", dachte er und sein Pipimatz regte sich. „Oh nein, jetzt habe ich die blauen Pillen vergessen, was für ein fataler Fehler. Dann kann ich meine Gier heute leider nicht so oft befriedigen." Deshalb gab er seinem kleinen Freund einen etwas stärkeren Klaps und seufzte tief.

Nun zog er zuerst das knappe schwarze Unterhöschen aus, dabei berührte er Rezis wunderbaren herzförmigen Hintern. Ein Beben durchdrang schon wieder seinen Körper. „Behalte dich im Griff", dachte Jo und streifte den Büstenhalter von Rezi ab. „Welch eine wundervolle Pracht! Eigentlich schade, dass ihr zwei morgen auf den Rotorblättern in Wörrstadt hängen werdet", dachte er verschmitzt.

Genüsslich bereitete er sein Opfer vor. Er wusch Rezina mit dem Rosenwasser von Kopf bis Fuß ab, als sie langsam zu sich kam. Schnell fesselte Jo sie an den Armen und Beinen an den Tischbeinen, bäuchlings über dem Tisch liegend, und bemalte Rezinas Lippen mit ihrem Lippenstift, den er danach wieder in seinen weißen Hosenanzug steckte. Er hörte ihr leichtes Stöhnen und ihr Körper bekam plötzlich flächendeckend eine Gänsehaut.

„Was ist denn hier los?", wisperte Rezina kaum verständlich. „Da spart wohl jemand an der Heizung. Hier ist es so kalt wie im Kühlschrank. Mensch, Alter, schmeiß mal die Heizung an", rief sie laut.

Rezi hatte innerhalb von Sekunden realisiert, in welch gefährlicher Lage sie sich befand. Aus ihrer psychologischen Fortbildung wusste sie, dass sie Zeit gewinnen musste. Intuitiv zeigte sie keine Angst, um sich nicht in die Opferrolle zu begeben – in der sie aber natürlich war. Gleichzeitig nahm sie den keuchenden Atem ihres Entführers hinter sich wahr.

„Sei still, mein Mädchen."

„Was heißt hier *still*?", unterbrach sie ihn abrupt. „Erstens bin ich nicht dein Mädchen, zweitens bist du kein guter Gastgeber, drittens: Wo hast du deine Manieren gelassen, *Klaus*? Und viertens stinkst du widerlich nach Schweiß!", stellte Rezi trotzig fest.

Klaus war dermaßen schockiert über ihre Aussprüche, dass er erst einmal sprachlos war. Er hob seine Arme und schnupperte erst rechts, dann links unter seinen Armen, und tatsächlich: Er bemerkte einen beißenden Schweißgeruch. Wie war das möglich? Er hatte doch heute Morgen geduscht. „Na klar, wegen der Hetzerei heute und wegen der unvorhergesehenen Ereignisse habe ich so fürchterlich transpiriert, dass ich übel rieche", dachte er. „Na gut, meine Liebe, dann werde ich versuchen, mich für dich etwas frisch zu machen und den lästigen Geruch für dich zu beseitigen."

Klaus verließ den Saal in Richtung Innenaufgang. Auf dem Weg dorthin entriegelte er den Hauptwasserhahn. Das hatte er schon als Kind öfters getan, wenn das Wasser für den Garten abgestellt wurde, und er wusste natürlich noch genau, wo sich dieser Hahn befand. Nun eilte er die Treppen nach oben ins Erdgeschoss.

Sein Handy befand sich noch immer im Stand-by-Modus. Er schaltete die integrierte Taschenlampe an und erreichte das Gästebad. Irgendwie war ihm mulmig zumute, weil er nach so vielen Jahren an den Ort der schrecklichen Taten zurückgekommen war.

Nach nur einer Umdrehung brach der Wasserhahn im Gästebad ab. Das Material hatte anscheinend Alterserscheinungen. „So ein Mist", fluchte er vor sich hin und begab sich nach oben in den ersten Stock in das Hauptbad. In einem Schrank lagen, von einer gewaltigen Staubschicht bedeckt, Handtücher und ein Stück Rosenseife. Er nahm ein Handtuch, das mittig zwischen den anderen lag, öffnete seinen Overall und ließ das Wasser erst ein wenig laufen, da es rostig aussah. Als es endlich klar aus dem Hahn herauskam, begann er, sich unter den Armen mit der Seife zu reinigen. „Welch ein himmlischer Duft nach Rosen", bemerkte er und wusch auch sein Geschlechtsteil.

Zurück im Keller, überlegte Klaus, ob er die Tür abschließen sollte. „Ja, das werde ich tun und zur Sicherheit auch noch das Holzfass davorschieben", entschied er. Kurze Zeit später hatte er die Tür verbarrikadiert. Plötzlich hörte er durch die weitläufigen Katakomben ein lautes, dumpfes Geräusch und eilte zum großen Saal.

Sobald Klaus den Raum verlassen hatte, versuchte Rezina mit aller Kraft, sich von ihren Fesseln zu befreien, zuerst an den Beinen, dann an den Armen, doch ohne Erfolg.

„Ich muss hier unbedingt raus", dachte sie. „Die anderen werden vielleicht schon irgendeine Spur von mir haben", sinnierte sie weiter. Nun versuchte sie, wie beim Yoga ihren Oberkörper aufzurichten und das Körpergewicht nach hinten zu verlagern. Dies wiederholte sie einige Male und sie wollte schon aufgeben, als sie urplötzlich mit einem lauten Schlag nach hinten umfiel und der Tisch und der Spiegel mit ihr. „Autsch", entfuhr es ihr.

Nun saß sie auf ihrem Hinterteil und hatte den Tisch mit Spiegel auf ihren Beinen liegen, und zwar quer mit der langen Seite über beide Beine hinweg. „Das war eine blöde Idee von mir, jetzt fühle ich mich wie auf einer Streckbank", dachte sie, denn ihre Arme wurden dadurch noch mehr auseinandergezogen.

In einem Anfall von Traurigkeit blühte jedoch ein Keim von Hoffnung in ihr auf. „Vielleicht hat er meinen Lippenstift irgendwo liegen lassen. Archi ist bestimmt so clever, den zu orten. Ich muss nur wissen, ob der Lippenstift hier ist", dachte Rezi.

In diesem Moment wurde die Tür aufgerissen. Rezi schrie: „Was hast du denn hier für einen scheiß Tisch, der hält ja noch nicht einmal ein Leichtgewicht wie mich aus."

Klaus war dermaßen perplex, dass er sich bei Rezina entschuldigte und versuchte, sie mitsamt dem Tisch nach oben zu drehen, was ihm nach einigem Hin und Her auch gelang.

„Du, ich habe so trockene Lippen, kannst du mir die jetzt bitte als so eine Art Schmerzensgeld mit meinem Lippenstift schminken?"

Klaus sah sie an und sagte: „Gerne, meine Liebe." Er nahm den Lippenstift aus seiner Overalltasche.

„Ist das auch meiner? Denn der hat eine pflegende Wirkung", fragte Rezi.

„Aber natürlich, meine Liebe, schau, es ist dein Stift."

307

Als sie ihren Lippenstift sah, hätte Rezi am liebsten einen Luftsprung gemacht. Sie versuchte, sich ihre Aufregung nicht anmerken zu lassen, und hoffte, dass Archi daran dachte, sie zu orten! Just in diesem Moment fielen ihr aber Archis Worte ein: dass eine Ortung in Kellerräumen oder in Räumen mit dicken Betonwänden nicht möglich sei.

Rezi verfiel in eine tiefe Traurigkeit. Sie wusste, was nun folgen sollte, denn sie sah die Bilder der anderen Opfer vor ihren Augen!

„Ich danke dir vielmals. Meine Lippen fühlen sich jetzt etwas besser an. Kann ich bitte noch einen Schluck Wasser bekommen?"

Klaus legte den Lippenstift auf den Spiegel, führte eine neue Wasserflasche an ihrem Mund und Rezi trank gierig.

„Pass auf, dass du den Lippenstift nicht verschmierst", tadelte Klaus Rezi, als er sah, dass dieser am Rand der Flasche zu sehen war. Er nahm die Flasche, verschloss sie und sagte: „Nun, mein Herzblatt, jetzt werden wir endlich loslegen!"

Chris, Rainer, Pascal, Archi und die Beamten aus Bingen waren vor dem Objekt in Bingen eingetroffen. Sie standen vor einer großen Villa, die von einer etwa 1,80 Meter hohen Mauer umgeben war.

„Wir können nicht auf das Sondereinsatzkommando warten", sagte Chris.

Sie versuchte, die Gartentür zu öffnen, jedoch ohne Erfolg. Chris rannte schnell ein Stück nach rechts und links, konnte aber keinen weiteren Eingang erblicken. Sie nahm ihre Dienstwaffe aus dem Halfter, bat die Kollegen, zur Seite zu gehen, und schoss auf das Schloss der Gartentür. Das Schloss zerbrach und sie und ihre Kollegen stürmten zur Haustür.

„Was einmal klappt, klappt auch ein zweites Mal", rief Pascal ihr zu. Sie schoss erneut, doch diesmal wurde das Schloss nicht optimal getroffen.

Pascal und Rainer zählten bis drei und stießen dann gemeinsam mit ihren Schultern gegen die Tür. Das Schloss gab tatsächlich nach.

„Geschafft", rief Chris. Sie befanden sich in einem wohl schon seit Jahren verlassenen Gebäude.

Chris versuchte, das Licht anzuschalten, was jedoch nicht möglich war. Die Beamten machten ihre Taschenlampen an und das Mondlicht, das durch die schmutzigen matten Scheiben fiel, unterstützte ihre Orientierung.

„Oh mein Gott, ich habe noch nie so riesige Spinnweben gesehen", dachte Chris und schüttelte sich. „Pascal und ich gehen nach oben, Archi und Rainer, ihr durchsucht das Erdgeschoss, und die Kollegen aus Bingen sichern bitte den Garten."

Sie eilten die Treppen hinauf, durchsuchten und sicherten die Räume, jedoch erfolglos.

„Chris, komm mal her", rief Pasqual ihr zu. Pascal stand im Bad, er zeigte auf das nasse Becken und ein feuchtes Handtuch. Das Bad roch nach Rosen.

„Sie sind hier", erwiderte Chris aufgeregt und sie rannten hinunter ins Erdgeschoss. Dort teilten sie ihre Beobachtung Archi und Rainer mit, die bisher noch nicht fündig geworden waren.

„Sie müssen unten im Keller sein", flüsterte Pascal. Hinter der Küche entdeckten sie einen schmalen Abstieg, auf dem sie nacheinander nach unten stiegen. Sie gelangten in einen stark verrußten Vorraum. Die Tür zum Kellergewölbe war jedoch verschlossen. Zuerst versuchte Pascal, dann Rainer, die Tür einzutreten. Beim dritten Anlauf brach zwar das Schloss, aber irgendetwas blockierte die Tür von der anderen Seite.

Plötzlich hörten sie einen jämmerlichen Schrei aus den Tiefen des Kellers. Pascal und Rainer stemmten sich gleichzeitig, unterstützt von Chris, mit all ihrer Kraft gegen die Tür und schoben die Blockade zur Seite.

Was sie nun zu sehen bekamen, ließ ihnen einen Schauer über den Rücken laufen. Sie standen vor einer riesigen Kelleranlage, deren Gänge in verschiedene Räume abzweigte. Die Dimensionen konnten sie noch nicht sofort erfassen. Der Keller war mit Kerzen ausgeleuchtet, was dem ganzen Ambiente eine gruselige Note verlieh.

„Schnell, wir müssen uns aufteilen. Nehmt alle eure Waffen in die Hand und sucht Rezi", rief Chris und stürmte voraus.

Klaus streifte seine Handschuhe über und liebkoste mit Küssen Rezis Körper, der unter seinem Mund und seinen Händen bebte.

Dann streichelte er zärtlich über ihren Rücken, bis er an ihrem Hinterteil angelangt war. Er cremte seinen Mittelfinger mit Gleitgel ein und schob diesen sanft in Rezinas Vagina.

„Du wirst schon bald mein bestes Stück anal zu spüren bekommen, meine Liebste. Ich werde dich ins Reich der Glückseligkeit reiten", flüsterte er Rezi zärtlich, jedoch auch mit einer gewissen Strenge ins Ohr.

„Oh ja, mach das, mein Liebster, ich bin bereit, Klaus", hauchte Rezi verführerisch, denn sie wusste, dass sie auf Zeit spielen musste und sie wollte sein Spiel mit überraschenden verbalen Attacken unterbrechen.

Und tatsächlich: Klaus war bei dieser Antwort so perplex, dass sein kleiner Freund sofort versagte. „So ein Mist, ich habe die blauen Pillen nicht dabei. Eh, du da unten, wach endlich auf!", dachte er, während er mit der einen Hand über Rezis nackten Po streichelte und mit der anderen Hand seinen Hosenlatz öffnete, um seinen Glücksbringer zu stimulieren.

Als er endlich erfolgreich war, fuhr er fort: „Und danach werde ich deine rechte Pobacke mit meinem Messer zurechtstutzen." Er zeigte Rezi sein Jagdmesser.

Bei dessen Anblick verließ Rezi jede Hoffnung, ihre Kräfte und ihr Wille waren letztendlich gebrochen und sie fing an, laut zu schreien und zu weinen.

In diesem Moment hörte Klaus, wie die Tür am Kellereingang aufkrachte. Er machte schnell seine Hose zu, nahm das Chloroform, das er seitlich abgestellt hatte, und verpasste Rezi davon mit einem Wattebausch eine hohe Dosis.

Innerhalb von wenigen Sekunden gab sie keinen Mucks mehr von sich.

Geistesgegenwärtig griff Klaus zu seinem Auto-schlüssel, sah vorsichtig aus dem Saal und hörte in einiger Entfernung ihm bekannte Stimmen. „Wie konnten die mich finden?", schoss es ihm durch den Kopf.

Dann rannte er zum hinteren Ausgang, erklomm die Leiter und schaute vorsichtig aus der Luke her-aus. In etwa fünfundzwanzig Meter Entfernung lief eine große Anzahl von Polizisten mit Maschinenge-wehren und Scharfschusspistolen umher, sie waren gerade dabei, das Haus abzuriegeln.

Fast lautlos verließ Klaus sein Versteck. Unbe-merkt lief er zum hinteren Gartentor, wo er seinen Wagen geparkt hatte. Eine Minute später startete er seinen Wagen und fuhr erst leise außer Reichweite, dann aber mit Vollgas davon.

„Wie konnten die mich bloß finden? Das ist doch unmöglich", dachte er immer wieder. Ich muss von hier verschwinden. Aber nicht ohne meine Tro-phäen!"

Per Freisprecheinrichtung telefonierte er mit sei-nem Hubschrauber-Piloten und orderte ihn und den Hubschrauber H 145. Dieser war durch den Einsatz von Nachtsichtgeräten auch in der Dunkelheit für den Flug geeignet. In fünfzig Minuten erwarte er ihn vollgetankt auf dem Finthener Flughafen, gab Klaus knapp durch. Der Flug sollte nach Basel gehen.

Dann rief er einen weiteren Piloten für seinen Privatjet in Basel an und teilte diesem mit, dass er ab vier Uhr für einen Flug in Richtung Kanada zur Verfügung stehen sollte.

„Dort werde ich erst einmal untertauchen. Und irgendwann wird es auch in Kanada genügend Windräder geben", dachte er mit einem Lächeln.

„Ich brauche Kleidung, meinen Pass und unbedingt meine Trophäen. Das Penthouse in Bad Kreuznach werden die sicherlich beschatten, aber vermutlich nicht die Mühle. Ich werde von der anderen Seite an die Mühle heranfahren und dann die hundert Meter zu Fuß gehen."

Klaus raste über die Autobahn und war in rund dreiundzwanzig Minuten in Wendelsheim. „Nur fliegen ist schöner", dachte er, als er den Wagen abstellte. Dann rannte er die hundert Meter zum Haus und schaute sich um. Tatsächlich schien niemand da zu sein.

Ohne Licht anzumachen, schlich er ins Schlafzimmer, packte eilig ein paar Kleidungsstücke und Hygieneartikel zusammen, nahm einen größeren zweiten Koffer, seinen Pass, die wertvollen Armbanduhren und das Bargeld aus dem Safe an sich. Zusätzlich steckte er noch gültige Kreditkarten ein, die auf den Namen seines Onkels ausgestellt waren. Dann schlich er vorsichtig nach unten, stellte den einen Koffer ab und nahm den zweiten Koffer mit in den Keller. Darin verstaute er vorsichtig seine Trophäen, nahm noch das Körperteil von Franz Dechent aus der Box und packte dieses in Alufolie ein. Auch diese Trophäe kam in den Koffer.

Danach rannte er nach oben, packte auch den Koffer mit seiner Kleidung und eilte zu seinem Auto. Den kleineren Koffer mit den Kleidungsstücken platzierte er im Kofferraum. Den Koffer mit den Trophäen schnallte er auf dem Beifahrersitz an.

„So, meine Lieben, jetzt werden wir mal eine kleine Spritztour nach Finthen zum Flughafen machen", sagte er laut und streichelte den Koffer zärtlich.

Just in diesem Moment fing es heftig an zu regnen. „Unter normalen Umständen wäre ich für dieses Wetter dankbar. Aber in dieser Situation nicht", dachte Klaus, denn sein Wagen war für schnelles Fahren bei Regen weniger geeignet. Er fuhr, so zügig es ging, in Richtung Flonheim und überlegte dabei, dass ihm weder der Zoll in Basel noch in Kanada irgendwelche Probleme bereiten würde, denn er hatte dort seine Kontakte. Dann fuhr er einen kleinen Umweg über die Landstraße in Richtung Mainz-Finthen: Sein Ferrari war zu auffällig, um auf der Autobahn fahren zu können.

Zwischen Wendelsheim und Flonheim raste ihm ein Fahrzeug entgegen. Plötzlich hörte er ein Reifenquietschen hinter sich und sah im Rückspiegel, wie

das Auto aus hoher Geschwindigkeit heraus um-
drehte. Drei Sekunden später erblickte er im Rückspiegel auf dem Dach des hinter ihm fahrenden Autos ein Blaulicht.

Endstation Stahlross

In den Katakomben herrschte eine gespenstische Stille. Chris und Pascal nahmen den mittleren Korridor ins Visier, Rainer und Archi jeweils eine Abzweigung. Im Gewölbe roch die Luft modrig und es war stickig. Das Geflacker der Kerzen ließ einen Luftzug vermuten.

Mittlerweile war das Sondereinsatzkommando eingetroffen und hatte die Kellerräume erreicht. Die Beamten teilten sich auf und schlossen sich in kleinen Gruppen dem SoKo-Team an. Jeder Kellerraum wurde gesichert und durchsucht. Bisher jedoch vergebens.

Als Chris und Pascal in der Mitte des mittleren Korridors ankamen, erreichten sie einen großen Saal mit einem riesigen Kronleuchter. In diesem bot sich ihnen ein Bild des Grauens.

Vor ihnen lag ein regloser nackter Frauenkörper, dessen Hinterteil in ihre Richtung zeigte. Chris stand in Windeseile davor.

„Es ist Rezi", schrie sie. „Rezi, Rezi, bitte wach auf." Dabei schüttelte Chris sie an den Schultern.

Chris fühlte nach dem Puls ihrer Freundin und schrie: „Sie hat keinen Puls! Sag den Kollegen oben sofort Bescheid, dass der Notarzt runterkommen muss", rief sie Pascal verzweifelt zu. Sofort unterrichtete der die Kollegen per Funk.

In diesem Moment kamen auch Archi und Rainer angerannt. Rainer versperrte schnell die Sicht auf Rezinas nackten Körper, indem er sich wie eine Mauer inmitten des Eingangs aufstellte. Damit verhinderte er, dass weitere Beamten des Sondereinsatzkommandos Rezina so entblößt zu sehen bekamen.

Archi reagierte sofort, zog seinen Pulli aus und bedeckte damit Rezinas Hinterteil. Danach durchtrennte er blitzschnell mit dem Jagdmesser, das er auf dem Boden fand, die Fesseln an Rezis Armen und Beinen. Zugleich schrie er: „Pascal, geben Sie mir bitte Ihr Jackett!"

Pascal zog sein Armani-Jackett aus und reichte es Archi. Dieser breitete schnell seinen Pulli auf dem Tisch mit dem Spiegel aus, legte Rezi sanft auf den Rücken und bedeckte sie mit dem Jackett. Nun startete er im Rhythmus des Songs *Night Fever* eine Herzmassage, gefolgt von einer Mund-zu-Mund-Beatmung. Immer wieder rief er zwischendurch: „Wir werden, nicht aufgeben, wir werden nicht aufgeben."

Archi stand kurz vor einem Nervenzusammenbruch. Ihm schienen schon Stunden der Wiederbelebungsversuche vergangen, tatsächlich waren es aber nur Sekunden.

„Wir wollten doch noch so viele Apps zusammen entwickeln und vielleicht auch noch etwas anderes.

Heeb endlich doi scheene Aachedeckel hoch!",
schrie Archi – und just in diesem Moment sagte eine
leise Stimme:

„Na, na, na, Archi, verfällst du wieder einmal in
deinen Dialekt? Und warum schreist du denn so,
mein Lieber, ich bin doch nicht schwerhörig!"

Rezi versuchte, ihren Kopf anzuheben und zu lächeln.

Ein Raunen, gefolgt von einem hörbaren Aufat-
men ging durch den Saal, man konnte geradezu einen Stein vom Herzen aller fallen hören.

Chris eilte zu ihrer Freundin, umarmte sie,
drückte sie dabei fest an sich und küsste Rezina auf
die Stirn. Dabei liefen ihr Tränen der Freude über
die Wangen.

Fünf Minuten später traf der Notarzt ein. Sanitäter
brachten Rezina auf einer Bahre nach oben zum Ret-
tungswagen und Archi wich nicht von ihrer Seite.

Rainer, Chris und Pascal liefen ihnen hinterher
und als sie den Krankenwagen erreichten, rief Rezi
ihren Freunden zu: „Nun fahrt doch schon endlich,
ich bin okay, schnappt euch das Schwein!" Dabei
schubste sie Archi aus dem Krankenwagen und lächelte ihm zaghaft zu.

In einem kurzen Brainstorming beratschlagten die
vier Beamten schnell das weitere Vorgehen.

„Rainer und Archi, ihr fahrt nach Bad Kreuznach ins Penthouse und schaut, ob er dort ist oder ob es Hinweise darauf gibt, wo er sich verstecken könnte. Er braucht Geld, Papiere und ein anderes Fahrzeug. Achtet auch auf den Aufzug, das ist nämlich ein Lastenaufzug, der als Garage genutzt wird. Und nehmt bitte Unterstützung mit. Archi, informiere bitte Kevin, dass wir Rezi gefunden haben. Er soll die Kollegen vom Flughafen, die Autobahnpolizei und die Bahnhofspolizei Mainz darüber informieren, dass wir nach Klaus Lüning fahnden, und direkt ein Bild von Klaus an sie weiterleiten. Ich werde ihm gleich ein aktuelles senden. Pascal und ich fahren zur Mühle nach Wendelsheim", gab Chris knappe Anweisungen.

Sie eilten zu ihren Fahrzeugen und starteten ihre rasanten Fahrten.

„Pascal, bitte senden Sie Kevin ein Foto von Klaus aus meiner Galerie im Handy. Rufen Sie als Zweites die Kollegen in Alzey an, sie sollen sich noch einmal vorsichtig an das Mühlengebäude herantasten, es weitläufig absperren und auf uns warten, wir sind auf dem Weg."

Während Pascal die ihm übertragenen Arbeiten zügig erledigte und auch die Kollegen vom BKA um Hilfe bat, raste Chris mit Blaulicht über die Autobahn von Bingen in Richtung Alzey. Ihr Telefon klingelte, Kevin war am anderen Ende der Leitung.

„Ich bin so froh, dass ihr Rezina endlich gefunden habt! Ich danke euch recht herzlich dafür."

Aus dem Hintergrund ergänzte die Stimme von Peter Böcker: „Wirklich gute Arbeit, Chris. Geben Sie dies bitte auch so an Ihr Team weiter."

„Danke, Chef", erwiderte Chris.

Kevin fuhr fort: „Ich habe alle notwendigen Informationen sowie das Bild von Klaus Jochen Lüning an die Kollegen weitergegeben."

„*Klaus Jochen*?", fragte Chris.

„Ja, er hat zwei Vornamen", erklärte Kevin.

„Okay, Kevin, danke dir. Bis später."

Mittlerweile hatten sie 300 km/h erreicht, gleich würden sie an der Ausfahrt Gau-Bickelheim vorbeirasen. Doch kurz davor legte Chris fast eine Vollbremsung hin. Ihr Wagen hielt erstaunlicherweise die Spur auf der nassen Straße.

„Was ist los?", fragte Pascal erschrocken.

„Lachen Sie bitte nicht. Ich weiß, es hört sich doof an, aber ich habe da so ein Bauchgefühl." Sie nahm die Ausfahrt Gau-Bickelheim und raste weiter durch Wallertheim, durch Armsheim, an Hannis Eisdiele vorbei, in Richtung Flonheim. In Uffhofen entschied sich Chris dann ohne ersichtlichen Grund, das Blaulicht auszuschalten.

Eine Minute später kam ihrem Wagen zwischen Uffhofen und Wendelsheim mit rasanter Geschwindigkeit ein Fahrzeug entgegen. Als dieses Chris'

Auto in Richtung Flonheim passiert hatte, wusste sie, dass ihr Bauchgefühl mal wieder richtig war.

Sie ging vom Gas, bremste stark ab, ließ ihren Motor, durch das von Porsche eingebaute innere Soundsystem aufheulen und benutzte gleichzeitig ihre Handbremse. Ihr Porsche driftete im Kreis. Nach einer halben Umdrehung war der Wagen gewendet und Chris konnte die rasante Verfolgung von Klaus Joachim Lüning aufnehmen.

„Wow, meine Hochachtung, auf Ihr Bauchgefühl und auf Ihren Fahrstil ist wirklich Verlass", rief Pascal ihr zu und zeigte dabei den Daumen nach oben.

Chris musste grinsen, denn Pascal schien etwas blass um die Nase zu sein: „Herr Leckerer, so etwas lernt man beim ADAC-Fahrtraining auf dem Hockenheim-Ring. Vielleicht sollten Sie das auch mal besuchen?" Mit einem weiteren Grinsen ließ sie das Soundsystem des Motors aufheulen und verfolgte das Auto von Klaus.

„Ach, mein Schatz, da warst du schneller als ich", dachte Klaus, als er Chris' Wendemanöver bemerkte. „Ich habe dich leider wirklich unterschätzt. Wie kann ein so hübsches Köpfchen auch noch so klug sein? Vielleicht sind wir irgendwie seelenverwandt, sonst hättest du meine nächsten Schritte nicht vorhersehen können."

Klaus ließ seinen Motor aufheulen, beschleunigte stark mit durchdrehenden Reifen. Die Verfolgungsjagd begann. Nun rasten beide Fahrzeuge mit über 100 km/h durch Flonheim. In der Biegung vor dem Marktplatz flog Klaus beinahe aus der Kurve, er konnte sein Fahrzeug gerade noch abfangen.

„Ich muss es nur bis zum Flughafen schaffen, alles Weitere ist dann ein Kinderspiel für mich", sagte er sich.

Chris umfasste mit beiden Händen fest das Lenkrad ihres roten Porsche und konzentrierte sich auf das vor ihr fahrende Fahrzeug. Ihr durfte ein solcher Fehler, wie er soeben Klaus in der Kurve passiert war, auf keinen Fall passieren. Ihr Vorteil war, dass sie in ihrem Job schon oft ähnlichen Situationen ausgesetzt war und mit Stressmomenten auch im Straßenverkehr perfekt umgehen konnte. Je stressiger, umso besser. „Pascal, rufen Sie bitte die Kollegen an. Sie sollen die Straßen in Rommersheim, in Richtung Kastanienhof sowie beim Schwimmbad in Richtung Wörrstadt blockieren. Ach, und zusätzlich noch von

Sulzheim in Richtung Gau-Bickelheim und Gau-
Weinheim. Ab Gau-Bickelheim soll die Autobahnpolizei die Straßen sperren", sagte die multitasking-
fähige Beamtin.

Aus Flonheim heraus beschleunigte Chris ihren
Wagen und setzte zum Überholen an. Auf der Höhe
von Klaus' Ferrari scherte dieser plötzlich und ohne
Vorankündigung nach links aus und versuchte,
Chris von der Straße abzudrängen.

„Na, mein Sonnenschein, wie gefällt dir unser
Spiel?", schrie Klaus. Das laute Dröhnen der Autos
verschlang jedoch seine Stimme.

Chris bremste abrupt. Pascal stieß mit seinem
Kopf vorn gegen die Sonnenblende, aber schon im
nächsten Moment wurde er durch die starke Beschleunigung wieder in seinen Sitz gepresst.

„Autsch, mein Kopf! Das tat weh", rief Pascal
und rieb sich seine Stirn.

„Sorry, aber wie wäre es, wenn Sie heute mal kein
Weichei wären?", rief Chris ernst und beschleunigte
erneut.

Klaus Jochen alias Jo passierte die Eisdiele mit
dem Gedanken, dass er die nächsten Jahre Hannis
Eis sehr vermissen würde, und raste weiter in Richtung Schimsheim.

„Wie fahre ich nun am besten?", überlegte er, als
er den Ort passierte. „Ich denke, über Rommersheim, denn da könnte ich den Betonweg nehmen,

der hinter meiner Firma im Gewerbepark in Wörrstadt entlangführt. Dieser versteckte Weg wird gewiss nicht abgesperrt sein!" Die Entscheidung traf er innerhalb von drei Sekunden und riss sein Lenkrad plötzlich nach rechts in Richtung Rommersheim herum. Der Ferrari kam ins Schlingern, Klaus Jochen konnte ihn jedoch noch gerade so abfangen und raste aus dem Ort hinaus in Richtung Bahnübergang.

Chris klebte ihm auf den Fersen. Der Abstand war so gering, dass sie nicht in der Lage war, in Schimsheim, wo Klaus' Fahrzeug plötzlich abbog, zu folgen. Sie bremste hart. Pascal war dieses Mal darauf vorbereitet und stütze sich mit seinen Armen am Armaturenbrett ab. Chris legte den Rückwärtsgang ein, fuhr einige Meter zurück, bog rechts ab und beschleunigte ihren roten Porsche erneut.

Klaus fuhr mit Vollgas in Richtung Bahnübergang, der nur noch wenige Meter von ihm entfernt war. „Zur Hölle, was ist das? Um diese Uhrzeit?", schrie er verzweifelt.

Das laute Hupen des Signalhorns einer Lok durchbrach die Nacht. In diesem Moment wurde Klaus' Wagen von einer Arbeitslok, die wie ein Stahlross aussah, direkt an der Fahrertür erwischt und etliche Meter unter ohrenbetäubendem Lärm mitgeschleift.

„Neinnnn", schrie Chris wie von Sinnen und brachte ihr Fahrzeug zum Stehen.

Die Nacht wurde nun nicht mehr nur durch den Mond, sondern auch von einem Funkenmeer erhellt. Chris und Pascal sahen, wie die Funken über mehrere Meter sprühten, als die Lok Klaus' Wagen vor sich herschob und aus dem Auto einen Haufen Schrott machte.

Ein fürchterliches Geräusch ließ den Ferrari in zwei Teile auseinanderfallen und das schier unmenschliche Schreien von Klaus Jochen durchbrach die Nacht.

Chris und Pascal sprangen aus dem Auto und rannten zu der Unfallstelle. Ihnen bot sich ein Bild des Grauens. Viele Autoteile lagen zerstreut im Feld, außerdem erkannten sie die durch den Unfall amputierten Beine.

Auf der anderen Seite des Bahnübergangs lagen zwei Pobacken in einem zerstörten Rahmen. Der Oberkörper in einer Hälfte des Autos war noch angegurtet. Chris eilte zu ihm.

Klaus Jochen Lüning war tatsächlich noch bei Bewusstsein, alles war rot vor Blut und er schrie vor Schmerzen.

Als er Chris sah, beruhigte er sich und wisperte leise: „Hallo, mein Herzblatt, bitte verzeih mir. Aber ich habe dich …" Er versuchte, ihre Hand zu nehmen, doch Chris zog diese schnell zurück. Sein

Atem stockte, dann murmelte er plötzlich weiter: „… wirklich geliebt!"

Ein tiefes Zucken durchfuhr seinen Körper und Klaus Jochen Lüning verstarb an der Unfallstelle.

Pascal nahm Chris in die Arme, die nun endlich in der Lage war, hemmungslos zu weinen, um ihre Anspannung loszuwerden.

Der Lokführer hatte mittlerweile das Stahlross verlassen und war am vorderen Fahrzeugteil des Ferraris angelangt. Als er dort die Überreste von Lüning sah, fiel er in Ohnmacht.

Etwas später, nachdem Chris sich gefangen und wieder etwas beruhigt hatte, informierte Pascal die Kollegen.

Rotling

Rezi wurde zwei Tage später von ihren Freunden und Kollegen im Krankenhaus besucht. Chris und ihr Team hatten einstimmig beschlossen, ihr nichts von ihrer Nacktheit in den Katakomben zu erzählen. Chris wusste nämlich, das Rezina sehr genant war und eine Krankenschwester hatte ihnen vorhin im Flur mitgeteilt, dass sich Rezina an die letzten vierundzwanzig Stunden nicht mehr genau erinnern konnte. Rezi war glücklich, ihre Kollegen alle wohlauf zu sehen.

Nach dem Krankenbesuch stattete Chris der Firma Wind Solar & More AG in Wörrstadt einen privaten Besuch ab. Der Empfang war wieder einmal nicht besetzt. Deshalb benutzte sie den privaten Aufzug, um zu Marius von der Elz' Büro zu kommen. Dort fragte sie Fiona höflich, ob sie ihren Chef kurz sprechen dürfte.

„Ich glaube, er hat im Moment nichts zu tun", flüsterte Fiona ihr ins Ohr, zwinkerte ihr dabei lächelnd zu, ging zur Tür, klopfte und öffnete diese. „Herr von der Elz, Frau Wiesbacher möchte Sie gerne sprechen."

„Was will die denn schon wieder? Sagen Sie bloß nicht, dass es schon wieder einen Mord gibt?", fragte Marius von der Elz entsetzt.

„Nein, es gibt etwas Besseres für Sie", erwiderte Chris. Sie drückte sich rasch an Fiona vorbei und eilte auf von der Elz zu.

Am nächsten Morgen sprang Chris nach einem verdienten Erholungsschlaf ausgeruht aus dem Bett. Sie duschte, frühstückte auf ihrer großen Terrasse mit Blick in ihren schönen Garten und hörte den Vögeln beim Zwitschern zu.

Chris ließ die letzten Monate Revue passieren und fragte sich, wie man sich so in einem Menschen täuschen konnte, wie sie es bei Klaus getan hatte.

„Tja, wenn ich mein Bauchgefühl nur auch auf Männer abrichten könnte", dachte sie und lächelte leicht. In diesem Augenblick wurde sie vom Klingeln ihres Telefons aus ihren Gedanken gerissen.

„Hallo, Chris, ich bin's."

„Hallo, Sven."

„Mein Schatz, ich vermisse dich so sehr, sollen wir es nicht noch einmal versuchen", fragte er sie eindringlich.

„Bitte gib mir noch etwas Zeit, Sven, ich melde mich bestimmt bald bei dir. Und sei nicht traurig. Das lohnt sich nicht, denn unser Leben ist zu kurz.

Du, ich muss jetzt los zum Schießtraining", beendete Chris das Telefonat.

Sie ging zu ihrem Waffenschrank, nahm ihre Pistole an sich und machte sich auf den Weg zum Schießkeller. Auf der Fahrt dorthin rief sie ihren Chef Peter Böcker an und beantragte, nach dem Schießtraining den Rest des Tages freinehmen zu dürfen.

„Frau Wiesbacher, aber natürlich. Wenn Sie morgen auch noch freihaben möchten, tun Sie das bitte. Sie mussten die letzte Zeit sehr viel aushalten."

„Danke, Chef", antwortete Chris und parkte fünfundzwanzig Minuten später vor dem Schießkeller in Mainz.

Eine Stunde später fuhr sie mit ihrem Sportwagen ins Krankenhaus, um Rezina abzuholen. Sie ging nach oben in das Zimmer ihrer Freundin und fragte fürsorglich: „Na, mein Schneckche, hast du deine Wunden schon geleckt?"

„Ja, Chris, natürlich, mir geht es wirklich prima", antwortete Rezi, „ich könnte Berge versetzen."

„Rezi, weißt du was?", fragte Chris stolz.

„Nee, was denn?"

„Lass uns jetzt einen Ausflug nach Kirchheimbolanden machen, denn ich habe tatsächlich heute Morgen mein Schießtraining mit Bravour absolviert und sogar immer direkt ins Schwarze getroffen."

„Was? Das ist ja klasse und allemool", rief Rezi und lachte herzlich.

„Oh, hat Archi wirklich schon dermaßen mit seinem rheinhessischen Dialekt auf dich abgefärbt? Wenn das mal gut geht", feixte Chris lächelnd.

Sie gingen hinunter, wo Chris direkt vor der Tür den roten Porsche mit dem Blaulicht auf dem Dach geparkt hatte.

„Chris, meinst du nicht, dass das etwas zu frech ist?"

„Wieso, Rezi? Dumm kann man sein, man muss sich nur zu helfen wissen."

Lachend stiegen die beiden in Chris' Rotling. Sie fuhren in Richtung Autobahn, als Rezi plötzlich fragte: „Chris, meinst du nicht, du solltest das Auto zurückgeben?"

„Dazu werde ich dir später etwas mitteilen", erwiderte Chris geheimnisvoll.

Nach einem tollen Shoppingtag in Kirchheimbolanden lud Chris Rezi noch zu einem Abendessen ein.

Sie fuhren in Richtung Alzey. In der Höhe von Mauchenheim bogen sie links ab, durchquerten das Dorf und fuhren dann rechts in Richtung Weinheim. Dort parkte Chris ihren roten Sportwagen vor einem Gutsausschank. Rezi betrat als Erste das Restaurant und glaubte, ihren Augen nicht trauen zu können.

„Überraschung", riefen Rainer, Archi, Kevin, Arzu und Pascal gleichzeitig.

„Tja, das ist euch tatsächlich gelungen", murmelte Rezi und ein paar kleine Tränen liefen ihr über die Wangen. „Was seid ihr doch für tolle Freunde! Ich danke euch vielmals."

Rezina umarmte einen nach dem anderen und zum Schluss Archi, in dessen Armen sie natürlich längere Zeit verweilte.

Als alle saßen und die Getränke und Speisen bestellt waren, nahm Chris einen Löffel in die Hand und schlug sanft gegen ein Wasserglas, das sich bereits auf dem Tisch befand.

„Meine lieben Kollegen, ich möchte euch allen und Ihnen", dabei sah sie Pascal an, „etwas mitteilen. Ihr habt euch sicherlich schon Gedanken gemacht, wie ich so abgebrüht sein kann, den Rotling, sprich: den Porsche, zu behalten, den Klaus Lüning mir geschenkt hat. Ich kann euch aber nun beruhigen. Ich war gestern bei der Firma Wind Solar & More AG und habe mit Herrn von der Elz einen offiziellen Kaufvertrag abgeschlossen. Das Auto wurde von Klaus Jochen Lüning als Firmenwagen gekauft und Herr von der Elz wollte ihn mir schenken, was ich natürlich abgelehnt habe. Da ich aber letzte Woche meine Lebensversicherung ausgezahlt bekommen habe, schlug ich ihm vor, der Firma das

Auto abzukaufen. Marius von der Elz war mit diesem Vorschlag einverstanden und ich legte ihm den Kaufpreis bar auf den Tisch."

Chris grinste leicht und fuhr fort: „Das Auto ist nun offiziell meines. Und stellt euch vor: Marius von der Elz spendet die komplette Summe an das Frauenhaus in Mainz! Und ich habe dem Frauenhaus auch meinen Diamantring geschenkt!"

„Welch eine tolle und akkurate Frau", dachte Pascal anerkennend.

„Ach, und dann noch etwas: Ihr seid das beste Team, das man sich nur wünschen kann!"

Mittlerweile waren die Getränke eingetroffen und Chris hob ihr Glas: „Prost, auf noch viele schöne Stunden mit euch!"

„Prost, Chris", rief das Team einstimmig.

„Oh, ist das ein Rachebutzer. Gebt meer mol eh Bitzelwasser, ich hab so en Dorscht", rief Archi.

Er nahm Rezi in die Arme und flüsterte ihr ins Ohr: „Rezi, ich habe mir wirklich solche Sorgen um dich gemacht."

Rezina legte ihren Zeigefinger auf Archis Mund: „Pst, Archi, für meine zukünftige Sicherheit könntest du ja ein Auge auf mich werfen, vielleicht ab morgen bei einem Kaffee zum Frühstück?" Sie küsste ihn leicht auf die Wange.

„Na klar, mein Zuckerklumbe", seufzte Archi liebevoll.

Rheinhessisch:
Kleines Wörterbuch von Eniella B. Marble

a mol, ehr noch de anner	einer nach dem anderen
aarisch viel	sehr viel
Adschee	Auf Wiedersehen
Allemool	na klar
babbeln	sprechen
Backesgrumbeere	rheinhessisches Gericht mit Kartoffeln
Bimbes	Geld
Bitzelwasser	Mineralwasser
blabberte	sagte
Bobbes krabbeln	in den Po kriechen
Colaschoppen	Wein mit Cola
de	der
deet nämlich doch ach gern a Mettbrötsche nemme	würde auch gern ein Mettbrötchen nehmen
di Rezi nitt alleeh losse	die Rezi nicht alleinlassen
dor drübbe	dort drüben
drübbe	drüben
ehh Rappelche mache	urinieren, sich entleeren
Ei allemol!	Aber natürlich!
Ei gude wie	Hallo, wie geht es dir?
en Dorscht	einen Durst
erschtemol	erst einmal
Gebt meer mol eh ...	Gebt mir mal ein ...
goldisch	goldig
Gude Mosche!	Guten Morgen!
Gutzjer	Süßigkeiten

334

Heeb endlich doi scheene Aachedeckel hoch	Mach deine schöne Augen auf
Himmel und Erd	regionales Gericht, meist Kartoffelbrei und Apfelmus
Host du schon mol druffgeklobbt?	Hast du schon einmal draufgehauen?
Humpe	großes Glas
Ich fong mit dir ooohh	Ich fang mit dir an
jemond von eich nitt	wenn es jemanden von euch nicht
Kaaner vesteht misch!	Keiner versteht mich!
Kabb	Mütze
ken Strunzer	kein Angeber
Kibo	Kirchheimbolanden
Krimmele	Krümmel
Kumm, hoggt euch a mol dor uff die Stee her	Setzt euch mal auf die Steine dort
Liehbeidel	jemand, der lügt
Maad	Mädchen
Meedche	Mädchen
Meenzer Mädche	Frau/Mädchen aus Mainz
mei Gudder	mein Lieber
mei Mäntelche	meinen Mantel
mei Regeschämmche	meinen Regenschirm
mer doch de Buggel enuff steir	mir den Buckel runterrutschen
Mickeklatsch	Fliegenklatsche
Morts	Groß
Na allee dann	Auf geht's! *Oder:* Wenn's so ist
'ne	eine
net	nicht
Pothämmel	Stechmücken
Quetschekuche	Pflaumenkuchen
Rachebutzer	Alkohol, der im Rachen brennt
Riwwelkuchen	Streuselkuchen

335

Roihesse Bub, wees ich ebe, was schee is!	Als Rheinhesse weiß ich eben, was schön ist!
Schnorres	Schnurrbart
Schnuckele	Süßigkeiten
Schoppen	Wein mit Mineralwasser
Schundblättche	Zeitungen, negativ bewertet
Sießholzrassbeler	Süßholzraspler
so en Oongstschisser	so ein Angsthase
Spätzje	Penis
Spundekäs	spezielle Käsezubereitung
Trottwaar	Bürgersteig
umsunscht	umsonst
Verdelsbutze	Polizist für ein bestimmtes Gebiet innerhalb der Stadt (Vorort)
wirde sonscht wol ... mores	wohl vor Angst sterben
Woi	Wein
Worscht	Wurst
Zuckerklumbe	Liebling, mein Schatz
Zores	Gesindel

Bereits erschienen:

- Prinzen und Prinzessinnen gibt es nicht! Augen auf im Showgeschäft! Was Ihr unbedingt über Männer und Frauen wissen solltet! ISBN: 3949760008

- Dating für Anfänger! Für die Unverbesserlichen, die nicht wissen, wie sie auf eine Kontaktanzeige antworten können! ISBN: 3949760946

Demnächst:

Germania, die Kreiselmörderin!

Printed in Poland
by Amazon Fulfillment
Poland Sp. z o.o., Wrocław

25782562R00192